KB093352

조선, 철학의 왕국

조선, 철학의 왕국

호락논쟁湖洛論爭이야기

이경구 지음

푸른역사

일러두기

1. 날짜는 특별한 언급이 없으면 모두 음력이다. 나이는 통용되는 이른바 '한국 나이'를 사용했다.
2. 인물은 주로 이름을 사용했다. 그러나 통칭하는 존칭이나 호號를 쓴 경우도 있다.
   예를 들어 주자朱子, 퇴계退溪, 율곡栗谷 등이다.
3. 한 단어로 쓰인 성리학의 주요 개념은 주로 한자를 병용했다. 예를 들어 이理, 기氣, 성性 등이다.
4. 이해를 돕기 위한 간단한 설명 등은 '( )'에 넣었다.
5. 번역문은 가급적 현대어로 윤색하고, 전고典故 등은 생략했다. 번역문은 미주에 출처를 표시했고
   따로 원문을 제시하지 않았다. 다만 경전과 한시漢詩를 인용할 때는 한문과 한글음을 본문에 노출했다.
6. 사료는 한국고전번역원의 '한국고전종합DB'와 국사편찬위원회의 '한국사데이터베이스'를 주로 이용했다.
7. 부록의 연표, 학맥·관계도, 찾아보기는 본문에서 언급한 사전적 정의 위주로 작성했다.

* 이 저서는 2018년 대한민국 교육부와 한국연구재단의 지원을 받아 수행된 연구임
  (NRF-2018S1A6A3A01022568)

들어가며

처음 호락논쟁湖洛論爭을 접한 때는 대학원 준비에 여념 없던 1992년 무렵이었다. 학부 시절에 한국사 공부에 별 관심 없이 밖으로만 떠돌던 터여서, 조선의 학자들이 벌인 고차원의 성리학 논쟁이 그저 낯설기만 했는데, 그 정점에 호락논쟁이 있었다.

무척이나 아득했던 호락논쟁! 인성人性과 물성物性이 같으니 다르니, 성인聖人과 범인凡人의 마음心이 같으니 다르니!? 미발심체未發心體라는 주제는 아예 접근을 불허하는 외계어 같았다. 함께 대학원 준비를 했던 공부 팀에서는 "호락호락하지 않은 호락논쟁"이라고 우스갯소리를 하곤 했다. 물론 그때는 인연이 질기게 이어지리라고는 전혀 알 수 없었다.

대학원에 진학하고 전공으로 조선 후기 사상사를 택했다. 아마 학부 시절에 열독했던 이른바 운동권의 커리큘럼들, 맑시즘과 각국의 혁명운동사, 진보적 사회과학이론 등등에 대한 반작용이 아니었을까 싶다.

고리타분하게만 보였던 동양의 고전들, 한국의 한문 저작들은 색달랐고 또 다른 지혜의 보고였다. 전통적 사유가 가장 난숙했던 조선 후기는 대안처럼 다가왔다. 지도교수 정옥자 선생님에게서 조선 지성인의 사유와 삶을 배우고, 동학·선후배와 함께 어울렸던 기억은 지금도 가장 유쾌하다.

석사논문 주제로 고민이 깊어갈 1990년대 중반쯤이었다. 나는 움베르토 에코의 유명한 소설《장미의 이름》을 여러 차례 탐독했다. 애초 추리소설이 취향에 맞아 집어들었는데, 읽을수록 중세 유럽인의 생각, 마음, 문화, 생활이 눈에 들어왔다. 그렇게 읽어가던 중 지금도 잊을 수 없는 인상적인 장면을 만났다. '예수가 자신의 옷을 소유했는가 아닌가'를 두고, 프란치스코회와 도미니크회 수사들이 한판 논쟁을 벌이는 대목이었다. 논쟁이 가열되자 소유의 진실 여부는 오간데 없어지고, 상대 수도회를 개창한 성인聖人에 대한 욕설과 인신공격이 난무하게 되었다. 덕망 높은 수사들이 벌이는 와자지껄한 소극笑劇을 낄낄거리며 읽다가 나는 이내 씁쓸해졌다. 학부 때의 기억이 문득 떠올라서였다.

1980년대 한국의 대학가. 체제 변혁과 혁명을 논하는 대자보가 쉴 없이 붙었고, 학생들은 밤낮을 가리지 않고 민주화, 혁명, 한반도 정세 그리고 실천을 논했다. 누구라도 그 시절에 있었더라면 짧은 시간에 인생을 끝장 보려는 듯 논쟁에 열중했을 것이다. 나 역시 그중 하나였다. 조숙했던 우리들은 곧 밑천을 드러냈고, 어느새 대자보나 팸플릿의 뼈대만을 들먹이며 상대 그룹의 이론에 적의를 불태우곤 했다. 전도된 본말과 과잉된 열정의 쓴맛은 길게 남았다.《장미의 이름》에서 느꼈던 씁쓰

레함 또한 그 여운이었다.

학부 때의 기억 한편으로는 조선 후기에 왕성했던 호락논쟁이 또한 겹쳐졌다. 논쟁 처음의 진지함과 열의, 학파의 출현과 논쟁의 과열, 정파政派와의 결탁과 변질. 조선에서의 논쟁 또한 철학 밖으로 번져나갔다. 상대방을 이단으로 몰았고 인신공격마저 나왔다. 동양의 고매한 유학자들 역시 논쟁의 악순환을 벗어날 수 없었던가. 초심은 사라지고, 승리를 향한 욕망과 지식을 조종하는 권력이 논쟁 저변에 어른거렸다. 이 굴레는 어찌할 수 없는 것인가.

논쟁이 어느 시기에나 부정적 양상으로만 점철된 것은 물론 아니었다. 어두웠던 중세 가톨릭에서 '인간의 얼굴'을 찾아낸 수사들, 폭압적 독재에 맞서 민주주의를 앞당긴 학생들, 조선의 강고한 성리학 질서를 깨고 새 사유를 꿈꾼 지식인들은 역사의 진전을 보여주었다. 초심을 되새기고 성찰과 반성을 촉구했던 학자들 또한 소통의 산 증인이었다.

한 가지 분명한 점은 있었다. 에코의 소설은 학부 시절의 경험과 공부, 내가 오랫동안 믿어온 가톨릭의 안과 밖, 그리고 대학원에서 선택한 조선시대 사상사를 묘하게 연결한 계기가 되었다는 것. 지금은 고인故人이 된 에코에게 감사를.

어쨌거나 조선시대 사상사를 공부하는 목적은 더 뚜렷해졌다. 그때 벌어진 선의와 타락, 열정과 오욕, 타파와 고수固守의 장면들을 생생하게 살려보고 또 다른 역사의 장면들과 비교해보는 구상을 갖게 되었다.

꿈은 컸지만 석사논문에 호락논쟁을 간판으로 내걸 만한 능력이 턱없이 모자랐다. 결국 나는 호락논쟁 초기 이론가의 하나였던 김창흡金昌

翁이란 인물을 골랐다. 〈김창흡의 학풍과 호락논쟁〉(1996)이 석사논문의 제목이었다. 이후 공부는 김창흡이 속했던 안동 김씨 가문에 집중되었고 2003년에 〈17~18세기 장동 김문壯洞金門 연구〉라는 제목으로 박사학위를 받았다. 장동 김문은 서울의 안동 김씨를 말한다.

박사학위 전후에도 호락논쟁에 대한 관심이 줄었던 적은 없었다. 호락논쟁을 본격적으로 내건 논문도 몇 편 썼다. 그러나 호락논쟁을 매개로 한국사의 지평을 넓혀보는 시도는 언제나 나중으로 미루어졌다. 자꾸 미루어진 데에는 문제가 자못 복잡해진 요인도 있었다. 공부가 진행될수록 또 다른 화두를 만났는데 그럴 때마다 호락논쟁의 주제들이 겹쳐졌기 때문이었다.

처음 화두는 생태주의와 타자 문제였다. 이 주제에 이끌린 데에는 어려서부터 몸에 밴 천주교의 영향이 컸다. 나는 학부 시절 가톨릭학생회에서 주로 지냈고 졸업 후 수년간 가톨릭 청년단체에서 활동했다. 가톨릭 사회운동을 몇 년 했던 셈인데, 그 와중에 가톨릭 일부에서 진행되었던 환경·생명운동과 여러 경로로 만날 수 있었다. 대학원에 진학하고 나서는 생태적 사유를 학문으로 접할 수 있었다. 박사과정에서 국문학과 박희병 선생님의 수업을 들은 게 인연이 되어 그분과 수년간 고전 강독을 계속했다. 당시 선생님은 동양의 사유에서 생태적 대안을 얻는 공부에 집중했고, 나 또한 그 영향으로 식견을 넓힐 수 있었다.

생태적 사유는 환경과 자연에 대한 관심과 연대에서 출발했지만 궁극적으로는 타자와의 공존을 위한 지혜를 찾는 작업이다. 타자가 불거진 데는 시대 흐름도 크게 작용했다. 1990년대 중반 이후 한국은 바야흐로 자유의 기운이 생동했다. 문화의 활력이 넘쳤고 해외여행도 자유로워졌다. 그 무렵에 나는 학부 시절부터 가졌던 '사회 변혁에의 책임감'이란 자기 강제에서 풀려났던 듯하다. 1980년대에 팍팍하게 소진해버린 청춘을 뒤늦게 보상받으려 했는지, 맘 가는 대로 술 마시고 여행했다.

강제로부터의 이완은 유연함을 기르고, 다양성을 체험할수록 단선單線 경로는 부정된다. 정치 민주화 이후 우리는 우리 자신이 균일하지 않았고, 우리 바깥은 우리만큼 복잡한 경험이 쌓여 있음을 알게 되었다. 장애인, 여성, 아동, 성소수자, 다문화, 인종, 난민 문제가 안팎에서 불거졌다. 1990년대 이후 다양한 가치에 대한 인정과 내·외부 타자와의 공존은 내내 사회논쟁의 중심이었다.

자연, 타자에 대한 인정과 공존이란 주제는 한국사 공부와는 직접적인 관련이 적을지도 모른다. 하지만 사회적 이슈로 떠오른 그 문제들을 대할 때마다 나는 호락논쟁에서 분분했던 동물, 오랑캐, 사회 약자들에 대한 논쟁들을 떠올리고 비교하곤 했다.

2004년에 춘천의 한림대학교 한림과학원에 자리를 잡았다. 한림과학원은 2007년부터 교육부와 한국연구재단의 인문학 장기지원 프로젝트인 '인문한국HK 사업'을 진행하였다. 한림과학원의 연구 주제는 간단히 말해 '동아시아 근대의 개념들에 대한 연구'인데, 동아시아 근대의 사유, 문화, 사회를 형성하는 데 일조한 여러 개념의 어원, 시대별맥락, 변화와 전용專用 등을 추적하는 작업이다. 이 방대하고 장기적인 프로젝트에 참여하면서, 국제정치학의 석학인 김용구 원장님을 비롯해 동아시아 역사·철학·문학·사회과학 등을 전공한 수십 명의 연구자와 공동으로 공부하는 행운을 얻었다. 전공의 경계선에서 다른 분야를 기웃거리는 일이 다반사였고, 역사학 특유의 실증적 글쓰기를 벗어나 어쭙잖게나마 이론과 수사를 동반한 글쓰기를 시도할 수 있었다. 개념, 담론, 언어 맥락과 사회 맥락을 캐는 공부 또한 호락논쟁의 여러 양상을 요모조모 살피는 데 큰 도움이 되었다.

사회는 또 변하고 있었다. 최근의 충격은 뭐니 뭐니 해도 과학이다. 생각보다 빨리 그리고 광범위하게 모든 생활과 사고가 흔들리고 있다. 인공지능, 로봇, 무인자동차, 드론 등이 꿈같은 미래상을 보여주는가 하면, 정체성의 혼동, 관계와 소통의 장애, 직업 불안 등이 그림자처럼 따라붙는다. 생명·생태와 다양성의 문제를 녹여내기도 전에 인간, 생명, 존재를 근본적으로 재조정하는 과제에 부딪혔다. 그래서 과학이 발달할수록 고전적이고 철학적인 질문은 더 치열해질 전망이다. 인간, 마음, 감각, 정서의 정체에 대한 해명을 위해 우리는 과거, 더 먼 과거에서 경험, 통찰, 지혜를 소환할 것이다. 다행인지 불행인지 나의 일상은 아직도 종이신문, 극장, 텔레비전, DVD, 데스크탑 컴퓨터, 폴더폰에 둘러싸여 있다. 1990년대 후반과 2000년대 초반의 어느 즈음에 머물러 버렸다고 주변에 종종 농담하기도 한다. 철지난 과거에 안주(?)하고 있기에, 더 오래된 시절의 사람들이 캐물었던 경험들, 특히 호락논쟁에서의 마음의 문제를 조금 잘 전달할 수 있지 않을까 하는 기대를 품은 게, 지금의 변화를 대하는 솔직한 심정이다.

한편 과학이 저만치 가는 순간에도 한국 사회는 과거의 어두운 망령을 극적으로 경험했다. 역사 분야로만 한정한다면, 가장 큰 이슈는

2015~2016년의 '한국사 국정교과서 논쟁'이었다. 국정화를 밀어붙인 박근혜 정부와 국정화를 옹호했던 이들을 보며, 나는 호락논쟁 가운데 가장 안 좋은 모습 세 가지를 떠올렸다. 그것은 권력 개입, 이해타산, 독선獨善이었다. 사실 국정교과서를 옹호했던 이들에게는 한 가지가 더 붙긴 할텐데, 바로 '분별력 상실'이다. 이 분별력 상실의 문제는 앞으로도 가짜뉴스 등으로 가지치기할 듯해 걱정이다.

과학이 혁명이 될지 폭주가 될지 알 수 없는 미래와, '논쟁'은커녕 '희대의 연구거리'가 될 과거의 망령이 공존하는 기묘한 시대. 인간과 마음을 정밀하게 탐색했던 호락논쟁의 자산이 과학시대에 영감을 던져주는 타산지석이라면, 교조주의와 권력의지에 조종당한 호락논쟁의 타락상은 분별력을 상실한 국정화 논쟁 등을 경고하는 반면교사가 될 수 있다.

미래와 과거가 교차하며 드러나는 현재의 다양한 국면마다, 호락논쟁은 내게 여러 얼굴로 나타났고 화두들을 연결하는 고리가 되었다. 1990년대 초반부터 2018년까지 약 25년에 걸친 호락논쟁과 나의 상호교류는 여기까지다.

책을 만들 때 제목부터가 고민이었다. 유행어 '헬조선'이 보여주듯, '조선'은 고리타분의 대명사로도 쓰인다. '철학'은 또 얼마나 골치 아픈가. 두 단어를 조합한 《조선, 철학의 왕국》이 제목이 되었다. 부제에는 매우 낯선 '호락논쟁'이란 용어도 들어 있다. 이 생경한 단어들의 조합이 과연 관심이나 끌 수 있을는지. 왜 이렇게 정했는지 스스로에게라도 납득시키지 않으면 출발이 안 될 듯하다.

먼저 '철학의 왕국'. 조선에서의 철학은 유교 철학이었고, 유교 철학은 지금 표현으로는 사상이나 이념에 가깝다. 조선의 철학자인 유학자들은 철학을 실천하는 사상가, 이념가이기도 했다. 왕국은 물론 세속 국가다. 도덕과 명분을 내세울 수 있지만 권력, 욕망, 이해관계 등이 직접적으로 작동한다. 그렇다면 철학과 왕국의 조합은 무슨 의미인가. 조선 왕조 500년 동안 주자학 이념이 가장 왕성했던 때는 17세기였다. 주자학적 질서와 명분으로 조선의 재건과 동아시아 변화에 적응하려 했기 때문이다. 세계사에 유례없는 '주자학의 왕국, 조선'의 탄생이었다.

호락논쟁은 17세기가 저물고 18세기가 시작되는 시점에서 발생했다. 동아시아 질서, 사회 내부의 변화 등은 이전과 달라졌다. 지금과 비교할 수는 없겠지만, 나름대로 도시화, 물질화, 세속화가 진전되었고 청 중심의 질서는 공고해졌다. 주자학 왕국 조선, 그 조선을 지탱했던 수많은 유학자들의 사고와 실천은 바야흐로 새 국면을 맞았다. 그리고 논쟁이 일어났다. 긴장과 이완이 맞물리고, 고수와 타파가 교차하는 시기의 논쟁이야말로 조선의 겉과 속, 과거와 미래를 잘 드러내지 않을까. 그래서 '철학의 왕국'이란 제목을 굳이 부연하자면 '18세기 세속화가 진전되는 국면에서 주자학 왕국을 표방했던 조선에서 벌어진 논쟁과 변화에 대한 대응' 정도가 될 것이다.

다음은 부제인 '호락논쟁 이야기'. 철학 논쟁을 다룬 이 책에서 철학 용어, 성리학의 개념, 논쟁 장면을 피할 수는 없다. 부끄러운 고백을 먼저 하면 그들의 논리를 내가 얼마나 이해했는지 항상 자괴감이 든다는 점이다. 그들은 유교 경전을 수백 수천 번 독서하고 외우고 생각하고 일상에서 활용했다. 유학을 비롯해 불교, 도교, 제자백가, 때론 서학까지 경전을 자유자재로 넘나들고 스스로의 사유 네트워크를 구축했다. 문제는 이 같은 구조가 지금의 사유 방식, 언어 습관과 너무 다르다는 점이다. 일반인은 물론이고 전공자들조차 접근이 쉽지 않다. 나로서도, 당대 학자들의 글을 조금이나마 읽다보면, 이 책에 등장하는 용어를 빌려 표현하면 어느새 '미발未發' 상태가 되곤 했다. 마음의 본체를 깨달은 높은 경지의 미발이 아니라, 정신이 멍해지고 사고가 나가버린 상태의 미발이다.

유학자들의 진지함에 경탄하는 바이지만 그들이 설치한 미로에 마냥 빠질 수는 없는 노릇이었다. 번쇄함에 대한 지적은 사실 당대에도 꽤나 자주 있었다. 부제에 '이야기'를 넣은 것은 그 때문이다. 이 책은 호락논쟁 주제에 대한 이론을 정밀하게 소개하지 않았다. 논쟁 주역들의 경우만 해도 수십, 수백 통의 편지, 논설이 방대하게 존재했는데 이 책에는 그 내용이 극히 일부만 인용되었다. 그것도 많은 철학 연구자들의 논저를 통해 내가 2차적으로 이해한 만큼이다. 대신 나는 호락논쟁에 직간접으로 참여한 수많은 사람들에 대한 이야기를 구성했다. 그들의 주장이나 논리만큼이나 배경, 마음, 일상, 정치·사회 활동, 관계 등에 힘을 기울였다. 그래서 부제를 부연하면 '호락논쟁과 거기에 참여했던 많은 사람들의 이야기'가 될 것이다.

마지막으로 읽는 순서에 대한 소개이다. 서장에서는 호락논쟁을 개괄적으로 소개했다. 사전적인 정리이므로 처음에 읽어도 되고, 나중에 읽어도 된다. 본문은 역사 이야기와 철학에 대한 소개를 가급적 적절히 섞었다. 1장·3장·5장·7장은 역사 이야기가 뼈대고, 2장·4장·6장·결론은 철학이나 이론에 대한 소개가 뼈대다. 관심에 따라 이 장들만 떼서 연결해 읽을 수도 있겠다. 인물, 개념, 사건 등은 매번 설명할 수 없기에 그대로 서술하는 경우가 많았다. 때문에 부록에 연표, 학맥·관계도를 달았고, 찾아보기는 인물·개념·사건을 사전적으로 서술한 것 위주로 작성했다. 앞뒤로 뒤적이는 독서 습관이 낯선 분들께는 그저 양해를 부탁드린다.

애초에 푸른역사와 이 책을 내보자고 의기투합한 지 그럭저럭 10여 년을 넘겼다. 2015년에는 《한겨레신문》에 대략 1년간 동명의 제목으로 연재하기도 했다. 그리고 또 몇 년이 흘렀다. 이제 큰 굴레를 벗어난 느낌이다. 기다리고 자극해준 박혜숙 대표와 원고 정리 및 수정에 도움을 주신 푸른역사의 김성희 편집위원, 서강대학교의 유찬근 님께 감사드린다.

함께 지낸 시간이 제법 쌓여 이제는 도반道伴처럼 되버린 아내 최연수, 함께 뒹굴면서 아빠에게 유년과 청소년의 삶을 다시 경험케 해준 두 아들 인준, 예준에게 이 책을 선물한다.

2018년 춘천에서

이경구

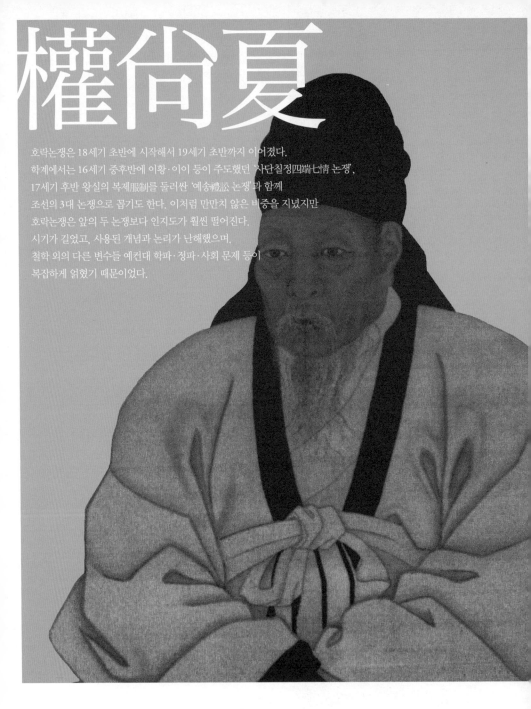

權尙夏

호락논쟁은 18세기 초반에 시작해서 19세기 초반까지 이어졌다.
학계에서는 16세기 중후반에 이황·이이 등이 주도했던 '사단칠정四端七情 논쟁',
17세기 후반 왕실의 복제服制를 둘러싼 '예송禮訟 논쟁'과 함께
조선의 3대 논쟁으로 꼽기도 한다. 이처럼 만만치 않은 비중을 지녔지만
호락논쟁은 앞의 두 논쟁보다 인지도가 훨씬 떨어진다.
시기가 길었고, 사용된 개념과 논리가 난해했으며,
철학 외의 다른 변수들 예컨대 학파·정파·사회 문제 등이
복잡하게 얽혔기 때문이었다.

序章 | 호락논쟁
이모저모

호락논쟁 이모저모

이 책은 조선 후기에 학계를 달구었던 호락논쟁에 대한 것이다. 한국의 역사에 관심 많은 독자에게도 이 용어는 좀 생소하다. 전반적인 소개를 해보자. 먼저 이름의 유래.

호락논쟁의 주역들은 당시 학계의 주류를 점했던 노론의 유학자들이었다. 그들은 주로 충청도와 서울을 기반 삼아 학파를 형성했고 서로 논쟁을 벌였다. 충청도의 노론 학자들은 당시에 호학湖學, 호론湖論, 호당湖黨, 아니면 그냥 호湖로 불렸다. 충청도의 다른 이름이 '호서湖西'이기 때문이었다. 서울에 속했던 학자들은 낙학洛學, 낙론洛論, 낙당洛黨, 아니면 낙洛으로 불렸다. 서울에 '낙洛'이 붙은 것은 중국의 도시 낙양洛陽이 수도의 보통명사처럼 쓰였기 때문이었다. 서울의 별칭에는 낙하洛下, 경락京洛 등도 있었다. 사실 '논쟁'이란 말도 후대에 붙은 것이다. 당시에는 호락시비湖洛是非, 호락변湖洛辨, 호락이학湖洛二學, 호락본말湖洛本末 등으로 불렸다.

이름만으로 정리하면 충청도의 호론과 서울의 낙론이 벌였던 성리학 논쟁이다.

조선의 3대 논쟁

호락논쟁은 18세기 초반에 시작해서 19세기 초반까지 이어졌다. 학계에서는 16세기 중후반에 이황·이이 등이 주도했던 '사단칠정四端七情논쟁', 17세기 후반 왕실의 복제服制를 둘러싼 '예송禮訟논쟁'과 함께 조선의 3대 논쟁으로 꼽기도 한다. 이처럼 만만치 않은 비중을 지녔지만 호락논쟁은 앞의 두 논쟁보다 인지도가 훨씬 떨어진다. 시기가 길었고, 사용된 개념과 논리가 난해했으며, 철학 외의 다른 변수들 예컨대 학파·정파·사회 문제 등이 복잡하게 얽혔기 때문이었다.

필자가 이 주제로 강의할 때 청중 대부분은 현학玄學의 미로에 빠졌고, 일부는 '과연 논쟁할 거리가 되는가' 하는 공허에 빠졌으며, 나머지는 그냥 꿈나라로 가버리는 경우가 많았다. 그때마다 능력 부족을 절감했고, 어떻게 서두를 요령 있게 끄집어낼까 하는 일을 큰 숙제로 여겼다. 고심 끝에 아래처럼 시작해 보았다.

모든 철학 논쟁은 정치사회적 배경과 연동하고 있는데, 조선의 논쟁들도 예외는 아니었다. 사단칠정논쟁의 주역인 이황과 이이의 주장은—사실 두 사람이 직접 논쟁한 게 아니라 이황은 기대승과, 이이는 성혼과 주로 편지로 논쟁했지만—후대에 더욱 명료해졌다. 이황의 제자들은 대개 남인을 형성했고, 이이의 제자들은 서인을 형성하게 되는데,

그들은 자신들의 종지宗旨를 이황과 이이의 주장에 근거해 세웠다. 사단칠정에 대한 이황과 이이의 정리는 일종의 정치 강령이 된 셈이다. 그렇다면 사단칠정논쟁은 철학논쟁이자 붕당의 이념적 토대를 마련한 논쟁이 된다.

예송은 17세기 후반에 왕실의 복제를 두고 벌어진 두 차례의 논쟁을 말한다. 논쟁이 벌어진 시점은, 임진왜란-후금·청의 건국-병자호란-명의 멸망이라는 일련의 격동을 거친 후였다. 당시 조선에는 서인과 남인이 정계의 주류가 되고 있었다. 두 붕당은 대내외 격변에 대응하느라 처음에는 연합했지만, 학파와 정파로서의 자기 정체성을 점차 수립해갔다. 현종 대에 이르러 그 과정은 거의 완결되었고, 이제 서인과 남인은 단독정권을 노릴 만했다. 때마침 일어난 복제 문제에서 두 붕당은 자신들의 성숙한 학문, 정책 역량을 드러냈다. 예송은 완결적 면모를 갖춘 붕당 사이의 논쟁이었던 것이다.

두 차례의 예송이 끝나자 본격적인 정치 대결이 시작되었다. 정국이 하루아침에 바뀌는 이른바 '환국換局'이 시작되었다. 환국은 숙종, 경종 그리고 영조 초반까지 짧게는 1~2년, 길게는 5~10년 단위로 일어났다. 처음에는 서인과 남인이 대립했고, 숙종 중반에 남인이 몰락하자, 서인이 노론과 소론으로 갈라져 싸웠다. 숙종 후반부터는 노론이 서서히 정계와 학계의 주도권을 갖게 되었고 영조 대에 거의 굳어졌다. 바로 이 시기에 노론에서 호론과 낙론으로 학파가 갈라지고 논쟁이 벌어졌다. 이것이 호락논쟁이다. 마치 붕당 정치의 마지막을 장식하는 논쟁과도 같다. 최후의 승자가 된 노론의 학자들은 왜 분열하고 논쟁했을까.

송시열의 후예들, 시대의 물음에 답하다

호락논쟁의 뿌리는 송시열이다. 학자 송시열은 이이에서 김장생으로 이어지는 서인 학맥을 공고히 다졌다. 정치가로서의 삶은 영욕이 교차했다. 봉림대군(효종)의 스승으로 병자호란을 겪었고, 명의 멸망을 보았다. 이 시절 그는 윤선거, 윤휴 등 훗날 소론과 남인을 대표하는 학자들과 울분을 함께하며 청에 대한 복수를 다짐했다. 특히 송시열은 효종의 북벌 구상에 힘을 보태기도 했다. 현종과 숙종 대에는 서인의 대표 이론가로 예송을 주도했다. 그러나 윤선거, 윤휴와는 이미 생각이 달라져 있었다. 송시열은 윤휴와 격렬하게 논쟁했고, 윤선거와도 소원해졌다. 그리고 예송 이후에 전개된 치열한 정쟁에서 마침내 목숨을 잃는다.

송시열은 정쟁으로 죽었지만 그의 영향은 죽음 이후에 더 강해졌다. 그의 핵심 정신은 '명의 멸망으로 인해 유교 국가는 오로지 조선만이 남게 되었으니, 조선을 유학 특히 주자학朱子學의 나라로 만들어야 유교의 명맥이 유지된다'는 것이다. 간단히 말해 주자학을 '주의ism' 삼아 조선을 건설하자는 것이다. 이 주장으로 인해 그는 조선 후기 최대의 이데올로그가 될 수 있었다. 그리고 후예들의 영향력도 커져갔다.

송시열은 많은 제자를 두었는데, 충청도의 권상하와 서울의 김창협이 가장 빼어났다. 권상하의 제자들은 성리학의 몇몇 주제를 두고 논쟁했는데 한 쪽으로 정리되면서 대체로 호론을 형성했다. 한편 김창협의 제자들 사이에서도 비슷한 주제를 두고 논쟁이 일어났고 대체로 낙론으로 정리되었다. 그런데 두 학파가 도달한 결론이 서로 반대라는 점이 문제였다. 각기 다른 논리로 무장한 두 학파의 대결은 피할 수 없었고

호론의 시조 권상하의 초상

호락논쟁이 본격적으로 불붙게 되었다.

호론과 낙론의 주장이 달라진 이유는 무엇일까. 명칭에서 알 수 있듯이 충청도와 서울이라는 지역의 차이가 하나의 원인이었다. 지방은 상대적으로 변화가 더디고 보수적인 편인데, 당시에는 더욱 심했다. 서울은 문화와 정보가 첨단이고 변화도 빨랐다. 지역의 차이는 학풍에도 반영되었다. 호론은 이이-송시열로 이어지는 학문과 정신을 공고히 지켰지만, 서울은 사정이 달랐다. 서울의 제자들은 다양한 학파와도 교류했고, 여러 학설에도 관심이 많았으며 가급적 포괄하려 했다. 국제정세의 변화도 무시할 수 없는 요인이었다. 17세기의 격동을 지나 18세기에 접어들자 동아시아는 비교적 안정되었다. 청의 주도권이 확고해졌고, 조선은 탕평 정치가 꽃을 피웠으며, 일본의 도쿠가와 막부도 안정을 구가했다. 바야흐로 '동아시아의 평화'가 도래했다.

18세기 조선의 지역, 학문, 국제정세라는 세 가지 지표는 바야흐로 '상황이 바뀌고 있음'을 알려주고 있었다. 그러나 호론은 기존의 지향을 그대로 밀고 나갔다. 송시열의 정신은 여전히 유효했고, 남인과 소론은 배척의 대상이었으며, 청은 오랑캐이자 타도할 적이었다. 그에 비해 낙론은 달라진 상황을 인정하기 시작했다. 다른 학파와 정파의 주장에 귀를 열었고, 청을 다시 보기 시작했다. 그렇게 보면 호락논쟁은 변화된 상황에 대한 원칙론자와 수정론자 사이의 인식과 대응의 차이였다.

핵심 주제들

호락논쟁에서 빈번히 또 치열하게 논쟁된 주제는 대체로 세 가지였다. 미발未發 때의 마음의 본질, 인성人性과 물성物性이 같은지 다른지, 성인聖人과 범인凡人의 마음이 같은지 다른지 등이었다. 한자로 표현하면 미발심체未發心體, 인물성동이人物性同異, 성범심동이聖凡心同異 등이다. 이 주제들은 기본적으로 성리학의 개념과 논리를 둘러싼 순수한 철학 문제다. 한편 성리학에서 지속했던 여러 논쟁들을 계승하는 측면도 있었고, 사회의 물음에 답하는 현실성도 있었다. 이 같은 여러 측면을 아울러 설명하려면 추상적인 차원에서 구체적인 영역으로 내려와야 할 듯하다.

성리학에서 가장 근원적인 개념은 이理와 기氣이다. 이 둘은 세계를 형성하고 움직이는 원리[理]이자 질료[氣]이다. 이·기는 인간의 본성이 되는데, 이理는 본연지성本然之性으로서 사단四端이 되고, 기氣는 기질지성氣質之性으로서 칠정七情이 된다. 사단은 덕성과 윤리로서 보통 인의예지仁義禮智로 표현되었고, 칠정은 감정과 정서로서 희로애락애오욕喜怒哀樂愛惡欲이었다. 이황, 이이 등이 벌였던 사단칠정논쟁은 본연지성과 기질지성, 사단과 칠정의 관계와 작동 메커니즘에 대한 것이었다.

사단칠정논쟁에서는 이·기에서 사단칠정에 이르는 인간 본성에 집중했다면, 호락논쟁에서는 조금 더 구체적인 인간에 집중하게 되었다. 이때 중요한 관건이 마음[心]이다. 인간의 본성과 정서가 통합하고 통제되는 곳이 바로 마음이기 때문이다. 그런데 마음의 정체가 잘 갖추어진 상태가 바로 미발이었다. 미발은 미발지심未發之心의 줄임말인데, 감각이나 지각 등이 발發하기 전의 고요한 마음이다. 마음의 정체는 인간의 정체성을 해명하는 최종 관문과도 같았다.

미발을 통해 인간에 대한 정리를 마치면 인간과 사회의 더 구체적인 문제로 넘어간다. 인성물성과 성범심의 문제가 그것이다. 인성물성 논쟁은 인간의 본성과 物(사물 혹은 동물)의 본성이 같은가 다른가 하는 것이다. 다른 방식으로 묻는다면, 인간에게 보편적인 본연지성이 物에게도 관철되어 있는가 하는 문제다. 이 물음에 대해 어떤 입장을 지니는가에 따라 인간을 둘러싼 외물, 요즘 식으로 말해 타자에 대한 인정 여부가 갈린다. 성범심 논쟁은 성인과 범인의 마음이 같은가 다른가 하는 것이다. 만약 성인과 범인의 마음이 같다면 평범한 사람들이 성인이 될 가능성이 커진다.

미발, 인성물성, 성범심이란 주제는 사단칠정에 비해 철학적으로 구체적이고 사회적으로도 시사성이 컸다. 미발은 현실에서의 수양에 초점이 맞추어져 있다. 인성물성은 타자에 대한 인정과 관련되었다. 당시 가장 위협적인 타자는 오랑캐로 여겼던 청이었다. 따라서 물의 보편 본성에 대한 인정은 청인들의 보편 본성에 대한 인정이 될 수 있었다. 성범심은 평범한 사람들의 변화 가능성에 관련되었다. 평범한 사람들 중에는 그동안 열등하다고 간주된 사회 내부의 존재들, 여자·백성·아이 등도 포함된다. 따라서 그들에 대한 긍정으로 확대될 수 있었다. 결국 바깥에서 성장한 청과, 안에서 성장한 제반 계층에 대한 유학자들의 인식과 태도가 호락논쟁으로 인해 정리될 수 있었다.

또 다른 명칭, '인성물성人性物性 논쟁'

현대의 일부 연구자들은 호락논쟁에 대해 별칭 하나를 부여했다. '인성물성 논쟁'이 그것이다. 호락논쟁의 세 주제 가운데 인성과 물성에 대한 논쟁이 가장 치열했고 저술 또한 왕성해서 그 이름이 붙었다. '호락논쟁'이 전통적 용어로서 역사적 사건임을 감안한 명칭이라면, '인성물성 논쟁'은 이 사건을 철학 이론사로 볼 수 있음을 알려준다. 호락논쟁을 정리하고 연구한 학자들의 시각도 두 흐름에서 크게 벗어나지 않았다.

호락논쟁이 치열해지고 정치 요인까지 개입하게 된 시기는 18세기 후반이었다. 그 무렵 호락논쟁의 과정과 논점을 일목요연하게 정리하는 저술들이 나오기 시작했다. 정리를 통해 자기 학파나 정파의 입장을 정당화하기 위해서였다. 18세기 후반부터 19세기 초까지의 동향은 이 책 7장에서 다루었다.

19세기 후반 이른바 '신학문'이 들어오자 구학문, 즉 유학에 정통하면서 신학문에도 소양을 갖춘 새 세대 유학자들이 등장했다. 그중 장지연은 《조선유교연원朝鮮儒敎淵源》(1922)을 저술하여 유학사 연구에 초석을 놓았다. 뒤이어 일본학자 다카하시 도루高橋亨의 〈조선 유학사에 있어서 주리파·주기파의 발달李朝儒學史に於ける主理派主氣派の發達〉(1929), 현상윤의 《조선유학사》(1949) 등의 논저가 선보였다.

이들은 모두 호락논쟁을 비중 있게 다루었다. 내용에도 진일보한 점이 있었다. 정파적인 입장에서 벗어나 비교적 객관적으로 정리하기 시작한 것이다. 또 다카하시와 현상윤은 주리파主理派, 주기파主氣派로 유학자의 범주를 구분하고 호락논쟁은 '주기파 VS 주리·주기 절충파'의 대립으로 정리했다. 이 정리는 후대의 철학사 서술에 큰 영향을 미쳤다. 한편 이들의 서술과 구성도 대동소이했다. 호락논쟁의 시말을 간략히 소개하고 주요 인물들의 핵심 논설을 주욱 배치하는 방식이었다.

1960년대 이후의 저술에서는 배종호의《한국유학사》(1974)와 이병도의《한국유학사》(1987)가 주목된다. 철학자 배종호는 유학의 핵심 개념인 이기理氣에서 출발하여 주리, 주기와 같은 이론에 따라 철학사를 체계화했다. 개념과 논리의 계승, 발전을 기준 삼은 것이다. 그에 비해 역사학자 이병도는 철학이론뿐 아니라 배경이나 구체적인 전개에도 지면을 할애했다. 다소 난삽하긴 하지만 인적 교유, 사회·정치적 원인 등도 함께 다루었다.

물론 두 저술 모두 이전보다 진일보한 측면이 있었다. 배종호는 유학사를 순수 철학 혹은 보편 의제로 추상화했고, 이병도는 사회의 현장성을 철학사 서술에 개입했다. 한편 윤사순은 〈인성·물성의 동이논변에 대한 연구〉(1982)라는 흥미로운 논문을 발표했다. 논문에서 그는 중요한 시사점 두 가지를 제기했다. 인성물성에 대한 주장이 관점, 개념, 전거에 따라 이렇게도 저렇게도 달라질 수 있음을 강조한 것이다. 맥락의 문제가 호락논쟁 이해의 중요한 한 축으로 떠오른 것이다. 또 그는 '인성·물성 동이논변'을 전면에 내걸고 '호락논쟁'을 별칭으로 언급해 철학이론사를 독자적으로 확보하려 했다. 이로써 대체로 1980년대까지 철학이론, 사회 배경 그리고 맥락의 문제라는 호락논쟁 연구의 큰 뼈대가 마련되었다.

1990년대 이후는 더 구체적인 연구가 진척되었다. 대부분의 연구는 논쟁 사례, 개개인의 논리를 실증하며 기존의 뼈대에 살을 붙였다. 역사·사회적 전개를 중시하는 시각이나 철학적 논리를 중시하는 시각들도 연구를 심화시켰다. 역사학자와 철학자 다수는 서울과 지방의 지역성, 학파와 정치 세력과의 관계, 논쟁 주제의 사회적 의미 등을 입체적으로 구성했다. 또 한편에서는 '인성물성논쟁'이란 이름으로 호락논쟁을 재편하고 조선 유학사를 독자적으로 계통화하는 흐름도 있었다.

　이 책은 이상의 선행 연구에 크게 빚지고 있다. 특히 최근의 연구는 이 책에서 선보인 다양한 장면을 살찌운 직접적인 자양분이었다. 필자로서는 그들의 연구를 충분히 소화해내지 못한 점이 죄송할 뿐이다. 다만 필자가 여기에 한 가지 보태려 한 게 있다면 철학과 역사라는 씨줄과 날줄 외에, 논쟁에 참여했던 주역들의 대화와 일상, 심성과 욕구까지 첨가해서 이야기를 만들어보려 한 점이다.

宋時烈

權尙夏·金昌協·金昌翕

숙종이 왕위에 있던 기간은 46년. 서기로는 1674~1720년이고
세기로는 17세기 후반에서 18세기 초반에 해당한다.
조선 사회는 안정을 찾았고 문물은 부흥하고 있었다.
정계와 학계에서는 노론이 힘을 얻으며 사대부 사회의 주류가 되고 있었다.
그들의 정신적 기둥인 송시열 또한 정·관·학계를 망라하여 추앙받기 시작했다.
그의 핵심 주장은 유학의 명분 질서를 고수하고 주자학을 곧이곧대로 실현하자는 것이었다.
송시열이 죽은 후 제자들에게는 숙제가 남았다. 그의 사업을 계승하고
그의 논리를 성리학의 이론과 정교하게 맞추는 일이었다.
그런데 그 작업을 수행하면서 노론 내부의 미세한 차이가
불거지기 시작했다.

01 | 논쟁
시작

권상하와 제자들 … 한산사 논쟁 … 논쟁은 서울에서도

1. 권상하와 제자들

송시열과 권상하

1689년(숙종 15) 2월 숙종은 서인西人을 축출하고 남인南人을 대거 등용했다. 기사년에 일어난 급격한 정국의 변화, 이른바 기사환국己巳換局의 시작이었다. 이 사건은 희빈 장씨가 중전으로 등극하고 그녀의 소생(훗날 경종)이 세자가 되면서 일단락되었다.

서인의 영수였던 송시열은, 희빈 장씨의 소생을 원자元子로 삼으려는 숙종을 말렸다. 이 일로 인해 그 또한 혹독한 처분을 받았다. 정계와 학계의 거물로서 한 시대를 풍미한 그였지만 83세의 기나긴 삶은 결국 29세의 젊은 국왕 숙종에 의해 종지부를 찍었다.

환국 초기, 송시열은 제주도 유배에 처해졌다. 제주도로 향하는 송시열을 모시는 이들 중에 제자 권상하가 있었다. 권상하는 전라도까지 따라갔다가 잠시 헤어졌다. 그로부터 약 넉 달 후에 송시열을 사사賜死하라는 명이 내렸다. 죽음을 예감하고 있던 송시열은 권상하에게 몇 차례나 훗날을 당부했다. 가장 중요한 것은 대략 세 가지였다.

나는 한평생 주자朱子의 글을 읽었네. 그중에서 의심스러운 부분과 어려운 대목을 뽑아 대략 해설을 붙였지만 애석하게도 아직 완결하지 못했다네. 지금 이 일을 부탁할 사람은 오직 그대와 중화仲和(김창협의 자)뿐일세. 그리고 동보同甫(이희조의 자) 등도 함께 상의할 만하다네(2월, 5월).

나는 화양동에 한 채의 사우祠宇를 세워 만력제萬曆帝와 숭정제崇禎帝를 제사하고자 했었네. 그러나 끝내 이루지 못하고 이 지경에 이르렀으니 이보다 더 큰 한은 없다네.…… (사우를 세우고 두 황제에게 제사하는) 일을 성사시켰으면 좋겠네(5월).

천지가 만물을 내고 성인聖人이 온갖 일에 응대하는 원칙은 오로지 '직直'일 따름일세. 공자와 맹자 이후 대대로 전해진 정신도 바로 이것이었고, 주자가 임종할 때 제자들에게 말한 것도 '직'자를 벗어나지 않았다네(5월, 6월).[1]

송시열의 첫 당부는 역시 학문에 관해서였다. 그는 평소 주자의 저술

가운데 의문을 자아내거나 달리 해석될 부분이 있다면 이를 해명하는 저술을 해왔는데, 이를 완성해달라는 것이다. 훗날 권상하와 김창협 등은 과연 이 숙제를 마쳤고, 《주자대전차의朱子大全箚疑》라는 제목의 책으로 간행했다. 《주자대전》은 주자의 저술을 집대성한 책이고, '차의'는 의문점에 대한 해설이다. 송시열의 명저로 평가받는 이 책의 출간을 계기로 송시열의 후학들은 주자의 저술에 해설을 달고 또 달아, 주자 저술의 모순점을 제거하는 전통을 세우게 된다.

둘째는 실천에 대한 강조였다. 구체적으로 명나라 두 황제의 사당을 세우고 제사하라는 것이다. 만력제는 임진왜란 때 조선에 원군을 파견했다. 숭정제는 명나라의 마지막 황제인데, 이자성의 군대가 자금성을 함락하자, 자금성 뒤 만세산(현 경산)에서 자결한 비운의 인물이었다. 두 황제를 위한 사당을 짓고 제사 지내는 일은 명나라에 대한 조선의 의리를 지킨다는 의미가 있었다. 한편 그 이면에는 유교 문명의 정통성이 명나라로부터 조선으로 이어지게 되었다는 은밀한 자부심도 있었다.

마지막에는 유학의 근본정신으로 '직直'을 강조했다. 직은 바름이고, 바름은 의리와 명분에 다름 아니다. 따라서 마지막 당부는 의리 명분을 모든 학문과 행동의 준칙으로 강조한 것이었다.

인조 이래 4대의 국왕을 섬기며 수많은 논쟁의 한가운데 있었던 송시열. 조선 후기 최대의 이념가로 평가받는 그의 죽음과 더불어 조선 사상사의 한 장은 저물고 있었다. 그리고 송시열의 후세대는 그의 유산을 자양분 삼아 새로운 장을 열기 시작했다.

송시열의 제자 가운데 첫손 꼽히는 인물은 권상하였다. 그는 유배지로 향하는 스승을 모셨고, 학문·실천·정신을 실현하라는 유언을 받았

節兼夫公卒
祖屢屢學立林執不容
檢暫質當理篤家理
曷宗天畫經淪
業廿與叔季
途谷仲和
屋在潰
像肅肅
高衿佩盂
進曾萁宜奥一醒
崇禎紀元波再戌三月
追製伶萬機匕賢

송시열 / 권상하

(좌) 송시열은 조선 후기 최대의 이념가였다. 초상화는 엄정하고 압도적인 풍모가 강조된 걸작이다. 국립중앙박물관 소장. / (우) 권상하는 송시열의 수제자로 강문팔학사를 비롯한 많은 제자를 길러냈다. 한원진의 주장을 승인하여 호론湖論의 기본 노선을 세웠다. 초상화는 79세 때의 모습이고, 김진여가 그렸다. 충청북도 제천의병전시관 소장.

다. 그뿐만이 아니었다. 송시열은 자신이 죽고 난 이후의 상장례喪葬禮도 그에게 부탁했다. 훗날 권상하는 유명한 만동묘萬東廟를 세워 마침내 유언을 실현했다. 그리고 화양서원華陽書院을 건립하여 송시열 학파의 본산을 구축했다. 그와 송시열은 어떤 인연이 있었던 걸까.

권상하가 송시열을 처음 만난 것은 22세가 되던 1662년이었다. 그러나 아직 정식 제자는 아니었다. 다시 12년이 흘러 34세가 된 권상하는 화양동에 내려온 송시열을 다시 만났다. 부친의 묘비에 새길 글을 부탁하기 위해서였다. 이때 권상하는 사서삼경의 일부 내용에 대한 견해를 밝히며 의문점을 질문했다. 송시열은 그의 설명에 매번 고개를 끄덕이고 크게 기뻐했다. 이후 권상하는 정식 제자가 되어 매년 송시열을 찾

황강영당
한수재는 영조 대에 황강서원이 되었다가, 고종 대의 서원 철폐로 인해 황강영당黃江影堂으로 바뀌었다. 현재는 충주댐으로 인해 원래 자리에서 제천시 한수면 송계리로 이전되었다.

아 가르침을 받았다.

　권상하는 1675년(숙종 1)에 충청도 제천에 있는 황강촌黃江村으로 이사했다. 당시 서인들이 예송禮訟에서 패배하여 정계에서 물러나자 자신도 깊숙한 산골로 들어간 것이다. 권상하는 이곳에 수암遂菴을 지었다.

　권상하가 황강촌에 자리를 잡자 원근에서 그의 제자가 되고자 하는 선비들이 찾아오기 시작했다. 10여 년이 흐르자 권상하는 한수재寒水齋를 지어 자신이 거처하고, 동쪽 경치 좋은 곳에는 몇 칸의 집을 지어 열락재說樂齋라 이름 짓고는 제자들과 공부하는 곳으로 삼았다. 권상하가 머물던 '수암'과 '한수재'는 모두 그의 호가 되었다.

강문팔학사江門八學士

권상하의 호는 '수암' 또는 '한수재'였으나, 사람들은 그가 살았던 황강촌을 따 그를 '황강 선생'으로도 불렀다. 권상하의 제자들도 자연스레 '황강 선생의 문하'가 되었으니, 그 말을 줄이면 '강문江門'이 된다. 세간에서는 강문의 선비들 가운데 빼어난 여덟 명을 '강문팔학사'라고 불렀다. 권상하 문하의 빼어난 여덟 선비, 호락논쟁의 첫 번째 주역이 바로 그들이었다.

　팔학사가 누구누구인지는 기록마다 조금씩 차이가 난다. 대체로 한원진, 이간, 윤봉구, 현상벽, 채지홍, 최징후, 성만징, 이이근을 꼽는다. 그러나 이이근, 성만징이 빠지고 그 자리에 한홍조, 윤혼, 우세일 등이 들어가기도 한다.[2] 누가 되었건 강문팔학사는 율곡 이이에서 시작해 김장생─송시열─권상하로 이어지는 학맥의 상징이었다.

쟁쟁한 명성을 자랑했던 팔학사 중에서는 누가 두각을 나타냈을까. 한원진과 이간이 단연 선두였다. 한원진은 21세가 되던 1702년에 황강에 찾아가 권상하의 제자가 되었다. 해박하고 명석한 제자를 맞이한 권상하의 기대는 컸다. "정밀하고 해박한 경전 공부로는 그대만한 이가 없다네"라는 시를 써주기도 했고, 벗에게 보낸 편지에서 "한원진이란 이가 찾아와 함께 지내고 있습니다. 나이는 대강 스무 살 정도인데 학식이 정밀하고 해박합니다. 학문에 전심하고 있으니 매우 기대가 됩니다"라고 속내를 드러내기도 했다.[3]

총명한 제자가 찾아올 때 스승은 행복했고, 그가 떠날 때는 아쉬운 마음에 다시 오길 기다렸다. 살가운 심정이 듬뿍 담긴 시도 지었다.

가을날 필마 타고 내 오두막 찾았다가,

秋風匹馬扣荊關추풍필마구형관

세밑에 돌아가는 길 온 산에 눈 덮였네.

歲暮歸程雪滿山세모귀정설만산

헤어지는 이 마당에 아쉬운 정 짙으니,

尙爾臨分情黯黯상이임분정암암

시냇가 꽃 피거든 날 다시 찾게나.

重尋須趁澗花斑중심수진간화반[4]

일찍부터 스승을 찾아 독실하게 배운 한원진에 비해, 이간은 좀 달랐다. 그는 충청도 온양(현 아산시) 출신으로 따로 스승을 두지 않았다. 20

대에는 인근 예산의 선비들과 학문을 닦았고, 틈틈이 화양동, 사천, 서울 등지의 이름난 학자를 찾아다녔다. 그가 황강으로 가서 권상하의 제자가 된 때는 31세가 되던 1707년이었다. 이간은 한원진보다 다섯 살 연상이었지만, 한원진보다 5년 늦게 제자가 된 셈이었다.

녹록치 않은 내공을 갖춘 30대 초반의 제자라면, 스승도 조금은 어렵게 여길 만했다. 권상하는 그의 독실한 학행과 식견을 높이 사면서 '준엄하다'고 평했다.[5] 마냥 제자로 대하지도 않았고 종종 '벗'이라고도 불렀다. 명성을 쌓은 선비가 제자로 찾아왔으니 든든함은 물론이었다. 이간에게 써준 시에도 기대가 듬뿍했다.

> 한적한 산에 병으로 누워 아무 할 일 없는데,
> 空山病臥百無能공산병와백무능
> 뛰어난 벗이 찾아오니 흥분하고 생기 도네.
> 勝友來尋意勃興승우내심의발흥
> 우리 유학 이제는 적막하지 않으리니,
> 此道如今不寂寞차도여금부적막
> 그대의 뛰어난 식견 태양이 떠오르는 듯.
> 多君高識日方昇다군고식일방승[6]

한원진은 일찍 권상하의 문하에 들어갔고, 이간은 학문적으로 성숙해진 후에 들어갔다. 두 사람의 입문은 달랐지만 각기 장단점이 있었다. 스승에게 체계적으로 훈도받은 한원진은 이이에서 권상하로 이어지는 율곡학파의 성리설에 정통했다. 대신 시야가 좁고 다른 학설에 대한 포용력이 부족할 수 있었다. 이간은 반대였다. 여러 학자를 만났고 다양한 견해를 이미 접했으므로 시야가 넓었다. 그렇지만 일관성이 약할 수 있었다.

한산사의 봄을 기약하다

권상하의 제자가 되고 몇 년이 지난 후 한원진은 스스로의 견해를 세울 수 있었다. 24세가 되던 1705년에 〈동지에게 알리는 논설示同志說〉을 썼고, 이후 〈율곡 선생 별집에 의견을 덧붙임栗谷別集附籤〉, 〈인심도심에 대한 논설人心道心說〉, 〈본연지성과 기질지성에 대한 논설本然之性氣質之性說〉, 〈퇴계 선생 문집의 의문점에 대한 해설退溪集箚疑〉 등을 잇달아 써냈다.[7]

　한원진의 글은 동문의 이목을 끌었다. 그가 머물던 암자에 최징후가 찾아왔고, 조금 지나자 한홍조도 찾아와 함께 어울렸다. 그들은 인간의 본성과 마음 등을 활발하게 토론했고, 떨어져 있을 때는 편지로 소통했다.

　한원진이 바야흐로 두각을 나타낼 무렵 이간이 권상하의 문인이 되었다. 이간 또한 한원진의 견해를 접하게 되었는데 마냥 옳다고 여기지 않았다. 그러나 아직 한원진과 친교가 없었던 터라 자신과 절친했던 최징후에게 편지를 보냈다.

　　저는 덕소德昭(한원진의 자)와는 아직 알지 못합니다. 친구들에게 듣자니 대개 우리 문하에서 의지할 만한 인물이라고 했습니다. 그래서 평소 그를 흠모하여 한 번 만나보고 싶었습니다. 그러다가 지금 그가 논설한 것을 보니 제 생각과 잘 맞는 부분이 없지 않아 아주 다행입니다. 다만 위에서 언급한 세 가지 설에 대한 제 견해는 주제넘지나 않았는지 생각되니, 직접 찾아가 물어보고 싶습니다. 형이 이 뜻을 전하여 주선해주었으면 좋겠습니다.[8]

한원진 또한 만남을 거부할 이유가 없었다. 최징후를 통해 이간의 견해를 접한 그는 한편으로 고마웠지만, 한편으로 견해가 다르다고 여겼다.

공거公擧(이간의 자) 형의 편지를 보내주시니 감사합니다. 제가 학식이 얕아 아는 바가 없는데도 여러 학형들께서 비루하다 여기지 않고 매양 의리로 판별하여 혼매한 저를 깨우쳐 주시고 또 기탄없이 의견을 주시니 정말로 큰 우정입니다. 지금 공거 형의 편지가 저의 잘못을 정밀하게 증명하셨는데 그분과 더불어 마땅한 결론에 이르고 싶은 마음 간절합니다.[9]

이리하여 권상하의 촉망받는 문인들이 함께 모이는 자리가 약속되었다. 일찍부터 권상하의 기대를 받은 한원진과, 새로 들어왔지만 명성이 남다른 이간이 만나는 일 자체가 화젯거리인데, 두 사람의 학설이 서로 다르니 더욱 관심을 끌었다.

모임 장소는 충청도 홍주에 자리잡은 한산사寒山寺라는 조그만 절이었다.[10] 약속 시간은 1709년 봄이었으니, 지금부터 대략 300여 년 전의 일이었다.

한산사 가는 길

1709년 온 산이 신록으로 물드는 초봄. 이간은 친구 윤혼 등과 함께 한산사로 출발했다. 홍주에서 한홍조를 만나 합류했다. 윤혼, 한홍조 모두 강문팔학사의 일원으로 거론되는 명망 높은 선비들이었다.

　친구들과 함께 한산사에 다가갈수록 이간의 마음은 기대에 부풀었다. 인근에 이르러서는 경치 좋기로 유명한 영보정永保亭에 올랐다. 멀리 안면도가 보였고, 배들이 오가고 있었다. 절의 종소리가 들리는가 하면, 배들은 어느새 모여들어 나루터에 빽빽했다. 이간에게서 저절로 노래가 흘러나왔다.

참으로 아름답구나 견고한 산하여

信美山河固신미산하고

하늘이 만드신 자연의 요새일세.

關防實天作관방실천작

백성들이 태평하고 편하게 살아가니

士民老太平사민노태평

누가 궂은 비 내릴까봐 걱정하리요.

疇能念陰雨주능념음우

겉으로 보면 그저 태평을 노래한 듯했다. 하지만 장소와 시간의 맥락을 고려하면 또 다른 의미를 찾을 수 있다.

천하절경 영보정은 충청 수영水營에 속한 군사시설이었다. 때문에 이간은 이곳에서 나라의 안녕을 떠올리게 되었다. 이제는 '궂은 비'를 걱정하지 않아도 될 정도로 천하는 태평했다. 군영에서 연상한 '궂은 비'라면 외국의 침략에 다름 아닐 터였다. 그리고 보니 병자호란은 이제 70년을 훌쩍 넘긴 옛날 일이었다. 조선은 비록 치욕을 겪었지만 그래도 지금까지 건재하고 있다. 그러나 명나라는 65년 전 쯤에 망했고 중국은 오랑캐(청)의 나라가 되었다. 그렇다면 조선의 견고함과 태평을 노래한 마음 밑바닥에는 '오랑캐 천하에서 조선만이 오로지 유교 문명을 밝히고 있다'는 자부심이 배어 있다고 볼 수 있다.

한산사 가는 길에 지은 시에서는 그 심정이 좀 더 직접적이다.

아득해진 중원을 어디에서 찾을까.

蒼茫何處問中州창망하처문중주

이곳 바로 동한東韓이니 땅이 다한 곳.

此是東韓地盡頭처시동한지진두

공자께선 '뗏목 타고 떠나겠다' 하셨으니

一自聖門浮海歎일자성문부해탄

우리 유학 지금은 창주滄洲에 부쳤다네.

至今吾道付滄洲지금오도부창주[12]

영보정

영보정永保亭은 충청 수영水營에 속한 정자이다. 충청 제일의 절경으로 수많은 시인, 문사들이 찾았고 작품을 남겼다. 그림은 전라도의 학자 하백원이 1842년에 보령을 유람할 때 그렸던 〈해유시화첩海遊詩畵帖〉(전남 규남박물관 소장)의 한 장면이다. 중앙의 큰 누각(원 부분)이 영보정이다. 영보정은 보령시가 2015년에 복원했다.

시는 '중원이 어디 있는가?'라는 물음을 던지고 동한東韓(동쪽의 삼한
이란 뜻이니 조선을 말함)을 등장시킨다. 지금 중국은 청나라가 차지했으
니 유교 문화는 그곳에서 찾을 수 없고 조선이 새로운 중원이 될 수 있
음을 암시했다.

공자와 뗏목, 창주가 등장하는 다음 구절부터는 설명이 필요하다. 일
찍이 공자는 '도道가 행해지지 않으니 차라리 뗏목을 타고 바다로 떠나
겠다'[13]고 했다. 이 말은 정말로 떠나겠다는 게 아니라 중원에 도리가
쇠퇴해졌음을 비판한 반어법이다. 그런데 유학이 중국 주변에 널리 전
파되자 주변 나라에서는 공자의 말을 그대로 해석했다. 말하자면 이런
식이다. '공자께서 중원을 떠나 우리 지역에 오시어 교화하신다 했으
니, 우리도 공자의 가르침을 실현한다면 유교의 정통이 될 수 있구나'.

'창주' 또한 여러 의미가 있다. 창주는 보통 은자가 숨은 곳을 뜻하는
데, 주자는 그 뜻을 따서 자신이 거처했던 무이산에 창주정사滄洲精舍를
짓고, '영원히 인간 세상 버리고, 나의 도를 창주에 부친다네[永棄人間事
吾道付滄洲]'[14]라고 노래했다. 즉 창주는 세상이 어지러울 때 은자가 유교
의 명맥을 간직한 곳을 은유했다.

결국 후반부는 공자와 주자의 고사를 빌려 조선이 유교의 정통이 될
수 있음을 은근히 밝혔다고 할 수 있다. 특히 주자의 은거를 끌어온 것
은 화양동과 황강에 은거한 송시열과 권상하가 주자를 계승했음을 빗
대고 있었다.

이간의 자부심에는 이유가 없지 않았다. 바로 6년 전이었던 1703년
에 스승 권상하는 만동묘를 세워 송시열의 유언을 실현했다. 그러자 나
라에서도 이듬해에 창덕궁 뒤뜰에 대보단大報壇을 세워 그 정신을 기렸

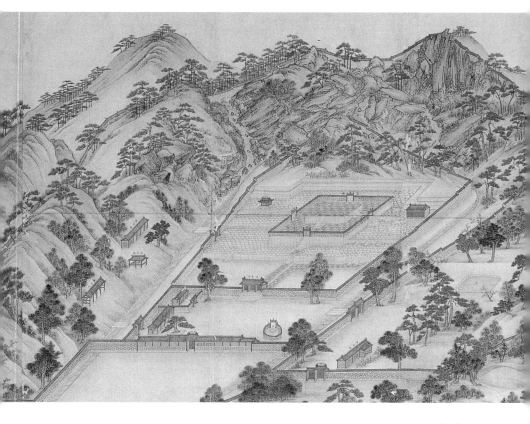

대보단

대보단大報壇은 명의 황제들을 추모하는 제단이다. 황단皇壇이라고도 불렸다. 임진왜란 때에 원군을 파견했던 신종(만력제)을 위해 숙종 대에 창덕궁 후원에 설립했다. 영조 대에는 태조(주원장), 의종(숭정제)의 신주가 더해졌다. 조선이 명의 은혜를 잊지 않았고, 명의 정통성을 계승했다는 두 가지 의미를 지닌다. 그림은 19세기 초에 제작된 〈동궐도東闕圖〉(고려대학교박물관 소장)의 대보단 모습. 현재 대보단은 없어졌고 일제강점기 때 건립된 신선원전이 그 자리에 있다.

다. 노론에서는 만동묘와 대보단을 통해 '학문의 정통인 노론'과 '유교의 정통인 조선'이란 두 개 상징이 공인되었다고 여겼다.

한산사로 향하던 이간의 마음은 이처럼 의미심장했다. 그를 비롯한 동문들에게 한산사 모임은 성리설에만 빠져 토론하는 자리가 아니었다. 그 모임은 유교를 수호한다는 자신들의 지향을 더욱 정밀하고 공고하게 가다듬는 훈련장이었다.

한산사의 첫날

이간 일행이 한산사에 이르자 곧이어 현상벽과 우세일이 도착했고, 한원진도 동생과 함께 왔다. 주선자였던 최징후는 이틀 후에 도착했다. 참여한 면면을 보면 이간, 윤혼, 한홍조, 현상벽, 우세일, 한원진, 최징후였으니, 팔학사로 꼽히는 이들 가운데 윤봉구와 채지홍을 제외하고 모두 모인 셈이었다.

선비들은 차례대로 앉아 반가운 낯빛으로 인사를 나누었다. 그리고 본격적인 토론이 벌어졌다. 이간이 선편을 잡았다.

> 미발未發에서는 기질지성氣質之性을 말하기 곤란합니다. 귀신도 살펴 헤아릴 수 없는데 무엇을 근거로 선악을 볼 수 있겠습니까.

미발은 감정과 욕구가 일어나지 않은 때를 말한다. 순수한 도덕심만이 존재하므로 유학자들은 이 상태를 인간의 본성을 해명하는 열쇠라고 여겼다. 그같은 도덕심은, 성리학의 개념을 빌자면 이理가 발현한 본연지성本然之性을 의미했으므로, 기질지성을 함께 말하기 곤란하다 한 것이다. 그러나 한원진의 생각은 달랐다.

이기理氣는 애초부터 분리될 수 없습니다. 미발이라고 해서 어찌 기氣가 없을 수 있겠습니까. 이·기를 함께 말할 수 있다면 미발의 때에 기질지성이 있다고 말해도 문제가 없습니다.

한원진은 이기가 본래부터 분리될 수 없다는 전제에서 출발했다. 때문에 미발에서도 기질氣質에 근거한 마음이 함께 존재한다고 보았다. 감각과 관련해서 본다면, 감각이 발동하지 않았다 해도 감각의 본체인 기질지성은 존재한다는 의미였다.

미발논쟁에 이어 이간은 두 번째 주제를 이끌었다.

인의예지신仁義禮智信과 같은 오상五常은 동물 역시 하늘로부터 동등하게 받았습니다. 만물은 하나의 태극에서 나왔기 때문이지요. 다만 차이가 있다면 인간은 오상이 온전하지만 동물은 치우쳐 있다는 정도입니다.

이간은 인간과 동물의 차이로 초점을 돌렸다. 미발이 '인간의 마음이란 무엇인가'라는 인간의 정체성에 대한 문제였다면, 이번에는 '인간과 인간 밖 존재의 관계'에 대한 질문으로 확장되었다. 순수한 도덕심을 강조했던 이간은 이번에도 도덕심의 근원인 이理가 온 사물에 두루 통용되고 있음을 강조했다. 이理의 보편성에 대한 강조라고 볼 수 있었다.

그러나 한원진의 견해는 달랐다.

이理의 관점에서만 본다면 사람과 사물이 차이가 없다는 것은 맞는 말입니다. 그러나 기氣의 관점에서 본다면 어떻습니까. 기로 인해 만물은 제각각 달라지므로 오상 또한 온전할 수가 없습니다.

한원진은 모든 본성에 이기理氣가 섞여 있음을 강조했다. 그러므로 한원진은 만물이 본질적으로 기에 의해 차이를 지니게 되었음에 주목했다. 이理가 보편적임을 부인하지는 않았지만, 만물로 이루어진 현실에서는 기질에 의해 제약받았다. 동물에게 도덕심이 없다고는 할 수 없지만 근본적으로 결핍이 있는 것이다.

논쟁은 다시 이어졌다. 이번에는 맹자가 말한 호연지기浩然之氣에 대한 것이었다. 그러나 여기서는 큰 차이가 없었다. 이렇게 첫날 토론은 서로의 입장을 확인하고 끝났다.

둘째 날 이후, 귀향

하루를 보내고 선비들은 주제 토론보다는 책 공부에 집중했다. 둘째 날과 셋째 날에는 《역학계몽易學啓蒙》을 읽고 토론했다. 《역학계몽》은 주자가 《주역》을 풀이한 책이다. 넷째 날에는 태극을 논한 글들을 읽었다. 다섯째 날에는 비가 내렸다. 선비들은 머리도 식힐 겸 함께 배를 타기로 했다. 배 안에서는 장재張載가 지은 〈서명西銘〉을 함께 읽었다. 다들 감회가 새로웠을 터이니, 이간 또한 감회가 없을 수 없었다.

홀연 바다에 배 띄우는 뜻은

居然浮海志거연부해지

함께 창주의 취지를 높이고자 해서라네.

共高滄洲趣공고창주취

배를 타자, 이간은 '공자가 바다로 떠나고 주자가 창주정사를 세웠다'는 고사를 다시 떠올렸다. 모두들 이 취지에 동의했으니 유학의 정통을 세우고 지킨다는 자부심으로 충만했음을 알 수 있다.

여섯째 날에는 《대학》을 강론했다. 그러나 피로가 쌓였는지라 토론은 길지 않았다. 또 윤혼은 병이 났고, 최징후의 동생 최안후도 돌아갔다. 일곱째 날에는 다시 《대학》을 읽었다. 이날 현상벽과 최징후가 떠났다. 이렇게 7일간의 모임은 대강 끝났다. 이간은 8일째 되는 날 한산사를 떠났는데, 우세일과 한원진이 남아서 배웅했다.

모임을 제안했던 이간은 뿌듯했다. 비록 합의에 도달하지는 못했지만, 젊은 동문들의 공부 열기에 전도양양함을 느꼈다. 돌아오는 길에 이간은 다른 친구를 만나 앞으로도 의리를 실천하고 이단적인 학설을 물리치자고 재차 다짐했다. 그리고 모임의 전말을 1,800여 자의 장시 〈한산기행寒山紀行〉으로 남겼다.

이간은 〈한산기행〉을 모임에 참여한 동문들에게 수었다. 한원진 또한 할 말이 있었을 터. 자기의 입장을 정리한 발문跋文을 따로 썼는데,

겸손한 듯하면서도 의견을 굽히지는 않았다.

생각해보니 저는 일개 촌학구村學究일 뿐입니다. 성현의 글과 의리의
학문에 깊이 힘쓰지 못한 까닭에 틀린 말이 있어 대가大家(이간을 뜻
함)의 지적을 받았습니다. 어찌 다시 이러쿵저러쿵 말해서 전철을 또
밟겠습니까. 하지만 두터운 우정을 입었으니, 그 뜻을 저버리고 그대
로 뭉개두지 않는 것이 학자의 일입니다. 저의 좁은 소견을 다시 서
술하여 가르침 받고자 합니다.[15]

관선재
이간이 공부했던 건물이다. 스승 권상하가 '관선재觀善齋'라는 이름을 지어주었다. 훗날 흥선대원
군이 서원철폐령을 내리자 후손들이 절로 위장했기 때문에 지금은 '강당사'라는 절이 되었다. 충청
남도 아산시에 있다(이간사상연구소 제공).

이간이 장시 〈한산기행〉을 통해 자기 입장에서 모임을 정리했다면, 한원진은 발문을 통해 자신의 입장을 재차 천명한 셈이 되었다.

한산사 논쟁은 두 사람 말고 동문의 동향에도 영향을 미쳤다. 이 모임을 계기로 팔학사의 견해 또한 대략 갈리게 된 것이다. 모임을 주선했던 최징후와 한홍조는 대체로 한원진의 의견을 따랐다. 모임에는 참여하지 않았지만 윤봉구, 채지홍도 나중에 한원진의 의견에 동참했다. 그러나 윤혼, 현상벽은 대체로 이간을 따랐다. 숫자로 학설의 우열을 따지는 것은 큰 의미가 없지만, 한원진의 의견을 따르는 동문이 더 많았던 사실은 주목할 만하다. 한원진을 중심으로 문하가 정리될 것을 예고하기 때문이다. 어쨌거나 그것은 훗날의 일이었고, 한산사 논쟁은 그렇게 호락논쟁의 첫 장을 장식했다.

3. 논쟁은 서울에서도

김창협·김창흡 형제

잠시 이야기를 앞으로 돌려보자. 죽음을 목전에 둔 송시열이 《주자대전차의》의 완성을 권상하에게 부탁할 때 함께 지목한 김창협이란 인물이 있었다. 송시열의 수제자는 권상하였지만 김창협의 비중도 그에 못지 않았다.

　김창협은 안동 김씨[16] 출신이었다. 증조부는 병자호란 때 척화斥和를 주장했던 김상헌이었고, 부친은 숙종 때 영의정을 지낸 김수항이었다. 이 집안은 대략 선조 때부터 서울의 명문 반열에 올랐는데, 병자호란을 계기로 불후의 명성을 얻었다. 김상헌이 척화를 주도했을 뿐 아니라,

김상헌의 형 김상용은 강화도가 청군에게 함락당할 때 화약을 터뜨려 폭사했던 것이다. 나라에서는 김상용을 순절로 공인했다. 두 사람의 행적으로 인해 이 집안은 척화의리의 상징이 되었다.

송시열 또한 이 집안에게 각별한 유대감을 표했다. 송시열은, 학문은 이이-김장생을 따르지만 의리 정신은 김상헌을 따른다고 할 만큼 그를 존경했고, 때론 문인으로 자처했다. 김상헌의 손자들인 김수증·김수흥·김수항 3형제와도 각별히 지냈다. 송시열은 1680년(숙종 6)에서 1689년까지 서인이 집권했을 때 영의정 김수항과 보조를 맞추어 서인-노론을 이끌었다. 기사환국이 일어났을 때 두 사람 모두 사사되었으니 그야말로 생사를 함께한 동지였다고 할 수 있다.

송시열은 김수항 형제들과 학문적 유대 또한 견결하게 다졌다. 생전에 《주자대전차의》를 저술할 때 이들 3형제와 상의하며 고쳐왔던 터였다. 송시열이 유언에서 김수항의 아들 김창협을 거론한 데에는 이처럼 깊은 연유가 있었다. 겉으로 보면 송시열과 김수항의 관계는 권상하와 김창협 사이의 관계로 이어지는 모양새였다.

안동 김씨와 송시열의 돈독한 관계를 고려하면 김수항의 아들 김창협이 송시열의 문인이 되지 않는 게 이상했다. 김창협은 24세가 되던 1674년에 송시열을 처음으로 만났다. 경기도 여주 신륵사에서 며칠을 모시며 공부를 선보였는데, 송시열은 그를 두고 "나이는 어리지만 스승처럼 대할 만하다"고 극찬했다.[17] 평가가 말해주듯 송시열은 그를 제자로 두긴 했으나 상당히 경원하는 편이었다. 이후에도 대면하고 가르치기보다는 주로 김창협의 편지에 답변하며 관계를 유지했다.

한편 두 사람 외에 송시열이 보조자로 꼽았던 인물은 이희조였다. 그 또한 김창협과 관계가 돈독했다. 김창협의 장인이자 스승이었던 이단상이 이희조의 부친이었으니, 김창협과 이희조는 처남-매부 사이였다. 이 점을 고려하면 송시열은 자신의 유업遺業에 권상하를 중심으로 한 제자들과, 김창협·이희조를 중심으로 한 제자들이 합심하길 바랐다고 할 수 있다.

송시열-김창협의 관계가, 송시열-권상하 관계보다 더 복잡한 이유는 김창협이 서울 출신으로 서울의 학문 분위기에서 성장했다는 점을 지적해야 할 듯하다. 여러 분야가 특화되었고 문물이 다양했던 서울에서는 선비들이 여러 선생을 찾아가 배우거나, 다른 신분이나 부류의 학자들과 어울리는 일이 흔했다.

김창협의 형제들 또한 서울의 분위기를 잘 보여준다. 잠시 그들을 소개해보자. 김수항은 부인 안정 나씨와 금슬이 좋아 6남 1녀를 두었는데, 여섯 아들이 모두 출중했다. 맏이 김창집은 젊어서는 크게 두각을 나타내지 못했지만 30대 중반부터 관직에 올랐고 훗날 영의정까지 지냈다. 둘째 김창협과 셋째 김창흡은 학문과 문장이 매우 탁월했다. 넷째는 김창업이다. 그림도 잘 그렸고 문장도 잘했다. 그의 호는 노가재老稼齋인데, 중국을 다녀온 후 저술한 《노가재연행일기》는 지금도 명저로 꼽힌다. 다섯째는 김창즙인데 학문과 문장에 조예가 깊었다. 여섯째는 김창립인데 문장이 뛰어나 촉망을 받았으나 18세로 요절했다. 세상에서는 이들 형제를 '육창六昌'이라고 불렀다.

화려한 명성의 육창 가운데 학문과 문장의 으뜸은 둘째 김창협이었다. 그는 일찍이 문과에 장원으로 급제하여 30대에 대사성, 대사간까지 지냈다. 그대로 관계官界에 있었더라면 정승도 어렵지 않았을 것이다.

그러나 기사환국 때 부친 김수항이 사사되자, 영영 정계에 발을 끊고 학자로 일생을 마쳤다. 그는 문장에도 아주 뛰어났다. 조선 말기에 김택영이 고려·조선의 문장가 9인을 선정할 때 꼽히기도 했다.[18]

육창 중에서 가장 이채로운 인물은 셋째 김창흡이었다. 그는 전국 방방곡곡을 누빈 여행가였고, 관직과 거리가 먼 처사였으며, 경기 북부와 강원도 금강산·설악산 등에 은거했던 은자였다. 규범에 구속되지 않은 '방외인方外人'이 그를 표현하는 적절한 말일 듯하다. 방외인답게 별의별 일화도 많다. 조카 김신겸이 전해주는 설악산 영시암永矢庵의 호환虎患 사건도 그중 하나다.

> 성이 최씨라는 종이 있었는데 삼연三淵(김창흡의 호) 숙부를 존경하여 처자를 버리고 따라다녔다. 사람이 성실하고 진중하여 20년을 한결같이 모셨다. 숙부가 설악산을 나서면 홀로 산중에 남아 여러 일들을 주관했다. 갑오년(1714, 숙종 40) 겨울에 숙부를 모시고 영시암에서 경서를 읽고 있었는데 갑자기 호랑이가 문을 밀치고 들어와서는 그를 물어갔다. 숙부는 이 때문에 설악산을 떠나 곡운으로 이사했다.[19]

김창흡은 18세기 노론을 대표하는 시인이기도 했다. 총 5,000여 수를 넘는 방대한 한시漢詩를 남겼다. 그의 대단한 시벽詩癖은, 사대부 화가로 유명한 조영석의 목격담에 잘 드러난다.

> 삼연(김창흡)은 문장에 고질병이 들어 도무지 벗어나질 못했다. 무자년(1708, 숙종 34) 형 농암農巖(김창협의 호)의 장례 때였다. 사람들은

김창흡
김창흡은 형 김창협과 함께 낙론의 비조가 되었다. 젊어서 전국을 방랑하고 여러 사상을 섭렵하였다.
훗날 박필주, 어유봉의 주장을 승인하여 낙론洛論의 기본 노선을 정립하였다(일본 천리대학교 소장).

장지에 둘러앉아 하관下棺을 기다리고 있었는데, 삼연은 문생들과 더불어 사람들이 쓴 제문의 우열을 평하고 있었다.

아우 포음圃陰(김창즙의 호)의 제사 때였다. 포음의 아들 용겸이 나이가 어려 연복練服(상복의 일종)과 같은 상례 물품을 전연 생각하지 못했다. 삼연이 있긴 했지만 손님, 문생들과 고금의 문장을 담론하느라 그 역시 전연 살피지 못했다. 동틀 무렵에야 알아챘지만 어쩔 도리가 없었다. 그때 우리 큰형이 사복시司僕寺 판관으로 있었기에 급히 사람을 보내 빌려서 해결했다. 삼연이 문장에 빠져버리는 습관에서 영

영시암

영시암永矢庵은 김창흡이 설악산 내설악에 세운 암자이다. '영시'는 《시경詩經》에서 나온 말로, '(은거를) 길이 맹세한다'는 뜻이다. 하지만 김창흡은 호환虎患을 만나 이곳을 떠나지 않을 수 없었다. 오랫동안 터만 남아 있었는데, 그의 방계 후손이자 현대 서예의 대가인 여초如初 김응현 (1927~2007) 등이 크게 중창하였다.

영 벗어나지 못했던 게 대체로 이러했다.[20]

김창흡의 방랑벽은 학문에서도 여지없었다. 젊어서는 도교에 심취했고, 부친 김수항이 사사된 후에는 짙은 염세감을 느껴 불교에 빠졌다. 주자학을 중시했던 서인-노론에서는 퍽 드문 사례였다. 그가 성리학에 전념한 계기는, 불교에 지나치게 빠진 그를 염려한 형제들의 충고 때문이었다. 비록 뒤늦게 전념하게 되었지만 워낙 내공이 탄탄했던 그는 바로 대가의 반열에 올랐다.

남산처사 조성기

김창흡은 송시열을 존경했지만 스스로 제자라고 생각하지 않았고 세상에서도 제자로 평가하지 않았다. 젊은 시절의 김창흡에게 큰 영향을 주었던 인물은 사실 따로 있었는데 남산에 살았던 조성기라는 병약한 처사였다.

조성기는 약관 20세에 〈퇴율양선생사단칠정인도리기설후변退栗兩先生四端七情人道理氣說後辨〉이라는 긴 제목의 논설을 지었다. 풀이하면 '퇴계와 율곡 두 분 선생의 사단칠정설, 인심도심설, 이기설에 대한 나의 견해' 정도가 될 것이다. 제목에서 짐작할 수 있듯이 이 글은 두 사람의 성리설에 대한 비판적 종합을 목적으로 했다. 조선 성리학의 두 대가를 종합하겠다고 나선 패기만만한 청년 선비에게는 그저 '조숙한 천재'라는 표현만이 어울릴지 모른다. 그의 문제의식은 훗날 퇴계와 율곡의 학설을 종합하는 일종의 '절충파'의 형성으로 구체화되었다. 김창협과 김창흡도 넓게는 이 범주에 들게 되었다.

조성기의 공부는 장년에 이를수록 실용과 경세 방면으로 넓어졌다. 성리설과 경학은 물론이고 상수학象數學, 역사, 예학禮學, 병학兵學, 경제, 제도 등에 관한 저술을 구상했다 한다.[21] 그러나 아쉽게도 저술로 이어지지는 못했고 50대 초반에 운명했다. 그의 면면은 후대에도 많이 회자되었다. 박지원은 〈허생전〉에서 허생의 입을 빌어 세상에 포부를 펴지 못한 천재로서 조성기와 유형원을 대표적으로 거론했다.

> (허생이 말했다) "어허, 자고로 초야에 묻힌 사람이 어디 한둘이었겠소? 우선 졸수재 조성기 같은 분은 적국敵國에 사신으로 보낼 만한 인물이었건만 베잠방이로 늙어 죽었고, 반계거사 유형원 같은 분은 군량을 조달할 재능이 있었지만 저 바닷가에서 서성대지 않았던가."[22]

김창흡은 24세에 조성기의 학문이 높다는 소문을 듣고 그를 찾아갔다. 그에게 탄복한 김창흡은 바로 도의로 사귀는 친구가 되었다. 그리고는 둘째 형 김창협까지 끌어들였다. 형제와 조성기는 만나서 토론하고 편지로도 토론했다. 주제는 성리학, 문학, 역사 등에 두루 걸쳤다. 이들의 열정적인 토론은 당대에도 화제였던 듯, 《숙종실록》에도 휘황찬란하게 소개되었다.

> 서울에 조성기란 처사가 살았다. 병이 있어 과거 공부를 단념하고 오로지 경사經史를 공부했는데 박식하여 두루 통했다. 오로지 사색하고

탐구하는 데 힘써 스스로 깨달은 이치가 많았고 옛 학설을 그대로 따르지 않았으므로 사람들이 눈여겨보지 않았다. 오직 김창협·김창흡 형제와 임영이 큰 학자로 여기고 즐겁게 어울렸다. 매번 편지를 주고받으며 서로 토론했는데 의리를 논했고, 문장을 논했고, 때론 역사의 흥망과 인물의 공과를 논했다. 그의 논설은 종횡으로 달리고 무궁무진하여 종이에 옮겨 적으면 몇 폭을 잇대어야 했고, 쏟아져 나오는 수천 마디 말은 번쩍번쩍 조리가 있어 더불어 변론하는 자들이 모두 무릎을 꿇거나 자리를 피했다.

김창협은 그의 재주와 식견에 탄복하여 "비록 순정純正한 맛은 적으나 걸출한 호걸이다"라고 했다. 김창흡은 추모하는 만사에서 그를 소옹邵雍의 학문에 비기며 추켜세웠다. 또 그의 묘지墓誌에 쓰기를 '우리나라의 뛰어난 인물'이라고 했고, "고금의 흥망, 천지의 흐름. 뱃속에 가득 차, 이리저리 얽혔네. 펼칠 곳이 없으니, 하늘에서나 서릴 텐가"라고 극찬했다. 또 제자들에게 말하기를 "아깝다, 그대들이 졸수재拙修齋를 보지 못했으니. 한 번 봤더라면 정말로 통쾌했을 텐데"라고 했다. 졸수재는 조성기의 호다.[23]

위 인용문에서 가장 인상적인 곳을 꼽으라면 필자는 '오로지 사색하고 탐구하는 데 힘써 스스로 깨달은 이치가 많았고 옛 학설을 그대로 따르지 않았다'는 대목을 들겠다. 이를 한마디로 한다면 '자득自得'이라 정의할 수 있다. 김창협·김창흡 형제는 이황과 이이를 통합하려 했던 조성기의 성리설에 큰 영향을 받았지만, 사실 가장 깊은 영향은 바로 '자득'하는 자세였다. 이후 형제는 적어도 성리설에서는 특정한 학설에

덜 얽매이게 되었다. 방외자 김창흡은 본래 그 면모가 강했다 해도, 모범생이었던 김창협에게도 이 태도는 짙게 배어들었다. 학문 풍모가 조성기와 닮았기 때문이다. 김창협의 제자 어유봉의 증언을 보자.

> 한번은 내가 석실에 가서 뵙고자 했는데, 선생(김창협)은 병을 앓고 있었기에 다음날 아침에 만나자고 전했다. 그러고는 정리되지 않은 한 묶음의 차록箚錄 초고를 전해주며, 찬찬히 읽어보고 만나게 되거든 자세히 토론하자고 했다. 내가 그것을 받아 살펴보니, 선생이 퇴계와 율곡의 사단칠정설을 변론한 글이었다. 선생의 생각으로는, 율곡이 이기理氣의 근원에 대해서는 분명하고 투철하게 보았지만 인심과 도심 따위를 논한 부분은 조금 어긋난 부분이 있다는 것이었다. 그리고 퇴계의 이기호발설은 잘못되기는 했으나 깊이 생각하고 자세히 풀어내어 스스로 터득한 점이 많으니, 모두 배척할 수는 없다는 생각이었다. 그리하여 두 사람의 주장을 종합했는데, 이리저리 살피고 잘잘못을 끝까지 따진 것이 거의 수십여 조목에 이르렀는데, 옛 선배들이 생각하지 못했던 점이 많았다.[24]

김창협이 시에 대해 정의한 글에서도 자득을 강조하는 자세가 잘 드러나 있다.

> 시詩는 마땅히 당나라 시를 배워야 한다지만 반드시 닮을 필요는 없다. 당나라 시는 인간의 성정性情에서 우러나는 흥취를 위주로 했고 실증이나 의론에 치우치지 않으니 이것은 본받을 만하다. 그러나 당

나라 사람은 당나라 사람이고 지금 사람은 지금 사람이다. 천 백여 년이나 떨어져 있는데도 성음聲音과 기운을 똑같이 닮게 하는 일은 이치로나 형세로나 가능하지가 않다. 만약 억지로 그렇게 한다면 마치 나무나 흙으로 인형을 만들어 사람이라 부르는 것과 같을 따름이다. 형상이야 그럴싸해 보이지만 천진天眞이 없으니 어찌 귀하다 하겠는가?[25]

'당나라 사람은 당나라 사람, 지금 사람은 지금 사람唐人自唐人, 今人自今人'이라는 선언은 자득을 뿌리삼아 나온 것이다. 그리고 옛 것을 적절히 취사하여 '지금', '여기'에 맞는 학문과 문학을 전개하자는 주장으로 뻗어나갔다.

서울의 편지논쟁

김창협은 45세가 되는 1695년(숙종 21)에 경기도 양주에 자리잡은 석실 서원石室書院에서 제자들을 가르치기 시작했다. 다음해에는 아우 김창흡도 간간히 머물며 형을 도왔다. 세상에서는 그들을 성리학의 기초를 놓았던 정호程顥·정이程頤 형제에 비유하기도 했다.

형제의 제자 중에 이현익이라는 선비가 있었다. 그는 일찍이 과거를 단념했고 관직이라고는 현감 정도를 지냈을 뿐이었다. 다만 33세였던 1712년에 왕자 사부가 되어 19세의 연잉군(훗날 영조)을 가르친 일이 눈에 띈다. 당시 연잉군은 경복궁 서편에 자리 잡은 양성헌養性軒에 거주하고 있었다. '양성헌'이 영조의 호가 되고, 그 일대가 창의궁으로 승격된 것은 훗날의 일이다. 이현익이 더 오래 살았더라면 영조 대에 크게 쓰였을 터였으나, 그는 영조가 왕위에 오르기 전에 세상을 떴다. 그가죽은 지 반세기가 지나고 70대 후반이 된 영조는 창의궁을 방문하면 가끔 옛 사부를 떠올리기도 했다.[26]

이현익은 김창협의 제자였지만, 권상하를 비롯한 학자들에게도 배움을 아끼지 않았던 성실한 선비였다. 스승 김창협 또한 "때로는 그의 생각을 듣고 의견을 바꿀 때가 있었다"고 했을 정도로 학문도 깊었다. 1714년의 어느 날 이현익은 박필주라는 선비의 글을 읽었다. 박필주역시 김창협의 제자였지만 이현익과 그다지 친분이 있지는 않았다.

박필주의 글은 이理를 위주로 하여 인간의 칠정七情을 해석하는 기조였는데, 이현익은 그의 논리로서는 인간의 기질에서 파생한 칠정 전체를 잘 설명할 수 없다고 보았다.[27] 이현익은 편지를 보내 의문점을 질문했고 박필주는 즉시 답서를 보냈다. 이후 두 사람은 1년 넘게 논쟁했다. 논쟁은 점차 미발未發에 대한 논의로 모아졌다.

대저 미발을 말한다면 생각이 생겨나기 이전이고 지각이 깨어 있지 않을 때입니다. 말하자면 애초부터 갖추어진 자연스런 경지이기에 동작에 구애받지 않습니다.[28]

일상에서 미발이 스스로 드러나는 경우가 정말로 있긴 합니다. 그러나 이때에도 미발을 가리는 욕망이 다소간 작용하여, 분수에 따른 차이가 생겨납니다.[29]

설중방우도雪中訪友圖
눈 내린 겨울날 한 선비가 벗을 방문하
여 담소하고 있다. 방한모인 남바위에
갓을 쓴 방문자는 조선의 회화에 비로
소 사실적으로 그려진 선비이다. 작자
조영석은 낙론의 지도자였던 김창흡
의 문인이었으니, 그림 속 선비들은 호
락논쟁의 주인공들이라 해도 과언이
아닐 듯하다. 서재의 고고한 분위기와
는 달리 그림 아래쪽에는 동자들이 정
겹게 그려져 있다(개인 소장).

짧게 인용했지만 첫 인용과 둘째 인용은 서로 반대이다. 첫 인용은 박필주의 견해이다. 미발이 인간의 감정, 지각, 동작 따위에 구애되지 않는 순수하고도 천연스런 상태라고 했다. 이 단계에서는 오로지 이理 의 작용만이 드러난다. 둘째 인용은 이현익의 견해다. 미발과 같은 고 요한 마음이 현실에서 간혹 나타날 수 있지만, 그때에도 기질에서 파생 한 욕망의 프리즘을 통과할 수밖에 없다는 것이다. 결국 현실에서 작동 하는 기질에 주목했다.

이현익은 다시 김창협의 또 다른 제자 어유봉과도 논쟁을 벌였다. 이 번에는 사람과 사물의 본성 차이 또한 주제로 떠올랐다.

> 기질로 말하면 사람은 기질이 온전하나 사물은 치우쳤고, 본연으로 말하면 사람과 사물이 모두 온전합니다.[30]

> 천명天命의 차원에서 말한다며 사람과 사물은 모두 건순오상健順五常 을 부여받았다고 말할 수 있습니다. 그러나 사람과 사물이 태어난 이 후를 기준으로 말하다면, 사람은 건순오상을 온전히 구비했지만 사 물은 그렇지 못합니다.[31]

첫 인용은 어유봉의 주장이다. 사람과 사물은 본연지성에서는 차이 가 없으나, 기질지성에서는 서로 차이가 있다고 했다. 둘째 인용은 이 현익의 주장이다. 사람과 사물의 본성에 차이가 없는 것은 이론상 그렇 다는 것이고, 사람과 사물이 생겨난 현실에서는 본성에 엄연한 차이가 있게 된다.

이현익과 어유봉과의 논의는 점점 더 치열해졌다. 이듬해인 1716년에 두 사람은 삼각산 적석암積石庵에서 만났다. 밤낮을 가리지 않고 무려 20일 동안 토론하고 공부했다. 공부에는 김시좌·김시민 형제, 홍상한, 이황중(이현익의 아들) 등도 참여했다.[32]

이현익과 박필주·어유봉 사이에 벌어진 논쟁은 강문팔학사의 한산사 논쟁과 비슷한 데가 없지 않았다. 처음에는 주로 편지를 주고받으며 논쟁했으나 합의를 찾지 못하자 그들 또한 암자를 찾아 집중 토론했다. 논쟁적인 주제도 비슷했다. 미발 개념에 대한 정의, 사람과 사물의 본성이 같은지 다른지가 그것이었다. 주제에 대한 결론을 보면 이현익은 한원진과 논지가 비슷했고, 박필주·어유봉은 이간과 논지가 비슷했다.

논쟁 이후는 비슷하면서 달랐다. 끝내 합의에 이르지 못한 제자들은 스승에게 질문을 던졌다. 한산사 논쟁 이후 한원진과 이간은 스승 권상하에게 견해를 바로 여쭈었다. 서울 쪽은 상황이 조금 달랐다. 이현익, 박필주, 어유봉의 스승은 김창협이었는데, 김창협은 제자들의 논쟁 6년 전인 1708년에 이미 운명했다. 따라서 그들은 김창협의 동생인 김창흡에게 판정을 부탁했다.

고매한 스승들의 판단은 어땠을까. 권상하는 한원진의 손을 들어주었고, 김창흡은 박필주와 어유봉을 지지했다. 공교롭게도 스승들은 서로 반대되는 주장을 선택한 것이다. 가부야 어쨌든 이로써 권상하에서 한원진으로 이어지는 호론의 주류 이론과, 김창협·김창흡에서 박필주·어유봉으로 이어지는 낙론의 주류 이론이 형성되었다. 그리고 이간과 이현익은 두 학파에서 비주류로 남게 되었다. 물론 비주류가 되었다 해서 초기 논쟁에서 돋보였던 그들의 성실함과 진지함이 가려지지는 않았다.

李滉

李珥·奇大升·成渾

18세기 초 충청도와 서울에서 벌어진 논쟁은
스승들이 개입하여 한쪽 제자들의 손을 들어주자
새로운 국면에 접어들었다. 스승과 제자가 제각각 뒤얽힌
이 극적인 장면을 이해하기 위해서는, 철학과 학풍의 차이를 읽어내야 한다.
철학적으로 내린 판단은 성리학의 오랜 난제들에 대한
조선 학자들의 응답이었고, 학풍은
역사, 언어, 사회의 맥락에 따라 좌우되는
철학적 사유의 배경이었기 때문이다.

02 ┃ 논쟁 주제

성리학은 무엇인가 … 호락논쟁의 3대 주제 … 논쟁 아래 맥락과 현실

1. 성리학은 무엇인가

유학과 성리학

특정한 종교나 사상이 과연 그럴싸한지 아닌지는 사회 변화에 탄력적으로 적응했는지 여부를 보아도 알 수 있다. 인류의 보편 정신을 대표할 만한 종교와 사상들은 긴 역사의 흐름에 수차례 틀을 바꾸며 조응했고 따라서 다양한 갈래가 없을 수 없었다. 그 갈래들을 종교에서는 종파宗派라고 부르고, 사상이라면 학파나 주의主義라고 부른다.

유학 역시 마찬가지다. 유학의 시조는 공자이고 이어 맹자와 순자가 나와 교의敎義를 세웠다. 뒤이어 한漢나라에서는 유학이 주류 이념으로 자리 잡으며 훈고학訓詁學을 꽃피웠다. 이후는 상당 기간 잠잠했다가 송宋나라에 이르러 새 이론이 크게 일어났다.

송나라에서 흥기한 새로운 유학은 사유의 스케일이 컸고 후대에 미친 영향도 전무후무했다. 영향력에 걸맞게 붙여진 이름도 가지가지였다. 유학의 새로운 버전이므로 신유학新儒學—영어로도 Neo-Confucianism이다—이었고, 송나라 때 일어났다 해서 송학宋學이라고도 불렸다. 핵심 개념을 기준 삼아 이학理學, 도학道學, 심학心學으로 부르기도 했다. 또 이 유학을 정립한 정호·정이 형제와 주희의 이름을 따 정주학程朱學이라고도 했다. 우리에게 가장 친숙한 이름은 성리학性理學 또는 주자학朱子學이다. 이 책에서도 성리학과 주자학을 혼용했다.

성리학은 중국은 물론 조선과 일본에서도 가장 큰 영향력을 행사했다. 특히 조선에서는 건국 초기부터 국시國是와도 같았고, 후기에는 더 압도적인 영향력을 발휘했다. 호락논쟁 또한 성리학 이론에 대한 논쟁임은 두말할 나위 없다. 그렇지만 성리학 역시 시대 여건에 맞춰 새로운 이론을 제기한 유학의 한 종파였을 뿐이다. 과연 어떤 점을 계승하고 발전시켰기에 유학의 왕좌를 차지하게 된 것일까?

유학의 마르지 않는 샘은 공자의 생각과 언행이다. 그 원천에는 인仁으로 확충된 도덕심, 예禮로 운영되는 일상, 명분과 의리에 기초한 질서, 이상을 위해 수양하고 실천하는 군자의 모습 등이 그득하다. 후대의 현인과 학자들은 그것을 적절히 변주했다. 공자의 가르침을 철학화한 이들은 맹자와 순자였다. 맹자는 인仁의 정신을 인간의 보편 덕성으로 정리했으니, 그것이 유명한 성선설性善說이다. 그 반대편에는 순자의 성악설性惡說이 있었다. 그러나 유학은 아직 여러 다양한 사상 그룹들, 이른바 제자백가諸子百家 중 하나에 불과했고, 잘 알려져 있다시피 진秦

나라 때에는 분서갱유焚書坑儒라는 큰 시련을 겪기도 했다.

유학이 제자백가 중의 일개 학파를 벗어나 주류 사상이 된 시기는 한漢나라 때였다. 중국 역사에서 처음으로 장기 지속한 제국이었던 한나라는 그에 걸맞은 교학敎學, 의례 등이 필요했고, 유학은 적절한 이론과 문화적 자원을 제공하며 위상을 확고히 했다. 흩어졌던 텍스트를 복구하여 경서經書 체계를 확립한 것도 이때였다.

한나라 이후 위진남북조魏晉南北朝와 당唐나라 시대, 대략 3세기에서 9세기에 이르는 시기에 지식인의 관심은 유학보다는 도교와 불교로 쏠렸다. 우주, 자연, 인간의 시원과 섭리를 종횡으로 논하는 데에 압도되었던 것이다. 지식인들은 불교와 도교를 고원한 이치를 추구하는 형이상形而上의 자리에 놓았고, 유학을 사회·정치 방면에 적용하는 형이하形而下에 놓았다.

유학의 반성과 혁신이 없을 수 없었다. 유학자들은 불교와 도교를 비판하고 대항 이론을 설계했는데, 때로는 불교와 도교의 견해를 수용하기도 했다. 송나라의 저명한 다섯 학자의 업적이 가장 두드러졌다. 첫 주자는 주돈이周敦頤였다. 주렴계周濂溪로도 알려진 그는 유명한 〈태극도설太極圖說〉을 지었다. 이 책은 《주역周易》의 태극太極 관념에 음양오행陰陽五行의 사고를 결합하여 우주·만물·인간의 생성을 설명했다. 이로써 유학에는 없었던 우주와 만물의 기원에 대한 해설이 구비되었다. '태극→음양→오행→만물'로 이어지는 우주 발생의 도식은 매우 그럴듯하여 오랫동안 동아시아 사람들의 상식이 되었다.

다음 주자는 소옹邵雍이었다. 소강절邵康節로도 불린다. 《주역》에 통달했던 소옹은 천지의 시간을 수數로 정리하는 작업을 했다. 예컨대 우주의 시간대를 세世(30년)-운運(360년)-회會(10,800년)-원元(129,600년)으로 설정하는 식이다. 시간 설정의 의도는 만물과 인간의 운세, 나아가 지금의 형세와 변화를 풀이하기 위해서였다. 이처럼 물리物理와 역리易理에 집중하는 학문을 '상수학象數學'이라고 부른다.

주돈이와 소옹은 우주의 공간·시간, 만물의 발생·소멸에 대한 거시적 틀을 마련했다. 이제는 그 틀을 설계하고 움직이는 근원적이고도 주동主動적인 '무엇'을 밝혀야 했다. 소옹과 동시대 인물이었던 장재張載는 그 물음에 독창적인 답을 제공했다. 장횡거張橫渠로 불렸던 그는 우주만물의 바탕을 '기氣'라고 주장했다. 그를 흔히 기氣철학자, 주기론主氣論의 창시자로 부르는 것은 그 때문이다. 훗날 조선에서도 서경덕, 임성주 등이 기를 중시하는 성리학을 전개했다.

장재를 뒤이어 나타난 이는 유명한 정호程顥·정이程頤 형제였다. 정명도程明道·정이천程伊川으로도 불리고, 형제를 아울러 '이정二程'이라고도 불렀다. 그들은, 기를 중시했던 장재와 달리, 이理를 강조했다. 나아가 유학에서 전통적으로 견지했던 '인간의 보편적인 착한 본성'이 바로 이理의 소산이라고 주장했다. '인간의 본성이 곧 천리'라는 이른바 '성즉리性卽理'라는 테제가 이렇게 성립했다. 성리학이라는 명칭도 여기서 비롯한 것이다. 이정 형제의 등장으로 성리학은 하나의 분기를 맞게 되었다. 세계관 차원의 이론에서 인간의 존재론과 인식론을 아우르는 크고도 섬세한 체계를 갖추게 되었기 때문이었다.

이상 주돈이, 소옹, 장재, 정호·정이 형제, 다섯 유학자를 가리켜 북송의 다섯 선생, 즉 '북송오자北宋五子'라고 부른다. 뒤이어 주희가 나와 이들의 업적을 융합하여 성리학을 완성했다.

염계애련濂溪愛蓮

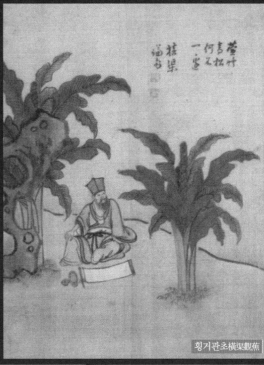

횡거관초橫渠觀蕉

천진문견天津聞鵑

정문입설程門立雪

염계애련 / 횡거관초 / 천진문견 / 정문입설

송나라의 유명한 성리학자 5인에 관련된 일화는 종종 그림의 주제가 되었다. 조선의 정선 또한 그들을 주제로 한 그림을 그렸다. 〈염계애련濂溪愛蓮〉은 주돈이가 연꽃을 감상하는 장면이다. 주돈이는 〈애련설愛蓮說〉이란 유명한 글을 지었다(일본 개인 소장). 〈횡거관초橫渠觀蕉〉는 장재가 파초를 감상하는 장면이다. 장재는 〈파초芭蕉〉라는 시를 지었다(경북 왜관수도원 소장). 〈천진문견天津聞鵑〉은 소옹이 천진교에서 두견새 소리를 듣는 장면이다. 역학易學에 밝았던 소옹이 천진교를 건너다 남쪽에서나 들을 수 있는 두견새 소리를 듣고 천하의 혼란을 예감했다고 한다(개인 소장). 〈정문입설程門立雪〉은 명상에 잠긴 정이程頤와, 명상이 끝나기를 기다리는 두 제자의 모습이다. 제자들이 기다리는 동안 눈이 한 자나 쌓였다(국립중앙박물관 소장).

주자학의 성립

1-거시 개념들

1127년 송나라는 여진족이 세운 금나라의 압박을 피해 남쪽으로 내려가 남송南宋이라는 왕조를 열었다. 격동이 한창이던 1130년, 중국 철학사상 걸출한 인재가 탄생했다. 본명은 주희朱熹 호는 회암晦庵, 우리에게는 주자朱子로 너무나 잘 알려진 인물이었다.

사대부들이 대개 그랬듯이 주희 또한 학문, 교육, 저술에 몰두했고 한때 관직에 나아가기도 했다. 물론 그의 불후의 명성은 학자로서의 업적 때문이다. 주희는 주돈이의 태극설, 소옹의 상수학, 장재의 기학氣學, 정호·정이 형제의 이학理學을 하나로 집대성하여 성리학을 완성했다. 이후 성리학은 주자학朱子學으로도 불리게 되었다. 주자학은 근본 원리인 이기理氣에서 구체적인 사회정책까지 방대하게 걸쳐 있었고, 주자의 언행과 저술은 훗날 《주자어류朱子語類》, 《주자대전朱子大典》 등으로 정리되었다.

주자학의 출발은 이理였다. '옥玉'이라는 뜻과 '리里'라는 음으로 형성된 이 한자는 원래 옥, 나무 등의 결을 뜻했는데 의미가 확장되어 물질 내면의 속성屬性이 되었다. 그리고 원리, 질서, 이치, '이치대로 다스림' 등으로 다시 확장되었고 마침내 주자학에서는 만물에 깃들어 있는 형성 원리이자 우주의 궁극적 질서인 천리天理로 추상화되었다.

천리의 설정은 여러 의미를 갖는다. 만물의 속성을 우주의 원리로 보는 관점은, 유학에서 강조했던 인간의 착한 본성이 곧 천리로서 보증되고 고양됨을 의미했다. 유학의 이상적 존재도 바뀌었다. 기존의 군자君

子는 높은 도덕을 갖춘 자였다면, 성리학의 군자는 도덕적임은 물론이고 그 원천인 천리를 깨달은 자였다. 마치 물아일체物我一體를 체현한 도교의 지인至人이나, 모든 집착에서 자유로운 불교의 부처처럼, 성리학의 군자는 천인합일天人合一을 인지하고 실현하는 자였다.

　다음은 기氣의 안배이다. 이理의 강조가 정호·정이를 수용한 것이라면, 기의 강조는 장재의 주장을 통합하는 일이었다. 기는 바람이나 아지랑이처럼 보이지는 않지만 감지할 수 있는 기운에서 생겨난 개념이었다. 성리학에서는 자연의 기운을 뛰어넘어 만물을 움직이는 에너지이자, 때로는 그것이 응축되어 만물 자체가 된다고도 생각되었다. 근본적인 원소가 응축하여 만물이 만들어지는 과정을 연상할 수도 있고, 영화 〈스타워즈〉에 나오는 '포스'와 같은 에너지가 염력이나 번개 따위로 현실화하는 장면을 생각해도 그럴듯하다. 주희는 주돈이의 〈태극도설〉을 또한 활용했다. 간단히 말해 태극은 이理에 배치하고, 음양 이하의 오행과 만물은 기의 소산이라는 도식을 택했다.

　이기의 설정은 성리학의 굳건한 토대가 되었지만, 모든 논쟁의 근원이기도 했다. 두 개념 모두 추상과 구체, 보편과 특수를 오가는 변화무쌍한 존재였다. 이理는 천리이자 개별 사물에 내재한 속성이기도 했다. 기氣는 만물의 근본 질료이면서 온갖 개체들을 천차만별로 빚어낸 형질形質이기도 했다. 그래서 어떤 관점에서 어떤 측면을 강조하는가에 따라 입론이 달라졌다. 이理가 현실을 적극적으로 주재한다는 주장이 가능했는가 하면, 반대로 이理를 초월의 자리에 국한하고 기氣로 인해 작동하는 현실을 중시할 수도 있었다. 전자가 주리主理적 경향이라면 후자는 주기主氣적 경향이다.

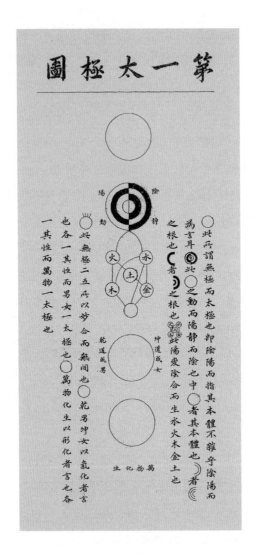

태극도太極圖

퇴계 이황의《성학십도聖學十圖》제1도이다. 맨 위에 원으로 표현된 무극無極이자 태극太極이 음양陰陽, 오행五行, 인간, 만물로 변화하고 있다. 우주의 근본 원리와 만물이 서로 관계를 맺고 끊임없이 생성, 소멸하는 과정을 중시한 성리학의 우주관을 잘 보여준다.

조선, 철학의 왕국

소옹이 주목했던 시간의 측면을 통합하는 일도 만만치 않았다. 모든 유학자들은 끝없이 순환하는 시간의 항상성을 중시했지만, 그 속에서 인간 존재의 의미를 찾는 일에도 몰두했다. 유학자가 변함없는 물리적 시간에 주목한다면 그는 자연의 법칙을 관조하며 사회 변화를 시세時勢의 작용이라 여길 공산이 컸다. 소옹의 입장이 그랬다. 그러나 유학자가 도리의 실현을 중시한다면, 그는 물리적 시간을 외부 환경 정도로 여기고 인간이 설정한 가치와 목적에 시간·자연 등을 종속시킬 수 있다.

유학자들은 두 입장 중에 대개 어디에 서 있을까. 공자 이래 유학에서는 인간의 보편 덕성을 절대적으로 내세웠고, 요순堯舜과 같은 성인 군주들이 다스렸다는 과거의 이상을 현재에 실현하고자 했다. 그 지향을 중시하면 시간은 항상적이지 않았다. 과거는 현재의 기준이고, 현재는 미래를 준비하는 기간이며, 미래는 언젠가 도래할 '(이상화된) 과거' 였다. 시간이 인간의 가치를 기준으로 재편되는 것이다.

이 관점은 어지러운 시대에 직면한 이들에게는 더욱 강렬했다. 춘추시대의 공자, 전국시대의 맹자 모두 과거의 이상 실현에 열심이었다. 주희는 어땠을까. 금나라가 장악한 중원 회복을 간절히 염원했던 주희 역시 다르지 않았다. 그 점에서 그는 기본적으로 인간적 가치를 중시하는 입장이었다. 그렇지만 그가 소옹의 이론을 버렸다고 볼 수는 없다. 주희 철학의 위대한 점은 개별-가변의 범주와 보편-불변의 범주를 정교하게 설정하고 설명하는 데 있었다. 주희는 중원의 회복이라는 인간적-일시적인 사건을, 천리天理와 같은 불변하는 도리의 드러남이라는 식으로 설명했다. 그 경우 소옹이 추구했던 항상적이고 불변하는 시간은 천리의 보편성과 유학적 가치의 불멸성을 보증하는 안정적인 근거가 되었다. 따라서 주희는 소옹의 관점을 적절하게 취사했다고 보는 편이 정확하다.

그렇지만 이때도 문제는 남았다. 비교적 평화로운 시절이 계속되고 사람들이 '이상을 실현하자'는 긴박에서 벗어난다면 어쩔 것인가. 그때 소옹의 이론은 전면에 부상할 수 있었다. 학자들은 선험적인 도덕률에서 벗어나 자연과 사회를 관찰하기 십상이었고, 객관적인 위치에서 형세를 관찰하고, 물리의 자율성을 주장할 가능성이 컸다. 그것은 인간중심적 관점이나 가치관을 제한하고 상대화하는 경향을 낳았다.

2- 인간과 사회

이기理氣, 시공時空에 걸친 거시 개념을 정리했다면 다음은 가장 중요한 핵심을 정립해야 했다. 바로 인간과의 관계를 설정하는 일이다. 인간의 정체성에 대해서는 맹자가 주장한 '성선性善'이라는 굳건한 테제가 있었다. 정이程頤는 이를 천리天理에 연결하여 성즉리性卽理라는 테제로 만들었다. 주희는 이를 정교하게 다듬는 데 평생의 공력을 바쳤다. 주희가 주석을 단《중용장구中庸章句》는 그 결정판 중의 하나였다. 유명한 첫 구절을 예로 들어보자.

> 하늘이 명한 것을 성이라 한다.
> 天命之謂性 천명지위성

주희는 이 부분에 대해 성리학의 핵심이 담긴 해설을 남겼다.

주희
주희朱熹가 집대성한 성리학은 오랫동안 동아시아에서 유학의 주류였다.
조선에서 영향력이 가장 컸고, 보통 '주자朱子'로 존칭되었다.

명命은 명령한다는 말이고, 성性은 바로 이理이다. 하늘이 음양과 오행으로 만물을 만들어낼 때에 기氣로 형체를 이루고 이理를 또한 부여하니, 이것이 명령한다는 것과 같다. 이로써 사람과 물건이 생겨나게 되는데 각각 부여받은 이理로 인하여 건순健順과 오상五常이라는 (음양오행의) 덕이 되니, 이것이 이른바 성이라는 것이다.

'천명지위성'이라는 《중용》의 한 글귀에서 이기의 선후와 운용, 태극 →음양오행→만물의 발생, 천리와 본성의 연결 등이 간결하고 적절하게 설명되었다. 주희의 《중용장구》가 왜 성리철학의 정수라고 불리는지가 잘 드러난다.

《중용》을 언급한 마당에, 잠시 성리학의 대표 텍스트인 사서四書와 주희와의 관계를 알아보자. 《중용》은 애초 독립된 책이 아니라, 유학의 경전인 《예기禮記》의 한 편이었다. 그러나 내용이 워낙 중요해서 일찍부터 유학자들이 주목했다. 주희 또한 심혈을 기울여 문장 하나하나에 해설을 더한 《중용장구》를 지었다. 주희는 《예기》의 또 다른 편인 《대학》에 대해서도 순서를 나누고, 일일이 주석을 달고, 때론 글자마저 교정하며 《대학장구大學章句》를 저술했다. 《중용》과 《대학》은 주희의 손을 거쳐 독립 저서가 되었고, 《논어》·《맹자》와 더불어 사서로 불리게 되었다. 우리가 유교 경전의 대표로 꼽는 사서 체계는 주희를 기점으로 성립한 것이다. 특히 조선에서 사서는 주희가 편찬한 《논어집주》·《맹자집주》·《중용장구》·《대학장구》라고 보아도 무방했다. 주희에 의해 텍스트까지 완비된 성리학은 이제 '주자학'으로 통칭되었다.

정호 형제와 주희를 거쳐 '성즉리'라는 테제는 성리학의 토대로 완성되었다. 하지만 이 테제야말로 가장 큰 질문거리이기도 했다. 질문의 대강은 이런 것들이었다. '인간 본성의 근원인 천리를 어떻게 깨닫는가? 직관을 통하는가, 학습을 통하는가, 실천을 통하는가? 과연 공자나 맹자가 천리를 의식했던가? 왜 그들은 천리를 뚜렷하게 언급하지 않았던가?' 이 같은 질문의 뼈대는 주희의 친구이자 최대의 논쟁자였던 육구연陸九淵(일명 육상산)이 던졌다. 육상산의 주장은 명나라에 이르러 왕수인王守仁(일명 왕양명)이 발전시켜 양명학陽明學을 성립시켰다. 양명학은 성즉리가 아닌 심즉리心卽理를 내세웠다. 일상, 실천에서 자각되는 마음이 근본적 이치라고 주장하며, 인간 내면의 자율적인 양심에 초점을 맞추었다.

다시 주자학으로 돌아와보자. 성즉리로 인간의 정체를 밝혔다면, 다음 단계에서는 좀 더 구체적이고 현실적인 내용을 갖추어야 했다. 일일이 소개하긴 힘들지만, 그 단계와 스케일을 잘 드러내는 책은 《대학》이다. 주희는 이 책의 〈서문〉에서 '밖으로는 큰 규모를 지극히 하고, 안으로는 상세한 절목을 갖추었다'라고도 했다. 그중 앞머리에 등장하는 이른바 '8조목'이 가장 대표적이다. 8조목의 전반 4조목은 '격물·치지·성의·정심格物致知誠意正心'이고, 후반 4조목은 우리가 잘 아는 '수신·제가·치국·평천하修身齊家治國平天下'이다. 격물·치지는 천리를 깨닫는 과정이고, 성의·정심·수신은 개인 인격의 완성이고, 제가·치국·평천하는 실천 대상과 그 효과이다.

구체적인 정책은 참으로 다양하다. 개인, 가족, 사회 등의 질서는 기본적으로 예禮의 실현으로 구체화한다. 예는 행동거지나 규범이기도 하지만, 향약에서 보듯이 사회의 자율적 질서이기도 했다. 경제로는 공평한 토지제도가 뼈대였고 그 밖에 국가·정치, 국제관계, 의례, 교육, 국방, 형법 등이 이렇게 저렇게 구상되었다. 이 구체적 논의들이 때론 군주를 위한 공부가 되었고, 정명正名을 따른 신분사회의 옹호가 되기도 했으며, 이상을 향한 현실 개혁의 추진력이 되기도 했다.

그런데 8조목의 순서에서 보듯이 성리학자들은 깨달음과 인격 수양을 전제한 후에 사회 실천으로 나아가는 수순을 기본으로 여겼다. 그러나 이때도 의문이 생겼다. '공자와 맹자가 언제 그렇게 고원한 도리를 깨달은 후에 실천했는가?' 일부 학자들은 일상과 현실에서 출발하여 구체적인 공리와 효과 속에서 도리의 참뜻을 추구했다. 그들은 자연스럽게 철학 담론을 축소하고 구체적인 경세經世 방책과 제도 개혁 등에 집중했다. 그렇게 성리학 내에는 심성파와 경세파가 또한 길항하고 있었다.

사단칠정논쟁

주자학의 범주는 이기심성론理氣心性論에서 구체적인 사회정책까지 방대하게 걸쳐 있었다. 방대한 만큼 논쟁도 끊이지 않았다. 위에서 본 바처럼 이기에 대해서 주리·주기의 경향이 대립했고, 시간과 물리를 두고서는 의리·명분을 중시하는 입장과 형세·물리를 관조하는 입장이 있었다. 성즉리를 비판하고 심즉리를 내세운 양명학은 따로 종파를 개창했는가 하면, 지나친 성리 담론을 경계하며 경세를 강조하는 목소리도 끊이지 않았다.

조선의 유학자들 역시 위의 주제 또는 그 밖의 문제들을 두고 다양하게 논쟁했다. 그렇지만 모든 논쟁의 출발은 뭐니 뭐니 해도 이기理氣 개념의 이해와 인간과의 관계 설정이었다. 조선에서도 가장 지속적인 토론거리가 그것이었다. 특히 성리학 이해가 깊어진 16세기 중반부터는 이기·심성의 관계를 둘러싸고 '사단칠정四端七情논쟁'이라는 심오한 논쟁이 진행되었고, 결국은 정파의 이념까지 좌우되었다. 그야말로 성리학의 왕국에 어울릴 법한, 조선 특유의 현상이었다. 그것은 도대체 어떤 논쟁이었을까.

사단四端은 인간이 누구나 가지고 있다는 보편 덕성이다. 측은하게 여기는 인仁, 그릇됨을 싫어하는 의義, 사양하는 마음인 예禮, 시비를 가리는 지智였다. 유학에서 인간의 착한 본성은 전통적으로 사단으로 표현되었다. 때로는 사단에 신信을 더한 인의예지신仁義禮智信의 오상五常도 비슷하게 사용되었다. 하지만 인간은 양심과 덕성만의 소유자가 아니다. 우리의 실제 일상은 감정, 욕구, 정서에 의해 대부분 좌우된다. 그 영역을 표현하는 전통적인 표현이 바로 칠정七情이다. 칠정은 흔히 '희로애락애오욕喜怒哀樂愛惡欲'으로 표현되었다.

성리학은 사단과 칠정을 이기理氣에 연결한 것이 특징이었다. 이기 모두가 인간의 본성이 되었으니, 이理는 본연지성本然之性으로서 사단의 근원이고, 기氣는 기질지성氣質之性으로서 칠정의 근원이라고 간주되었다.

그렇지만 '이→본연지성→사단 / 기→기질지성→칠정'이라는 도식은 머리에서나 그려질 따름이었다. 사실 우리는 현실에서 양심이나 욕구 내로 행동하고 있으며 그때그때의 경험을 사단칠정, 본연·기질의 본성, 나아가 이기 등으로 추리해낼 따름이다. 따라서 행동과 사단칠정·

이기 따위를 현실로 매개해주는 중요한 고리가 필요했는데, 그것이 바로 마음[心]이었다. 성리학에서는 인간의 마음에 사단과 칠정이 통일되어 있고, 마음이 그것들을 통제한다고 보게 되었다. 이를 나타내는 유명한 테제가 '심통성정心統性情'이다.

이기, 성정, 심의 관계와 작동은 성리학에서 가장 어렵고 오묘한 것이었다. 누구나 들어봤지만, 유심히 볼 일이 없었던 퇴계 이황의 《성학십도聖學十圖》를 예로 들어보자. 성리학을 도해한 열 개의 그림 중에서 가장 어려운 것은 여섯 번째의 '심통성정도心統性情圖'라고 평가되었다. 그림에서 보듯이 당대의 도식과 용어로도 매우 복잡했다.

문제는 이 메커니즘이 지나치게 이분법이라는 데 있었다. 간추려 말하면 이렇다. 현실에서 인간은 사단이 잘 발휘되어 덕성스러울 때도 있고, 칠정의 포로가 된 것처럼 지나친 욕망과 과도한 감정에 휩싸이기도 한다. 도식대로라면 선한 측면은 사단에, 악한 측면은 칠정에 배속하면 되는 듯하다. 그러나 바로 의문이 생겨난다. '사단이 과연 현실에서 그대로 드러나는 개념인가? 감정, 욕구, 정서 등은 우리가 현실에서 구체적으로 보고 검증할 수 있다. 그러나 인의예지와 같은 덕성은 드러나고 감지되는 대상이 아니지 않은가.' 그래서 일부 성리학자들은 인의예지는 따로 드러나지 않고 칠정을 조종한다고 보았다. 그 경우 본성의 선한 측면은 칠정이 사단의 조종을 제대로 받아 적절할 때이고, 악한 측면은 칠정이 과하게 드러날 때였다.

그런데 앞서 지적했듯이 사단과 칠정은 본연지성과 기질지성, 이理와 기氣에까지 연계되어 있었기에 더욱 복잡했다. 사단과 칠정이 번갈아 드러나는가 아니면 사단은 칠정을 조종하는가 하는 문제는 본연지

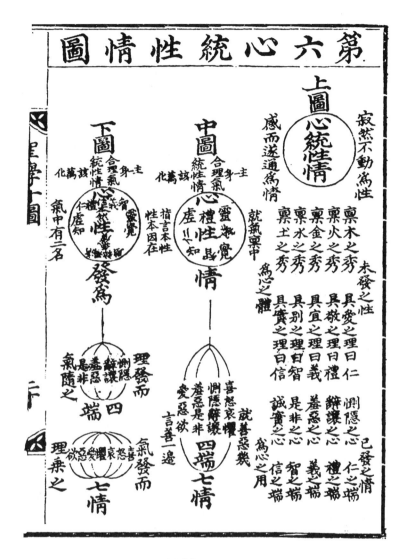

심통성정도心統性情圖

퇴계 이황의 《성학십도聖學十圖》제6도이다. 상·중·하 세 개의 그림이다. 상도는 성性·정情·심心·
미발未發·이발已發의 의미와 관계이다. 중도와 하도는 사단四端과 칠정七情의 관계와 작용이다. 특
히 하도에는 그의 유명한 테제인 '(사단은) 이理가 발발하고 기氣가 따르고, (칠정은) 기가 발하고 이
가 탄다[理發而氣隨之, 氣發而理乘之]'가 표현되었다.

성-이理가 현실에 발현하는가, 아니면 기질을 조종하는 데 그치는가 하는 문제가 되었다.

이 논제는 조선의 성리학에서 특히 주목했던 부분이었다. 잘 알다시피 이황은 사단과 칠정이 번갈아 드러났다고 주장했다. 그것은 본연지성-이理, 기질지성-기氣가 현실에서 독자적으로 드러난다는 테제가 되었다. 유명한 '이기호발설理氣互發說'이다.

그러나 젊은 학자 기대승이 이의를 제기하고 나섰다. 그의 요지는 사단은 독자적으로 드러나지 않고 칠정을 통해 나타난다는 것이었다. 이것이 사단칠정논쟁의 1라운드였다. 두 사람은 장장 8년이나 편지를 교환하며 성실하게 담론했다. 마침내 이황은 기대승의 의견을 일부 수용해서 자신의 학설을 수정했다. '이가 드러나면 기가 따르고, 기가 발하면 이는 그것을 조종한다'는 '이발이기수지理發而氣隨之, 기발이이승지氣發而理乘之'라는 테제였다. 이기의 결합을 조금 강조하긴 했지만 호발을 근본적으로 바꾼 것은 아니었다.

이황과 기대승의 논쟁 몇 년 후, 이번에는 이이와 성혼 사이에 편지가 오갔다. 이이는 현실은 기-기질지성-칠정의 세계이며, 이理는 그 안에 깃든 원리로 보았다. 때문에 그는 현실에서는 오로지 칠정만이 드러나 있으며, 사단은 칠정을 조종한다고 주장했다. 이른바 '기발이승일도설氣發理乘一途說'이었다. 여기에 대해 성혼은 이理가 지나치게 종속되어 있다고 비판했다. 이것이 논쟁의 2라운드였다.

이황-기대승, 이이-성혼 사이의 논쟁은 사실 이와 기에 대한 해묵은 질문에서 배태되고 있었다. 이황과 성혼은 이理의 능동성을 주장한 편이었다. 이황은 이가 현실에서 직접 드러난다고 했고, 성혼은 이의 주재主宰하는 특성을 강조했다. 대체적으로 그들은 이와 기의 분리를 강조하는 편이었다. 반대편에 있던 기대승과 이이는 이理를 사물을 움직이는 원인이자 내재한 속성으로 파악했고 현실에서는 기질지성만이 드러난다고 보았다. 이와 기의 일체성을 강조했던 것이다.

2. 호락논쟁의 3대 주제

미발未發, 마음의 정체

사단칠정논쟁은 조선 성리학계의 철학이 난숙해졌음을 보여주었다. 이 논쟁에서는 추상적이고 보편적인 이기理氣와 구체적이고 특수한 인간과의 관계가 치열하게 해명되었다. 이론상의 관점에서 다음 단계는 어디일까. 구체의 영역으로 더 내려와 인간 자체를 정의할 차례였다. 그때 먼저 부딪히는 화두는 사단과 칠정이 통합되어 있는 마음[心]이었다. 사단칠정논쟁으로부터 바통을 이어받은 호락논쟁은 마음에 대한 정의부터 집중했다.

그런데 마음이란 참으로 변화무쌍하고 아리송한 존재이다. 우리는 하루에도 수십 번씩 마음, 좀 더 구체적으로는 감정, 욕구, 생각, 의지가 요동치고 뒤바뀜을 경험한다. 그래서 마음을 정의하기란 예나 지금이나 어렵다. 어린아이처럼 천진한 상태를 마음의 진정한 본질로 여길수 있다. 명상을 통해 도달한 고요한 경지는 어떤가. 아예 잠을 자고 있을 때처럼 텅 빈 무의식도 있다. 인공지능이 인간의 육체, 신경, 심지어두뇌의 일부를 대신한다 해도 마음의 영역마저 대신할 수 있을까. 그렇게 보면 인간의 정체성을 지키는 최후의 보루는 두뇌가 아니라 마음 같기도 하다.

유학자들은 마음의 정체를 잘 알 수 있는 순간으로 마음이 고요한 상태를 주목했다. 왜일까. 명상에 들거나 경건한 기도를 올릴 때 우리는평화로움, 안온安穩함 또는 양심의 충만을 느낀다. 감정에 들뜨거나 욕구 따위에 휘둘리지 않기 때문이다. 성리학자들은 그 상태를 본연지성本然之性이 최고조로 갖추어진 때로 보았다. 그 경지를 어떻게 표현할수 있을까.《중용》에 이를 잘 설명하는 구절이 있다.

> 희로애락이 아직 드러나지 않은 것을 중中이라 하고,
> 그것이 드러나 절도에 들어맞는 것을 화和라 한다.
> 喜怒哀樂之未發희로애락지미발, 謂之中위지중.
> 發而皆中節발이개중절, 謂之和위지화

《중용》에서는 희로애락과 같은 감정이 '드러나지 않음'을 미발未發로표현했다. 여기서 미발은 감각이 발동하기 전의 마음, 따라서 순수한본연지성이 존재하는 마음을 뜻하게 되었다. 정확히 표현하면 '미발지

심未發之心'일 터이나 그냥 미발로 많이 쓰였다. 그에 비해 감각이 일어나고 행동하는 중의 마음은 '이미 발했다'는 이발已發로 대칭되었다. 미발과 이발에 대한 고찰은 마음의 본질을 깨달아 중심을 잡고, 감정을 잘 다스려 조화로운 행동에 이르는 공부였다. 그 결과가 중中이자 화和이니, 중화中和는 마음의 본질이자 최적의 쓰임이라고 할 수 있다.

성리학자들은 미발, 이발, 중화에 대한 정의를 정교하게 내리고자 했다. 그런데 이게 간단한 일이 아니었다. 주희는 통상적으로 희로애락을 정情이라 했고, 미발은 성性이라 했다. 이기까지 연결한다면 희로애락-정-기氣가 되고, 미발-성-이理가 되는 셈이다. 그런데 마음은 성과 정을 통합한다고 했다. 그렇다면 '미발-성-이'라는 도식은 지나치게 기질지성을 생략해버린 게 아닌가. 다른 차원의 질문도 생겨났다. 미발 때에는 생각[사려, 인식] 자체가 일어나지 않는 것일까. 생각도 일어나지 않는다면 어떻게 중을 깨달을 수 있을까. 미발과 이발과의 관계도 문제였다. 우리들은 언제나 발동된 후의 마음을 통해 볼 뿐이다. 그렇다면 미발보다는 이발이 마음을 더 잘 설명하는 게 아닐까.

정리하면 미발 상태의 마음이 성性인가 심心인가 하는 문제, 미발 시에 지각知覺의 존재 문제, 현실에서 미발을 인식할 수 있는가 등의 문제였다. 이 문제들은 성리학 초창기부터 난제였다. 정호·정이 형제, 주희의 스승 이동李侗(일명 이연평), 주희 당대에 호상湖湘학파를 이끌었던 장식張栻 등이 모두 주목할 만한 논설을 폈다. 성리학의 집대성자 주희도 평생 고심했는데, 그조차 입장이 바뀌었다.

주희는 젊은 시절에 미발은 성, 이발은 심으로 보았다. 그리고 이발한 마음이라 할 수 있는 일상 속의 양심을 확인하고, 이를 잘 기르면 본성을 회복할 수 있겠다고 했다. 이를 '중화구설中和舊說'이라 한다. 40세를 넘기자 그의 생각은 달라졌다. 미발을 '곧바로 성'으로 보아서는 안 되고 마음의 영역을 확보하기 시작했다. 미발 또한 마음이다. 그러나 사려가 일어나기 전일 뿐이고 지각은 존재한다고 보았다. 이것이 '중화신설中和新說'이었다.

미발과 이발은 워낙 중요했으므로 조선에서도 지속적으로 논의되었다. 사단칠정논쟁의 당사자들도 물론 논의했지만 아직 독립된 의제로 떠오르지는 않았다. 이 문제가 본격적으로 대두한 것은 호락논쟁에서였다. 호론과 낙론에서는 미발 때 본연지성만을 강조하는가 아니면 기질지성의 주도권을 강조하는가에 따라 크게 달라졌다.

호론은 미발과 관련해서, 이기의 일원성을 강조한 이이의 관점을 충실히 고수했다. 미발 상태의 마음에서도 기질지성이 있다고 본 것이다. 그래서 미발의 마음에 선악이 함께 있다고 했다. 낙론은 미발 시에 마음에 대해 이理의 순수성을 강조했고 선만이 존재한다고 보았다. 그들은 대개 본연지성의 주도권을 인정하는 편이었다. 이것은 이황과 이이를 절충하는 편이었다.

그러나 미발, 이발에 대한 규명은 호락논쟁 이전은 물론 그 이후에도 해결될 수 없었다. 깊이 파고들어도 풀리지 않는 난제인지라, 어려움을 토로하거나 사변에 치우침을 경계하는 글도 다수였다. 예컨대 홍대용은 '미발에 대한 공부가 가장 어려우므로 이곳에서 한 번 틀리면 곧 불교에서 말하는 (명한) 상태로 떨어져 들어간다'고 경고하기도 했다.[33] 아닌 게 아니라 미발 상태의 마음은 불교의 선禪을 통한 직관의 경지와 비슷했으므로 상대의 주장에 대해 '불교와 비슷하다'는 비난도 끊이지 않았다. 또 미발이란 개념은 지각知覺, 명덕明德 등의 오묘한 개념과도 연결되어 20세기 초까지 지각논변, 명덕논쟁 등을 유발하기도 했다.

아무튼 주희에서 호락논쟁 당사자들까지 괴롭혔던 이 난제는 필자에게도 현재형이었다. 호락논쟁을 공부할 때 이 부분만 나오면 정신이 아득했다. '가장 어려운 공부'라는 홍대용의 충고에서 위안을 얻으며, 필자는 그저 당시의 사유 안에서 현재에도 의미 있는 무언가를 건지려 노력할 뿐이었다. 마음 찾기에 몰두했던 그들의 모습에서, 아마도 현대인이 경건한 종교인이나 구도자를 만났을 때 잃어버린 뭔가를 되찾은 느낌을 가질 수 있다면, 그들의 지나친 번쇄함에도 불구하고 또한 의미가 있을 법하다. 더구나 지금은 물질의 범람을 넘어 스마트폰, 가상현실, 인공지능, 뇌 정보의 재현·전이 같은 인간의 정신 영역까지 과학이 깊숙이 침투하고 있다. 감각·정서·의지마저 가공되거나 복제될 것 같은 미래상 앞에서, 마음의 본질을 캐고 마음을 수양했던 그들의 진지함은 깊이 되새길 만하다.

인성과 물성, 인간과 외물의 관계

미발에 대한 해명을 통해 이기-본성-마음의 연결이 고민되었다. 이젠 구체적인 현실 속에서 인간이 맺는 관계가 자연스럽게 대두했다. 인간을 둘러싼 외부 사물과 인간의 관계에 대한 물음이다. 그런데 이 주제는 익숙한 것이 아니었다. 유학은 공자 이래 인간의 덕성과 실천을 주된 주제로 삼아왔기 때문에 '물성物性'보다는 인간과 사회에 대한 관심이 지배적이었다. 물物이라는 범주는 차라리 '사건' 정도에 적합했다. 그러나 유학을 우주적 범주까지 넓힌 성리학에서는 물을 '물 자체', 말하자면 인간의 주관에 대응하는 객관적 실재로 확장시켰다. 인간을 둘러싼 외물外物 일반이 된 것이다. 그리고 외물을 통해 천리의 보편성을 인식할 수 있다는 인식이 대두했다. 이른바 '격물치지格物致知'이다.

물 자체의 자율성을 강조한다면 물리에 대한 객관적 탐구도 가능했다. 앞서 보았던 소옹邵雍의 상수학象數學이 대표적인 사례였다. 또 기氣 개념을 강조하고 세계를 기의 운행으로 파악해도 길이 열렸다. 모두 인간의 주관성을 배제하고 사물을 있는 그대로 파악하므로 지금의 과학적 인식과도 어느 정도는 상통했다. 서양어 '피직스physics'가 '물리학物理學'으로 번역되어 지금도 사용되고, '사이언스science'의 번역어로 '격치학格致學'이 20세기 초까지 쓰였던 사실 또한 이 같은 유사성이 있기에 가능했다.

그러나 성리학의 주류적인 노선은 물物을 물 자체로 인식하지 않았다. 주희는 인간의 주관, 다시 말해 가치 판단을 객관 사물에 투영하고 연결했다. 물리가 아니라 의리義理를 중시한 셈이다. 외물 가운데 인간과 그나마 닮은 동물에 대해 주희가 정리하고, 후대의 성리학자들이 즐겨 인용한 구절은 다음과 같다.

> 금수 또한 (하늘이 부여한) 성性이 있지만 형체에 얽매여 태어날 때부터 가려지고 막혔으니 소통시킬 방도가 없다. 호랑이가 인자하고, 승냥이와 수달이 제사를 지내고, 벌과 개미가 의로운 것은 조금은 통한 것이나 작은 틈 사이의 한 줄기 빛과 같은 정도이다. 원숭이의 경우

모습이 사람과 비슷해 다른 동물과 비교하면 제법 영특하고 말을 못할 뿐이다. 오랑캐의 경우 사람과 금수의 중간이 있기에 끝내 (기질을) 고치기 어렵다.[34]

주희의 목적은 동물의 분류나 정의에 있지 않았다. 그들에게 보편 본성이 있음을 부인하지는 않았지만, 인간과의 차이를 부각하는 데 주력할 뿐이었다. 이를 효과적으로 보여주기 위해 호랑이·승냥이·벌·개미를 등장시켰고 다시 원숭이를 등장시켰고 마침내 오랑캐를 등장시켰다. 최종적으로 등장한 오랑캐는 주희의 의도를 잘 보여준다. '인간과 금수의 중간'이고 기질이 변하기 어려운 오랑캐에 대한 차별은 정당하고 그들을 극복하는 일이 의리임을 암시한 것이다.

인성과 물성을 논쟁한 조선의 성리학자들도 주희의 위와 같은 대목을 논증 자료로 종종 사용했다. 같은 소재를 인용했기에 대부분 같았지만, 때론 달라지기도 했다. 호론은 주희의 언급과 비슷한 논지를 폈다. 인성과 물성과의 차이를 강조했고, 결론은 대개 오랑캐에 대한 분별을 강조하는 식이었다. 18세기 호론 학자 김규오의 글이다.

생각건대 인간과 동물이 함께 천리를 부여받아 생겨났습니다. 그러나 본성을 이룸에 있어서는 온전하고 편벽한 차이가 없을 수 없습니다. 예컨대 호랑이에게 부자父子의 인仁이 있고 벌과 개미에게 군신의 의리가 있는 것은 다만 오상五常 중의 하나만을 부여받은 것일 따름입니다. 생각하면 다른 동물도 모두 마찬가지입니다.…… (인성과 물성이 같다는 주장으로 인해) 인간과 동물의 차이가 이미 혼잡해지고

중화와 오랑캐의 분별이 이미 사라지게 되었습니다.[35]

오랑캐와의 분별을 강조하고, 인성과 물성이 같다는 주장이 불러올 위험성을 경고했다. 그러나 낙론은 같은 소재를 사용해도 초점이 사뭇 달랐다. 김규오와 동시대의 낙론 학자였던 박윤원의 글이다.

호랑이의 본성이 인仁만은 아니며, 개미와 벌의 본성이 의義만은 아니다. 나머지 네 가지 본성이 필연인 것은 신信 때문이니, 신은 어디에나 있기 때문이다. 새끼 양이 꿇어 젖을 먹고, 까마귀가 제 어미를 먹이고, 새가 사람의 기미를 알아차리는 일이 모두 신이다. 그런즉 동물의 오상이 있다면 갖추어 있는 것이다. 만약 동물의 본성에 오상이 없다면 사람의 덕이 비록 선하다 해도 어찌 동물과 통할 이치가 있겠는가?[36]

동물이 사람처럼 오성을 지니고 있고 그들에 대한 소통을 강조했다. 긍정적으로 보는 관점이다.

이 차이는 근본적으로 호론과 낙론의 이론적 토대가 다른 데서 기인했다. 호론은 기질지성을 강조했다. 미발 시에도 기질지성이 섞여 있다고 주장했었다. 기질은 만물의 형질을 이루는지라 온갖 개성個性의 근원이었다. 따라서 기질에 좌우되는 인성과 물성은 다를 수밖에 없었다. 낙론은 본연지성을 강조했다. 미발 시에도 본연지성만이 있다고 강조했다. 본연지성은 천리가 만물에 두루 존재함을 보여준다. 따라서 인성과 물성은 천리 사체로는 동일하다고 보았다.

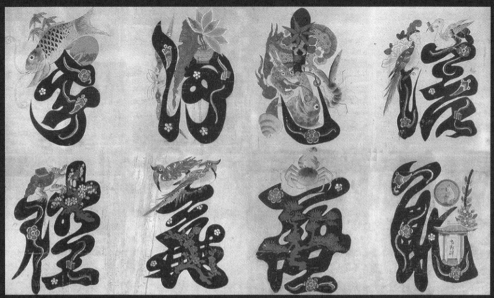

문자도 1·2

유교의 덕목德目은 여러 형식으로 입체화되었다. 한자에 동물을 비롯한 다양한 장식을 넣어 양식화한 문자도 또한 그 일례이다. 문자도文字圖는 원래 중국에서 '壽(수)', '福(복)' 따위를 장식화한 그림에서 기원했다. 조선에서는 18세기에 나타나 20세기 초까지 유행했다. 대개는 민화풍으로 작자를 알 수 없다. 조선에서는 '孝悌忠信(효제충신)', '禮義廉恥(예의염치)'라는 8글자를 주제로 한 것이 많았다. 그림(1) 상단 왼쪽부터 孝·悌·忠·信, 하단 왼쪽부터 禮·義·廉·恥이다. 문자도의 장식에는 모두 의미가 있다. 예를 들어 忠을 나타낸 그림(2)를 보자. 중앙에 물고기가 용으로 변하고 새우와 조개가 축하하고 있다. 오른쪽 위에 이를 '魚變成龍(어변성룡)', 蝦蛤相賀(하합상하)'라고 표현했다. 출세하고 축하받는다는, 충과는 다소 거리가 있는 내용이다. 왼쪽 위에는 '比干諫爭(비간간쟁)', '龍逢直節(용방직절)'이라 쓰였다. '비간의 간쟁이요, 용방의 절개라네'라는 뜻이다. 비간과 용방은 중국 고대의 충신으로서 모두 포악한 왕에게 간쟁하다 죽임을 당했다. 강직한 신하의 충성을 표현하는 말이다. 출세와 충성이 희한하게 결합한 이 그림은 19세기 조선에서 유교가 세속화되었음을 보여주는 사례이기도 하다(고연희(2016), 참조).

여기까지는 일반적인 철학 논설이다. 그런데 호론과 낙론이 이 주제를 가지고 격렬하게 논쟁한 이유는 낙론의 동론同論이 가지는 함의 때문이었다. '저들이나 우리가 근본적으로 같다'는 주장은 '저들도 저만큼 하는데 우리는 왜 이런가?' 하는 내부 반성으로 바뀔 가능성이 상존했다. 그 가능성을 통렬하게 실증한 사례가 박지원이다. 그의 소설 〈호질虎叱〉에서 호랑이가 위선자 북곽 선생을 꾸짖는 장면이다.

> 너희들은 이理를 말하고 성性을 논하면서 툭하면 하늘을 일컬으나, 하늘이 명命한 바로 본다면 범이나 사람이 다 한 가지 동물이요, 하늘과 땅이 만물을 낳아서 기르는 인仁으로써 논한다면 호랑이, 메뚜기, 누에, 벌, 개미와 사람이 모두 함께 길러져 서로 거스를 수 없는 것이다. 또 그 선악으로 따진다면 뻔뻔스레 벌과 개미의 집을 노략질하고 긁어가는 놈이야말로 천하의 큰 도盜가 아니며, 함부로 메뚜기와 누에의 살림을 빼앗고 훔쳐가는 놈이야말로 인의仁義의 큰 적賊이 아니겠는가.[37]

하늘이 내린 보편 덕성은 오히려 금수가 제대로 간직했고, 사람은 졸지에 인의를 가리고 훔친 도적이 되어버렸다. '동물만도 못한 인간'이 되어버린 것이다. 의인화한 동물의 입을 빌어 인간의 한계나 위선을 폭로하는 것은 동서고금의 오랜 전통이기도 하다. 그 이야기들의 공통된 구조는 '고귀한 타자'를 빌려 주체의 허위를 폭로하는 것이라 할 수 있다. 이른바 '고귀한 야만'을 빌려 문명을 비판하는 것도 같은 맥락이다.

인성과 물성의 동이同異라는 논쟁은 따라서 인간·주체의 반성과 성찰, 인간을 둘러싼 외물·타자에 대한 인식과 태도의 문제로 귀결하지 않을 수 없었다. 호론은 '인간과 동물' 나아가 '인간과 오랑캐'의 본성이 같다는 주장이 불러올 파장을 우려했다. 청에 대한 조선의 기성 인식을 근본부터 허물 수 있기 때문이었다. 그 점은 이 책의 4~6장에서 수차례 설명할 예정이다.

마지막으로 '동물의 본성'이 진지하게 고민되었던 점을 간단히 평가해보자. 현대인들은 이제 인간중심주의를 고민하기 시작했다. 우리는 자연, 환경, 동물권, 생명의 범주 등을 진지하게 되묻고 있다. 따라서 혹자는 호락논쟁에서 물성에 대한 활발한 논쟁을 보면서 '동물의 존재와 권리에 대해 관심이 있었구나' 하는 모던한 인상을 받을 수도 있겠다. 이 점은 일면 틀리고 일면 맞다. 호락논쟁에서는 언제나 동물을 투영해 사람의 윤리성을 논하는 형식이었다. 동물은 인간을 설명하기 위해 동원된 매개일 따름이었다. 그래서 지금의 논의와는 취지가 사뭇 다르다. 다만 호락논쟁 과정에서 인간의 중심성을 부인하고 인간을 상대화하는 사유가 나타나기도 했다. 이 점은, 인간을 자연의 한 구성물로 인식하고 모든 존재의 유기성을 강조하는 현대의 생태적 사유와 흡사한 점이 있다.

한편 호락논쟁과는 관계가 없지만 동물을 동물 그대로 파악하는 전통은 따로 있었다. 《산해경山海經》류의 저서는 일찍부터 동양에 있었고, 조선 후기에는 유서類書라는 일종의 사전들이 다양하게 편찬되고 있었다. 이 저서들은 동물을 분류하고 설명을 달아 요즘의 백과사전과 같은 구실을 했다. 물성에 대한 고조된 관심과 동물을 객관적으로 설명하는 유서학의 흐름이 만났다면 현대의 동물에 대한 관점과 더욱 상통하게 되었을지도 모르겠다.

성인과 범인, 인간의 변화와 평등

인성물성이란 주제는 청나라 사람들의 정체성에 대한 물음으로 귀결했다. 보편성의 문제가, 현실 사회를 위협하는 적대적 존재에 덧씌워진 형국이 되어버렸다. 그 과정은 철학의 주제가 현실에서 어떻게 변용되는지를 잘 보여준다. 세 번째 주제 역시 그 수순을 따랐다. 호락논쟁의

구리모토 탄슈의 《율씨어보》

동아시아에서 동식물은 인간의 기준을 투영받거나, 의례·회화의 소재, 의약재 등 보조적 대상이었다. 조선 후기 이래 유서類書가 편찬되어 사물을 분류, 해설하는 흐름이 생겨났으나, 그림을 빌어 생생한 모습을 전달하고 지식을 축적하는 수준까지는 도달하지 못했다. 도덕 중심의 유학이 성행했던 것도 도설圖說이 미발달한 원인의 하나였다. 일본에서는 네덜란드의 영향으로 18세기 이후 난학蘭學이 발전하여 실용, 전문 학문의 수준이 높아졌다. 그림은 일본의 난학자, 의사인 구리모토 탄슈本丹洲(1756~1834)의 《율씨어보栗氏魚譜》(일본 국립국회도서관 소장)에 실려 있다.

세 번째 주제는 성인聖人과 평범한 사람들의 마음이 같은지 다른지였다. 당시 용어로 표현하면 '성범심동부동聖凡心同不同'이다. 줄이면 '성범심논쟁' 정도이다.

성범심논쟁 역시 근본적으로는 이기理氣, 직접적으로는 본연지성本然之性과 기질지성氣質之性의 범주와 메커니즘 등에 좌우되었다. 마음은 '심통성정心統性情' 곧 본성과 정욕을 모두 통합한 존재이므로 마음에서 본성과 기질을 어떻게 설정하는가에 따라 결론이 달라졌다. 호론은 누구나 본성은 같지만 기질에 좌우된다고 보았다. 앞서 보았듯이 호론은 미발未發의 마음에서도 기질지성이 존재한다고 보았다. 그것과 같은 맥락이다. 따라서 성인과 범인凡人의 본성은 같을지언정 기질 때문에 마음의 본질이 달랐다. 이를테면 성인은 순수한 기질로 인해 본성이 온전하지만, 범인은 혼탁한 기질로 인해 본성이 가려졌다. 낙론의 논리는 반대였다. 낙론은 미발의 마음에서는 본연지성을 강조했다. 따라서 성인과 범인의 마음에서 기질은 부차적이었고, 그 본질은 같았다.

문제는 현실에서의 함의였다. 우리가 사는 현실에 사실 성인聖人이란 존재는 없다. 우리는 성인을 존경하고 그를 표준 삼아 수양할 따름이다. 따라서 성인의 덕성과 능력을 드러내 차이를 강조할 수도, 아니면 성인을 향한 범인의 분발을 촉구할 수도 있었다. 결국 관건은 지향이었다. 호론의 지향은 한원진의 정리에 깔끔하다.

성인의 기질은 지극히 맑고 순수합니다. 일반 사람들은 반드시 공부하여 기질을 완전히 변화시킨 이후에야 비로소 이 경지에 이르렀다고 말할 수 있습니다. 한 차례 정도 미발 상태에서 뭇 사람의 기질이 성인으로 변했다 해서 곧바로 '성인이 되었다'라고 한다면 차라리 철을 금으로 바꾸는 게 더 쉽다고 하겠습니다.[38]

위 말의 뉘앙스를 조금 정리하면 '성인과 범인은 기질의 차이가 있기 때문에 한 번 마음의 온전함을 경험했다 해서 이를 성인의 경지라고 한다면 참으로 편안한 논리이다' 정도가 될 것이다. 나태하지 말라는 격려도 있겠지만, 그보다는 기질의 차이를 원천적으로 증명하는 의도가 더 두드러져 보인다. 변화를 향한 노력에 엄격한 한계를 그어버린 셈이다. 이것은 치명적인 약점이었다. 성인을 향한 의지를 허무하게 만들고 나아가 성선性善의 보편성을 허물 수 있기 때문이다. 낙론은 이 점을 파고들었다. 그들은 맹자의 성인관을 인용하며 호론을 공격했다. 인용한 대목은 다음과 같다.

> (맹자께서 말씀하셨다.) 무릇 종류가 같은 것은 모두 서로 비슷하다. 어찌 사람의 경우에서만 그렇지 않다고 의심하겠는가? 성인聖人도 나와 같은 부류이다.…… 단지 성인은 우리의 마음에서도 똑같다고 여겨지는 것들을 먼저 아셨을 따름이다.[39]
>
> 凡同類者범동류자, 擧相似也거상사야, 何獨至於人而疑之하독지어인이의지. 聖人與我同類者성인여아동류자,…… 聖人先得我心之所同然耳성인선득아심지소동연이.

맹자의 이 말은 보통사람을 향한 유학의 대표적인 희망 메시지이다. 성인은 선천적인 초월자가 아니라 우리와 같은 본성과 기질의 소유자이다. 따라서 누구나 노력 여하에 따라 도달할 수 있다. 주희 또한 이 대목에 '성인도 또한 사람일 뿐이고 사람의 본성은 누구나 선하다'고 했고, '성인은 먼저 알고 먼저 깨달은 자' 곧 선지先知, 선각先覺한 사람이라 했다. 보통사람에 대한 이 같은 격려야말로 유학을 개방적이고 보편적이게 만들지 않았던가. 낙론은 호론이 맹자의 주장에서 벗어났다고 비판했다. 이재의 주장을 보자.

> 맹자의 가장 큰 공은 성선性善을 말한 것이니, 기질 가운데서 성性을 떼어내어 보통사람과 요순이 애초에 다른 본성이 아니었음을 알게 하셨습니다. 그런데 지금 그대의 많은 논변이 오로지 기氣를 위주로 한 까닭에, 천하에 지극히 깨끗한 이理를 모두 기 속으로 떨어뜨렸습니다.…… 정말 그렇다면 맹자께서 힘들게 성에 대해 설명하셨던 취지가 도리어 어두워지게 되었습니다.[40]

성범심에 대한 논의는 마음과 기질의 정의에서 출발해 마침내 사람이 누구나 성인聖人이 될 수 있다는 가능성으로 흘렀다. 차이와 차별로 가득 찬 세상에서 개과천선의 가능성을 비관할 것인가 아니면 낙관할 것인가? 성범심에 대한 논쟁이 차이를 가진 존재에 대한 물음이 되었다는 점에서 인성물성론과 비슷했다.

다른 점이 있다면 대상이었다. 인성물성론은 조선 밖의 오랑캐에 초점이 맞추어져 있었다. 그에 비해 성범심논쟁은 조선 내부에서 만나는 평범하고 다양한 계층에 초점이 맞추어졌다. 중인, 농민, 어린이, 여자 등등은, 그들의 열악한 기질에도 불구하고, 과연 성인이 될 수 있는가?

아마 그들의 존재감이 점차 뚜렷해지지 않았다면, 아무리 가능성을 낙관해도 논의는 찻잔 속 태풍에 그칠 것이다. 그러나 그들의 존재감이 점점 부각되는 세상이라면 이야기가 달랐다. 기성의 명분 질서에 대한 의문 혹은 해체를 요구하는 문제였기 때문이다.

다만 인성물성론과 성범심논쟁의 논쟁 양상은 달랐다. 인성물성론에서는 호론이 낙론을 이단으로 공격하는 위치였다. 그러나 성범심논쟁에서는 낙론이 호론을 맹자의 적으로 몰아붙일 수 있었다. 공수攻守의 위치가 바뀐 것이다. 외부에 대해서는 보수적 인식 틀이 강하지만, 내부에 대해서는 변화를 인정하자는 쪽이 대세를 점한 형국이라고나 할까. 이 흥미로운 양상은 '이론이 현실과 맺는 관계성'이란 고민거리를 던진다. 이론은 여러 가지 맥락 안에서 또 다른 얼굴로 변신하기 때문이다.

3. 논쟁 아래 맥락과 현실

관점과 맥락

성리학의 추상적인 개념들은, 비록 글로 볼 때는 정합적인 듯하지만, 막상 적용하면 뒤죽박죽 복잡해지기 일쑤였다. 개념이 추상적일수록 대입의 비극(?)적 효과는 더해졌다. 이理에 대한 주희의 유명한 정리를 들어보자.

> 이理의 입장에서 본다면 아직 사물이 생기기 전이라도 그 사물의 이理는 존재한다. 그러나 이理만 있을 뿐이지 실제로 그 사물이 있는 것은 아니다.[41]

이理는 만물에 앞서 존재하지만 실제로는 존재하지 않는다? 성리학에서 이理는 생성, 형상, 본성, 작동의 원리 등이다. 건축의 설계도, 플라톤이 주장한 이데아, 사물의 본질, 물리 법칙 등을 합한 것이랄까. 이들은 모두 사물 하나하나를 보며 우리가 추론해내고, 사물 이전의 무엇으로 여기는 것들이다. 인용문 첫머리에 '이理의 입장에서 본다면'이란 단서는 그 추론을 암시한다.

이처럼 성리학자들은 사유를 정밀하게 다듬어 사물을 관통하는 이치를 캐고자 했다. 격물치지格物致知가 바로 그 자세이다. 그렇게 얻어진 이理의 세계는, 기氣로 인해 실재하는 세계와 다르면서도 같았다. 주희가 이기理氣에 대해 내린 정의 또한 대개 두 측면을 동시에 말했다.

> 이理와 기氣는 본래 선후를 말할 수 없다. 하지만 굳이 유래한 근본을 추론하면 모름지기 이理가 먼저 있다고 말해야 한다. 그러나 이理 또한 별개의 한 사물이 아니다. 즉 이理는 기氣 가운데 존재하는 것이다.[42]

이기는 본래 선후를 말할 수 없으나 '굳이 추론한다면' 이理는 분리해낼 수 있고 기氣에 앞선 존재이다. 그러나 현실에서 둘은 떨어져 있지 않고, 이理는 기氣 안에 깃들어 있다. 성리학자들은 두 성질에 대해 '서로 섞이지 않는다'는 불상잡不相雜과 '서로 떨어져 있지 않다'는 불상리不相離라고 설명했다. 대체로 추상·관념의 관점에서는 분리할 수 있으나, 구체·현실의 관점에서는 하나로 볼 수밖에 없다. 의도와 시각에 따라 설명이 달라지므로, 둘의 존재와 관계에서부터 천변만화千變萬化한 설명이 가능했다.

사단칠정논쟁 역시 이기에 대한 견해에서 의견이 갈렸다. 이황은 '섞이지 않는다'는 불상잡을 중시했다. 만물에 선재先在하는 이理의 주재성을 강조하다보니 인간에 대해서도 이理로 인한 선한 본성이 직접적으로 드러난다 했다. 이이는 '떨어져 있지 않다'는 불상리를 강조했다. 기로 이루어진 현실을 강조하므로 이理는 세상에 내재한 원리일 따름이었다.

이상의 내용을 현대인들은 선뜻 수긍하기는 힘들다. 우리는 실재實在가 사유의 출발임을 별로 의심치 않기에, 마치 컴퓨터 이전에 컴퓨터의 관념이 존재한다는 불상잡의 논리는 마음에 와닿지 않는다. 물론 종교의식, 명상을 통해 체험한 고원한 경지를 긍정한다면 이야기는 달라지겠지만. 아무튼 현대인들로서는 중세 철학의 시비를 가리는 일보다는, '보는 데 따라 달라진다'는 해석의 유동성에 더 주목해야 얻을 게 많다. 과거의 논쟁은 맥락을 감안해 해석하는 장면을 제공하고, 우리는 그것을 보며 우리 현실에 투영해 서로의 입장을 이해하기 때문이다.

돌이켜보면 경전에 담긴 진리조차도, 글자 그대로만 따진다면 원뜻을 왜곡하며 해석되기 일쑤였다. 어느 종교를 막론하고 그랬으며, 유학의 경전도 별반 다르지 않았다. 경전에 버금가는 권위를 가졌던 주희의 저서들도 마찬가지였다. 앞서 보았던 미발에서의 구설舊說과 신설新說이 일례이다. 호락논쟁 역시 마찬가지였다. 인성물성이 매우 뜨거운 주제였던 이유 가운데 하나는, 성현의 말씀을 기록한 경전의 구절이 이렇게도 저렇게도 보였기 때문이다. 《중용》 첫머리의 성性과 도道에 대한 주희의 주석을 다시 인용해보자.

이로써 사람과 물건이 생겨나게 되는데 각각 부여받은 이理로 인하여 건순健順과 오상五常이라는 (음양오행의) 덕이 되니, 이것이 이른바 성性이라는 것이다.…… 사람과 사물이 각기 자신의 자연스런 성을 따르면 일상생활에서 각기 마땅히 행해야 할 길이 있게 되니 이것이 이른바 도道이다.[43]

사람이나 사물이나 모두 이理로 인한 성을 부여받았으며, 또 본성에 따라 자연스럽고 마땅하게 도를 행한다는 뜻이다. 그 말은 본성과 자연스런 행동이 보편적이라는 인물성人物性의 같음[同]을 지지하는 듯하다. 그러나 다른 의미의 전거를 찾는 일 또한 어렵지 않았다.

인간과 사물이 생겨날 때 성性이 없는 게 없고 기氣가 없는 게 없다. 그러나 기로써 말하면 지각과 운동은 사람과 동물에 차이가 없는 듯하다. 하지만 이理로써 말하면 동물이 어찌 인의예지를 온전하게 얻었다고 할 수 있겠는가?[44]

이 글만 보면 사람과 동물은 지각·운동 같은 기질의 작용은 같으나, 오히려 이理로 인한 본성이 다르다. 본성이 같다는 인물성동론을 부정하고, 본성이 다르다는 인물성이론에 가깝다. 그러나 사실 인물성이론과도 똑같지는 않다. 인물성이론에서는 사람과 동물의 기질이 다르다고 했는데, 위에서는 기질이 같다고 했기 때문이다.

이처럼 이론異論이 아니고 동론同論은 더더군다나 아닌 위 논리는 맥락을 감안할 수밖에 없다. 위 인용은, 맹사와 그의 제자 고자告子의 대화에 대한 주희의 주석이다. 고자는 인간이나 동물이나 본능, 즉 지각·운동·기욕嗜慾 따위의 생生이 바로 본질이라고 주장했다. 이에 맹자가 도덕심이라는 내면의 성性을 재차 강조하며, 고자 식으로 본다면 인간과 동물의 차이가 없어진다고 했다. 주희는 '도덕심이 본질이다'라는 맹자의 말을 증명하기 위해 '동물과 인간은 이理로 인해 성을 얻었지만 동물은 온전하지 못하다'라고 정리했다. 애초 초점은 '본질이 생生인가? 성性인가?'였고, 생生을 택한 고자를 비판하는 데 있었다. '본질은 성'임을 인정하고, 이를 기준으로 인성과 물성의 차이를 따지는 논리와는 거리가 있었다. 그러나 주희의 주석은 표면상 인물성이론과 가까웠고, 그 이론을 증명하기 위해 활용되었다.

이론은 이론, 현실은 현실

경전의 수많은 말들은 항상 활용되었다. 문제는 활용 수준을 넘어, 맥락과 상관없는 왜곡도 가능한 데 있었다. 논쟁이 치열할수록, 경전을 들어 경전을 반대할 수 있었고, 주희를 들어 주희와 싸울 수 있었다. 그런데 맥락이 어디 문자뿐이겠는가. 발언이 행해진 현장, 발언 당시의 상식, 사회적 배경 넓게 보면 모두 맥락이었다. 이론은 이론, 현실은 현실이었던 것이다.

무수한 차이가 존재하고 부조리가 횡행하는 현실에는 이론이 그대로 적용되기 힘들었다. 보편 질서로 간주된 이理는 더더군다나 어려웠다. 보편 개념들은 애초 상대 개념을 가지지 않았으므로 무수한 차이를 가진 현상을 요령 있게 설명하기 곤란했다. 그래서 보편인 천리가 사물에서는 개별적 원리가 된다는 이일분수理一分殊와 같은 명제를 고안하기도 했다. '이일理一'이라는 보편성은 현실에 적용되는 순간 나뉘고 특수해지는 '분수分殊'가 되는 것이다. 그렇게 보면 현실의 모든 것은 사실 상대적이다. 천리조차도 현실에서는 예외가 될 수 없었다. 주희가 쓴 편지를 보자.

> 제가 생각하기에 천리는 본래 상대가 없지만 이미 인욕이 있기에 천리도 어쩔 수 없이 인욕과 더불어 줄어들거나 늘어납니다. 선善 역시 본래 상대가 없지만 이미 악惡이 있으므로 어쩔 수 없이 악과 더불어 왕성해지거나 쇠퇴합니다.[45]

천리·선 등은 애초 절대적이지만 인욕·악 따위가 존재하므로 상대적이 되었다. 주희도 곤혹스러웠던 듯 '어쩔수 없이'라는 조건을 달았다. 하지만 뜬금없거나, 비약이 심하다 해도 무리는 아닐 터였다. 이 비약을 그럴듯하게 메우고, 부조리와 악惡의 존재를 원천적으로 설명할 무엇인가가 필요했다.

그때 동원된 것이 기氣의 성질이었다. 사물의 모든 차이는 기의 응축이나 순수함의 정도에서 비롯했다. 성리학의 용어로 말하면 기의 청탁수박淸濁粹駁, 즉 맑고 탁한 정도에 따라 온갖 차이가 생겨났다. 기의 입장에서라면 다소 애꿎다고 할 것이다. 기는 원래 세계의 물질성을 담보하는, 이理만큼이나 보편적인 존재였다. 그러나 위 논법에서 기는 인욕과 악 등을 발생시키고 보장하는 근원이 되었다.

기가 청清하고 수粹한 존재는 현실에서 선하거나 우월한 존재들이었다. 그러나 탁濁하고 박駁한 존재는 모자라고 열등한 것들이었다. 인간에 비해 동물이, 남자에 비해 여자가, 사대부에 비해 평민과 노비가, 유교 문명권에 비해 문명권 너머의 오랑캐들이 바로 탁한 기를 타고난 저열한 존재였다. 그들에 대한 논리는 역사와 사회를 바라보는 확고한 틀이 되었다. 주희의 편지는 이어진다.

> 비유하면 '하늘 아래 임금의 영토 아닌 곳이 없고, 땅 끝까지 임금의 신하 아닌 자가 없다'는 것과 같으니 어찌 애초에 상대하는 것이 있었겠습니까? 다만 진晉나라에 다섯 오랑캐가 있었고, 당나라 하북의 세 번진[三鎭]이 있게 되자 중화와 오랑캐, 순리와 거역이 어쩔 수 없이 서로 상대가 되었습니다. 그러나 처음에는 선이 있었고 악은 없었으며, 천명이 있었고 인욕은 없었습니다.[46]

애초 중국의 천자는, 천리·선 따위처럼 보편의 체현자였다. 그러나 오랑캐에 의해 상대적이 되었다. 천리가 왕성하고 쇠퇴하는 것처럼, 현실에서 천자의 영향은 늘거나 줄거나 했다. 만약 오랑캐가 왕성한 시대라면, 그에 맞서는 일이 곧 천리를 회복하는 길이 되었다. 주희가 태어난 남송은 여진족이 세운 금나라에 밀려 중원을 빼앗긴 처지였다. 그러면 답은 자명해진다. 주희의 논리는 오랑캐가 차지한 중원을 회복하는 남송南宋의 노력에 정당함을 부여하려는 의도가 선명했다.

주희는 평생 '천리', '도道', '선善', '성性' 등의 진리성과 보편성을 추구했다. 그의 철학이 가져다주는 떨림은 거기까지인 듯하다. 그가 지향했던 이념과 현실에서의 실천은 남송의 정통성을 확인하고 금나라의 멸망을 보증하는 것이었다. 일방의 우월함을 선전하고 그에 동의하는 이들을 부추기는 동원 이데올로기와 별반 다르지 않다. 그 이중성은 유학의 오랜 굴레이기도 했다. 인의와 도덕은 보편선의 구현을 향했지만, 현실에서는 '우리 유학'을 정당화하고 저 너머에 존재하는 이단과 오랑캐에 대한 배제를 당연시했다.

그런데 그것이 딱히 유학만의 숙명이겠는가. 어느 종교나 사상이라도 보편 진리를 추구하는 이면에서는 논적과 이단을 만들었고, 사회의 갈등과 모순을 용인하거나 타협했다. 경전의 논리가 현실에서 해석될 때 그 흐름을 피할 수 없었다. 호론과 낙론의 이론 역시 상반된 결론에 도달하는 일이 가능했다.

호론은 이이의 철학을 계승했다. 이이의 철학은 기로 움직이는 현실 세계를 중시했다. 기의 가변성을 긍정하자 현실에서의 변화에 더 눈길이 갔다. 그의 많은 개혁적 주장은 이 같은 현실 긍정의 철학에서 나올 수 있었다. 그러나 기의 중시는 기로 인해 생겨난 차이와 차별에 대한 강조로도 흐를 수 있었다. 호론은 이이의 철학을 계승했지만, 현실 대처는 사뭇 달랐다. 호론의 학자들은 기가 구축한 현실의 차별성에 주목했고, 왕성한 기운을 자랑하며 현실 질서를 흔들어내는 내·외부의 우려스런 조짐들을 경계했다.

낙론은 이理의 보편성을 강조했다. 보편의 확대는 평등을 확인하는 과정을 밟을 가능성이 컸다. 실제 일부 낙론 학자들은 하늘이 부여한 보편 천리의 의미를 확장하여 오랑캐인 청나라가 변할 수 있다는 주장까지 폈다. 그러나 보편성이 '유교 문명만'의 보편성이라는 왜곡을 거친다면 신분에 대한 옹호와 청나라에 대한 차별로 흐를 수도 있었다. 사실 유교의 명분 질서와 중세의 신분질서를 결합한 사례는 이理를 중시한 성리학자들이 오히려 다수였다. 19세기 중후반에 위정척사衛正斥邪를 외쳤던 많은 유학자들도 대체로 이理의 절대성과 불변성을 내세워 서양의 물질문명에 저항했다.

결국 철학의 이론이 현실이라는 프리즘을 투과할 때는 여러 갈래의 흐름으로 바뀌지 않을 수 없다. 이것은 철학이 현실의 요구에 부응하는 것일까, 현실의 인간들이 철학의 명제를 활용하는 것일까. 아무래도 철학의 문제가 아니라, 철학자의 현실 곧 해석에 관여하는 현실이 문제인 듯하다.

英祖

韓元震·朴弼周·李縡

철학 못지않게 철학자의 현실도 복잡했다.
조선의 유학자들이라고 예외일 리가 없다. 그들을 살펴보는 우리 역시,
그들이 처했던 현실을 살펴봐야 한다.
호락논쟁의 1세대와 2세대 학자들은 숙종 후반부터
경종을 거쳐 영조 중반이 이르는 시기에 살았다.
그들이 이론을 성숙시키고 사회에 대한 발언을 전개하기 전에,
현실 정치가 선공先攻을 취했다.
숙종 대부터 환국이 빈발했고 정국은 급변했다.
성리학 논쟁이 그 바람을 타지 않을 수 없었다.
학자들은 때로는 잠복하고 때로는 정계에 진출하며
새 세대를 키워나갔다.

03 | 학파의
      형성

정변의 소용돌이 ... 영조, 새 판을 짜다 ... 만남과 논쟁

1. 정변의 소용돌이

병신처분

숙종은 말년으로 갈수록 답답함을 느꼈다. 자신은 효종, 현종에 이어 적자嫡子로 왕위를 계승했다. 적자가 정상적으로 3대에 걸쳐 왕위를 계승한 것은 조선 왕조에서 두 차례뿐이었다. 조선 초기의 세종-문종-단종, 조선 후기의 효종-현종-숙종의 경우였다. 그러나 단종은 왕위를 지켜내지 못했다. 따라서 3대에 걸쳐 왕권을 정통성 있게 계승, 유지한 사례는 효종-현종-숙종뿐이었다. 이 혈통이 얼마나 특별했던지 훗날 '삼종혈맥三宗血脈'이라고 불렀다.

숙종의 정통성은 전무후무했고 권위는 막강했다. 그러나 강력한 왕의 출현을 시샘이라도 하듯, 신권臣權의 공고함 또한 이 시기에 두드러졌다. 붕당의 전성기가 바로 이때였다. 재야에서는 서원을 매개로 유생들이 강고하게 결집했고, 그들을 학문적·정신적으로 이끄는 산림山林이 융성했다. 정·관政官에는 유생·산림과 직간접으로 얽힌 관료가 두루 포진했다. 비대해진 붕당들은 이념과 정책을 두고 날카롭게 대립했다. 숙종 초반에는 남인과 서인이 대립했고, 숙종 20년에 남인이 몰락한 후에는, 서인이 노론과 소론으로 나뉘어 대립했다.

숙종은 비대해진 붕당을 제어하기 위해 강경한 처분을 종종 감행했다. 붕당을 하루아침에 갈아치우는 환국換局을 단행한 것이다. 숙종 15년과 20년에는 인현왕후와 희빈 장씨가 중전 자리에서 엎치락뒤치락했고, 남인이 집권했다가 서인이 재집권했다. 처분이 거듭될수록 실타래는 더 꼬였다. 어제의 충신이 오늘은 역적이 되어버리니, 원망이 깊어졌다.

숙종 27년에는 희빈 장씨가 사사되었다. 그러나 분란의 소지는 오히려 왕성해졌다. 장씨의 소생인 세자(훗날 경종)는 여전히 건재했는데도, 정국은 세자에게 힘을 싣는 방향과는 정반대로 흘렀다. 희빈 장씨의 사사에 앞장섰던 노론이 점차 힘을 얻었고, 노론과 대립했던 소론은 점점 고립되는 세자에 대한 보호를 자임했다.

숙종은 세자의 의중에 대해 복잡한 생각이 들지 않을 수 없었다. '생모를 사사한 자신과 그 처분을 지지한 노론에 대해 세자는 무슨 생각을 하고 있을까.' 자신과 세자, 노론과 세자의 악연을 어떻게 풀어야 할지, 숙종은 출구를 고심했다.

노론은, 세자의 미래에 의심을 거두지 못하는 숙종의 머뭇거림을 눈치챘는지 모른다. 그들은 먼저 소론의 기세를 꺾고자 했다. 이전에 서인이 남인과 대립할 때, 남인의 수장이었던 윤휴의 사상을 이단으로 몰았던 이가 송시열이었다. 이제 송시열의 후예들은 대부분 노론의 핵심으로 성장해 있었다. 그들은 남인에게 그랬듯이 소론에 대한 사상 공세를 강화했다. 첫 번째 시비는 소론 학자 박세당이 지은 《사변록思辨錄》이었다. 《사변록》은 1680년(숙종 6)에 집필을 시작해 1689년에 완성된 책이다. 잘 알려져 있듯 박세당은 이 책에서 주자의 경전 해석 특히 《대학》, 《중용》의 격물格物, 성리性理 개념 등을 비판하고 독자적인 해석을 시도했다. 그의 견해는 제법 알려진 형편이었는데, 집필된 지 14년이 지난 1703년에 주자의 견해를 마음대로 고쳤다는 이유로 큰 논쟁이 일어났다. 숙종은 논쟁에 개입했고 노론의 손을 들어주었다. 박세당은 정배되었고, 책의 판본은 소각되었다.

1709년 노론의 젊은 유생들은 《예기유편禮記類編》이란 저서를 비판했다. 이 책은 소론의 지도자였던 최석정의 저술이었다. 《예기》의 복잡한 차례를 나름대로 정리하고 보완한 책으로, 노론 학자들조차 경연에 추천한 전례가 있었다. 그러나 이번에도 주자의 체제를 일부 따르지 않았던 점이 부각되어 노론 유생들이 들고 일어났다. 노론의 공격에도 불구하고 숙종은 최석정을 영의정에 제수하는 등 신뢰를 보였다. 그러나 이듬해 최석정이 약원藥院을 잘 관리하지 못했다는 다소 엉뚱한 이유를 들어 그를 내쳤다. 숙종은 그 참에 《예기유편》이 잘못되었다고 판정하고는 책의 판본을 소각했다.

1715년에는 《가례원류家禮源流》라는 책을 두고 큰 갈등이 빚어졌다. 이 갈등은 연원이 깊었다. 원래 《가례원류》는 유계라는 학자와, 소론의 학문적 지도자였던 윤선거·윤증 부자가 어느 정도 공동으로 진행한 작업이었다. 이 무렵 유계의 손자 유상기가 이 책을 독자적으로 간행하면서 윤증을 비판하는 서문을 실은 것이다. 간행과 서문에 대해 소론 측의 비판이 거세지 않을 수 없었다. 마침내 송시열과 윤선거·윤증 부자의 해묵은 논쟁인 이른바 회니시비懷尼是非가 재연되었다. 회니시비는 송시열이 회덕懷德에, 윤증이 니성尼城에 살았던 데서 명칭이 생겨났다. 송시열은 원래 윤선거와 절친했고, 윤증은 송시열의 수제자였다. 그러나 윤선거가 윤휴를 용인한 점을 못마땅하게 여긴 송시열이 윤선거의 묘갈명을 간략하게 써주자, 윤증과 갈등이 생겨난 게 발단이었다. 이후 윤증이 송시열을 비판한 편지가 공개되며 송시열과 윤증은 절연하게 되었다. 그리고 두 사람의 문인들이 가세하면서 수십 년의 시빗거리가 되었다.

《가례원류》가 회니시비와 얽히자 판정은 더욱 어려워졌다. 결국 숙종까지 개입하자 논쟁은 절정에 달했다. 숙종은 처음에는 윤증을 지지하는 편이었다. 그러나 해를 넘긴 병신년(1716, 숙종 42) 7월에는 관련 문서와 윤선거의 문집을 검토한 후 입장을 바꾸었다. 송시열이 옳고 윤증이 잘못했다고 판정한 것이다. 그리고 윤선거의 문집 판본을 헐고 관작을 삭탈하라는 조치를 내렸다. 이른바 '병신처분丙申處分'이었다. 이로써 노론과 소론의 수십 년 동안의 알력은 노론의 승리로 끝났다.

숙종은 다음 해에 김창집, 이이명, 권상하를 3정승에 임명했다. 영의정 김창집은 낙론을 형성한 김창협·김창흡 형제의 맏형이었다. 우의정 권상하는 송시열의 수제자로서 노론을 대표하는 산림이었다. 낙론과 호론의 대표 인물을 중심으로 한 노론 3정승 체제가 구현된 것이다. 권상하는 사직하고 올라오지 않았으므로 이 체제가 실제로 굴러가지는 않았다. 다만 숙종의 조치들은 노론 학자들에게 더할 나위 없는 성취감을 안

겨주었다. 그들은 학문과 의리가 최종적으로 승인되었다고 여겼다.

경종과 신축환국·임인옥사

경종은 외로웠다. 부왕 숙종의 재위가 46년, 동생 영조의 재위가 52년
이었다. 두 왕 사이에 놓인 그의 재위는 불과 4년, 마치 희미한 별 같다.
짧은 기간도 그렇지만 경종은 자신의 실존 자체가 폭풍을 불러왔던, 유
난스런 사례였다. 그의 탄생은 격심한 정쟁을 불러일으켰고 마침내 기
사환국(1689, 숙종 15)의 원인이 되었다. 기사환국이 일어나자 서인은
정계에서 축출되었고 생모인 희빈 장씨는 중전의 자리에 올랐다. 그러
나 영화는 오래가지 못했다. 그가 7세가 되자 이번에는 갑술환국이 일
어나 모친은 다시 희빈으로 강등되었다. 우리가 TV드라마 등으로 자주
접했던 익숙한 장면들이다.

 어린 시절의 세자는 제법 총명했다고 전한다. 장씨가 강등된 후, 인
현왕후에게도 정성을 다했다 하니, 특별히 모난 성품도 아니었던 듯하
다. 그러나 인현왕후가 죽고, 희빈 장씨가 인현왕후를 저주한 죄목으로
사사되고, 곧바로 외삼촌 장희재마저 처형되자 그의 심신은 대단히 불
안정해졌다. 장씨와 연결되어 자신을 절대적으로 지지하던 남인은 이
미 실각한 지 오래였다. 비록 소론이 자신을 지지했지만 그들과는 동질
감이 옅었고 세력도 노론에 비해 열세였다. 최대 정파였던 노론은 모친
의 사사에 앞장섰던 경력이 있었기에 그들과의 공존은 애초부터 힘들
었다. 정치적인 앞날도 불투명했던 셈이다.

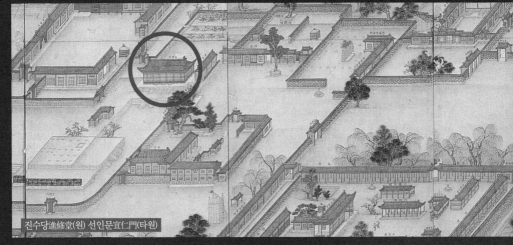

진수당進修堂(원) 선인문宣仁門(타원)

환취정環翠亭

의릉懿陵

창경궁 진수당, 선인문, 환취정 / 의릉
창경궁의 선인문과 진수당進修堂은 신축환국의 주요 무대였다. 조태구는 선인문宣仁門을 통해 경종과 비상하게 연락했고, 대리청정에 찬성한 노론 대신들을 탄핵했다. 이윽고 경종은 진수당에 행차하여 백관을 소집하고 대리청정을 취소하였다(진수당(원) / 선인문(타원)). 환취정은 경종이 승하한 곳이다. 진수당과 환취정環翠亭은 지금은 사라졌고, 선인문만 남아 있다. 위 그림들은 〈동궐도〉에 있다. 아래 사진은 경종과 선의왕후가 묻힌 의릉. 규모도 작고 간소하다. 서울 성북구 석관동에 있다.

숙종의 유일한 왕자로서 세자가 되었으나 그 장점도 점차 무의미해졌다. 두 명의 이복동생 곧 연잉군(훗날 영조)과 연령군이 태어났고, 어느새 성장해 있었다. 그들의 존재감이 커짐과 비례해서 숙종은 점차 노론들의 주장을 들어주는 일이 빈번했다.

숙종은 1717년(숙종 43)에 세자의 대리청정代理聽政을 명했다. 이때 세자 나이 30세. 불리한 여건이 많았지만 세자의 왕위 계승은 겉으로는 확고해 보였다. 그러나 대리청정 명령이 내리기 전에 문제적인 일이 있었다. 숙종이 사관史官을 물리치고 노론 대신 이이명을 단독으로 만난 것이다. 이 사건을 정유독대丁酉獨對라고 부른다. 당시나 지금이나 밀담은 대단히 무리한 정치 행위이다. 두 사람은 왜 위험을 무릅쓴 것일까. 정확한 내용이야 두 사람만 알 터이지만, 세간에 떠돈 소문은 충격이었다. 숙종이 세자의 건강과 능력을 불신했고, 연잉군 혹은 연령군을 후계자로 생각한다는 것이다. 구체적인 시나리오는 여러 버전이 있었다. 어찌되었건 독대 후에 대리청정이 시행되었으니, 대리청정은 결국 '세자의 꼬투리를 잡으려는 게 아니냐'는 논란이 일었다.

불안한 정국 속에 경종이 왕위에 올랐다. 부왕

에 의해 안배된 노론 정권은 건재했고, 새 국왕은 별다른 행보를 보이지 않았다. 신체도 병약하고 후사도 기약하기 어렵다는 소문이 중외에 퍼졌다. 노론은 경종 이후를 대비해 확실한 쐐기를 박고자 했다. 경종 원년인 1721년, 경종의 후사를 정해야 한다는 논의가 일었다. 그러자 영의정 김창집, 좌의정 이건명 등이 세자 책봉을 요청했고, 경종과 대비인 인원왕후(숙종의 계비)는 연잉군으로 결정했다. 연령군은 두 해 전인 1719년(숙종 45)에 요절했기에 답은 이미 정해져 있었다. 당시 연잉군의 나이 28세였다. 이로써 연잉군은 세자 더 정확히는 '세제世弟'가 되었다. 연잉군은 왕세제王世弟로도 불렸는데, 이 책에서는 세자로 통칭한다.

경종의 선선한 결단에 자신감을 얻어서인가. 노론은 즉각 더 나갔다. 세자가 책봉되고 보름 정도 되었을 무렵, 사헌부 집의로 있던 조성복이 세자의 정치 참여를 건의했다. 왕권을 능멸하는 것으로 해석될 수도 있는 위험한 주장이었다. 그런데 경종은 판을 더 키웠다. 세자에게 대리청정을 시키라는 비망기備忘記를 내린 것이다. 당사자인 세자는 물론, 노론 대신들까지 명령을 거두라고 청했다. 그렇게 1주일이 흘렀고, 그 정도 반대하면 되었다고 판단했는지, 노론 신하들은 마지못해 대리청정에 동의했다.

소수의 소론 관료들은 일제히 노론을 비판했다. 그 와중에 묘한 일이 일어났다. 소론 대신 조태구가 경종과 비상하게 연락한 것이다. '식물 임금' 같았던 경종의 존재감은 삽시간에 드러났다. 경종은 기민하게 움직여 백관을 소집했고 신하들의 주장을 다시 들었다. 소론들은 대리청정의 불가함을 강조했고, 노론들은 "원래 우리도 반대했다"는 다소 궁색한 주장을 폈다. 반대, 찬성, 다시 반대로 입장을 번복한 노론들은

"아뿔싸" 하는 심정이었을 것이다.

대리청정의 비망기는 회수되었고, 두 달 만에 정국은 일변했다. 소론은, 노론의 불충이 드러났다고 비난했다. 일부는 노론은 애초부터 역심逆心을 품었다고 공격했다. 정권은 소론에게 넘어갔고, 영의정 김창집을 비롯한 많은 노론 관료들이 유배에 처해졌다. 이 해가 신축년(1721, 경종 1)이었으므로 '신축환국'이라 부른다.

신축년 다음 해는 임인년이었다. 이 해에 환국의 여파는 걷잡을 수 없이 확대되었다. 2월에 목호룡이란 자가 역모를 고발했다. 내용은 무섭고도 충격적이었다. 세력을 잃어버린 노론 집안들의 일부 자제가 경종을 시해하거나, 독살하거나, 폐위시키려 모의했다는 것이다. 이 고변으로 몇 달 동안 국문과 옥사가 줄줄이 이어졌다. 주모자들은 사형되었고, 귀양 가 있던 김창집·이이명·이건명·조태채 등이 모두 사약을 받았다. 네 사람을 '노론사대신老論四大臣'이라고 부른다.

옥사의 여진은 그해 말까지 계속되었다. 연좌된 이들이 다른 이들을 고발하고 사실이 규명되지 않은 채 가혹한 판결이 꼬리를 이었다. 대체로 죽임을 당한 이들은 70여 명에 달했고, 유배를 비롯한 크고 작은 벌을 받은 이들이 150여 명에 달했다. 임인년에 일어난 이 사건을 일반적으로 '임인옥사壬寅獄事'라고 부른다. 동서고금 정쟁이 없을 수 없고, 붕당 정치 또한 밝은 면과 어두운 면이 있지만, 임인옥사는 붕당의 역사에서 가장 어두운 장면 가운데 하나였다.

김창집

이이명

노론사대신老論四大臣
왼쪽부터 김창집, 이이명, 이건명, 조태채. 경종 대에 왕세제(훗날 영조) 책봉을 주도하고 대리청정을 추진하다 신축년의 환국으로 모두 유배되었고, 다음 해 목호룡의 고변에 휘말려 모두 사약을 받았다. 영조가 즉위한 후에 점진적으로 관작이 회복되었다. 김창집 초상화는 국립중앙박물관 소장, 이이명 이하는 일본 천리대 소장.

이건명

조태채

낙향하는 호론, 쑥대밭이 된 낙론

숙종 후반과 경종 초반은 극적인 사건의 연속이었다. 우세를 차지했던 노론은 대리청정 성사 직전에 거짓말처럼 몰락했다. 호락논쟁 주역들은 노론을 대표하는 학자였기에 그 격동에 무사할 수 없었다.

호론의 수장 권상하는 숙종 말년에 우의정에 제수되었다. 산림처사였던 그는 조정에 출사하지 않았다. 경종이 즉위하고 연잉군이 세자로 결정된 직후에 그는 세상을 떴다. 이후의 환국과 옥사를 보지 않은 게 다행이라면 다행이다. 그의 아우 권상유는 신축환국 당시 이조판서로 있었는데 그 또한 큰 화를 입지 않았다. 다만 그의 집안 모두가 무사하지는 않았다. 종손從孫 가운데 권진성이란 인물이 어보御寶를 위조한 죄로 죽임을 당한 것이다. 경종 3년에는 권상하의 관작도 추탈되었다.

권상하를 이어 호론의 중심이 된 학자는 한원진이었다. 그는 연잉군이 세자로 책봉되자 선생 중의 하나로 임명되었다. 나이는 어느덧 40세에 접어들어 학문도 원숙한 경지에 올라 있었다. 그러나 세자 사부라는 영광을 누려보기도 전에 스승 권상하의 부고를 들었다. 한원진은 충청도와 서울을 오가며, 스승의 장례에 참석하고 세자를 가르쳤다. 그러던 와중에 신축환국이 터져버렸다. 그는 세자와 행보를 함께하다가 임인년에 옥사가 터지자 귀향해버렸다.

옥사가 진행되는 동안 호론 선비 대부분은 전전긍긍했다. 노론의 든든한 거점이었던 그들에게 어떤 불똥이 튈지 예측하기 어려웠다. 옥사가 진행되는 와중에 '경종이 마음을 뉘우치고 노론을 용서하려 한다'는 문서가 돌기도 했다. 문서 때문에 몇몇이 조사받고 심지어 죽은 자까지

나왔으나 흐지부지 끝나버렸다. 훗날 이 문건은 '충청도의 호론을 일망타진하기 위해 소론 쪽에서 위조했다'고 밝혀졌다.[47] 경종이 노론을 용서한다는 주장도 터무니없지만, 소론에서 이렇게 어설프게 일을 꾸몄는지 여부도 알 수가 없다. 확실한 것은 음모와 억측이 난무했고 앞날을 예측하기 어려웠다는 사실뿐이다.

호론이 노론에서 차지하는 비중을 감안하면, 그들이 옥사에서 입은 피해는 미미했다. 옥사의 직격탄은 서울 명문에 기반한 낙론에게 떨어졌다. 낙론을 이끌던 학자들의 가문은 대개 옥사에 연루되었다. 낙론을 결집시켰던 김창흡은 신축환국으로 맏형 김창집이 유배당하는 것을 보고 사망했다. 자유로운 유랑과 파격적인 은거를 구가했던 그도 끝내 근심의 속박을 벗어나지 못했다.

김창흡이 죽고 나서 한 달 정도가 지나자, 그의 우려대로 목호룡의 고변과 임인년의 옥사가 터졌다. 그 가문에서는 맏형 김창집 집안이 쑥대밭이 되었다. 김창집과 맏아들 김제겸, 손자 김성행 3대를 비롯한 많은 이들이 죽음을 당했다. 유독 피해가 큰 이유는 경종에게 독약을 시험했다는 혐의 때문이었다. 경종이 즉위한 해에 누런 물을 토한 적이 있었다. 그런데 그 원인이 독약 때문이라는 공초供草(신문 기록)가 나왔다. 공초는 김창집 집안에서 독약을 구입하고 '김씨 궁인宮人'을 통해 경종에게 시험했다는 내용이었다. 김씨 궁인은 숙종의 후궁인 영빈 김씨라는 소문도 퍼졌다. 영빈 김씨는 김창집의 5촌 조카이다. 역모와 관련해서는 고문을 가하는 형신刑訊이 일반적이었는지라, 공초를 액면 그대로 믿을 수는 없다. 하지만 이 일의 파급력은 어마어마했다.

김창집의 집안에는 역모죄 외에도 '서울 근방의 장원을 불법으로 경영했다', '가짜 돈을 만든 죄인을 비호했다'는 등의 비리 죄목까지 더해졌다. 피해는 가문에만 그치지 않았다. 낙론 선비들의 초기 산실은 김창협·김창흡 형제가 제자를 길러낸 석실서원이었다. 이 서원에 모셔졌던 김창협의 위패가 거두어졌고, 교육 기능은 중단되었다. 이 가문은 대표적인 사례일 뿐이었고 다른 노론 명문들도 크고 작은 화를 입었다.

혼란 속에 반목도 생겨났다. 경종 비 선의왕후는 어유구의 딸이었다. 어유구와 그의 형 어유봉은 김창협·김창흡의 제자였다. 다시 말해 경종의 처가는 노론 낙론의 산실이었던 셈이다. 어유구 형제는 신축환국 초기부터 경종을 말렸으나 힘이 달렸다고 한다. 그러나 소문은 그렇게 돌지 않았다. 일부에서는 어유구 형제가 소론과 결탁해 소극적으로 행보했다는 말이 돌았다. 의심과 고변, 뜬소문과 오해 속에 호락논쟁 첫 세대의 시대가 저물고 있었다.

2. 영조, 새 판을 짜다

탕평 선포

경종 만큼이나, 세자(훗날 영조) 또한 당쟁에서 자유롭지 못했다. 세자가되고 얼마 안 있어 환관 박상검을 비롯한 몇몇 궁인이 경종과 자신을이간질했다. 세자는 자리를 걸고 결백을 주장했고, 결국 그들은 처벌되었다. 훗날 영조는 박상검의 배후가 소론 강경파라고 지목하고 숙청했다. 소론 강경파는 노론에 힘입은 세자가 있는 한 미래가 없다고 판단했던 듯하다. 반대로 세자의 입장에서는 그들이 힘을 가진 한 온통 살얼음판이었다.

소론 강경파는 경종 재위 내내 경종을 독살하려 했다는 김씨 궁인을 찾아내고자 했다. 그녀가 영빈으로 판명난다면 세자에게도 불똥이 튈 가능성이 컸다. 세자는 어렸을 때 영빈을 어머니라 부를 정도로 각별했기 때문이다. 어머니 쪽 배경이 든든하지 못한 세자와, 노론 명문 출신인 영빈과는 이해관계가 잘 맞았을 법도 하다.

박상검 사건, 임인옥사, 김씨 궁인 사건 등에서 세자에게 가해지는 압박은 경종과 왕대비(숙종비 인원왕후)가 나서서 막아주었고 또 소론 온건파가 세자를 비호하며 잦아드는 듯했다. 그런데 경종이 승하할 때 치명적인 사건이 발생했다. 경종은 병환 중에 게장과 생감을 먹고 급속하게 상태가 나빠졌다. 승하 직전에는 세자가 의원의 반대를 무릅쓰고 인삼과 부자를 올렸다. 생감과 게장을 함께 먹는 일은 한의학에서 꺼리는데다가, 세자가 약(인삼과 부자)을 올린 직후에 경종이 사망했는지라, 소문은 걷잡을 수 없이 나빠졌다. '세자가 생감과 게장을 올리라 했고 약도 일부러 과도하게 썼다'는 식이다. 한마디로 경종을 독살했다는 엄청난 내용이다. 물론 공식적으로 무고로 밝혀졌지만 이 혐의는 영조 재위 내내 그에게 가장 큰 족쇄였음은 분명했다.

선왕(경종)의 죽음에 관한 혐의 말고도 영조에겐 또 하나의 큰 숙제가 있었다. 자신의 즉위에 노론의 지지와 희생이 있었다는 사실이다. 그것은 매우 큰 부채였다. 결백을 증명하고 부채를 갚는 두 가지 난관을 어떻게 돌파하는가. 숙종과 경종처럼, 영조도 초창기에는 붕당을 갈아치우며 문제를 해결하려 했다. 재위 원년(1725)에 자신을 위협했던 소론 강경파를 제거하고, 노론을 전격적으로 등용했다. 이 사건은 을사년에 일어났으므로 을사환국乙巳換局이라 한다.

영조는 다시 등장한 노론에게 기대한 바가 있었다. 그들이 자신에게 충성했던 것처럼, 경종에 대해서도 오로지 충성했음을 보여주길 기대했다. 구체적으로 말해, 세자 책봉과 즉위는 오로지 경종의 선택이었고 노론들은 그 선택을 군말 없이 따랐다는 측면을 부각해서, 자신과 경종이 일체임을 표방해주길 원했다. 그러면 독살 혐의는 자연히 사라지고, 왕권의 정통성이 군건해진다. 그렇게 영조의 권위가 확고해져야, 그 힘으로 노론을 복권시킬 수 있었다.

그러나 새로 등장한 노론은 영조의 바람과는 다르게 주장했다. 그들은 경종의 질병을 공포하자고 했다. 이것으로 영조 즉위의 불가피함은 해명될 수 있다. 그러나 노론의 진짜 의도는 따로 있었다. 경종의 질병을 공표하면 노론이 애초 추진하려 했던 대리청정이 정당해지고, 그것으로 자신들의 정당성을 증명할 수 있었다. 게다가 경종의 질병을 숨긴 소론들이야말로 자신들의 이익을 위해 왕실의 존립과 안녕을 도모치 않은 집단이라고 규정할 수 있었다.

자신들의 복권과 소론에 대한 복수에 급급한 노론에 대해 영조는 적잖이 실망했다. 그들의 주장에 동의할 수 없는 이유는 또 있었다. 경종의 질병을 공표하는 일은 궁극적으로 왕실의 위신을 추락시킬 것이다. 또 세자 시절부터 자신을 지지하였던 소론 온건파에서도 반발하고 나설 것은 뻔했다.

영조 3년(1727), 영조가 이번에는 노론을 퇴진시키고 소론 온건파를 중용했다. 이 해가 정미년이었으므로 정미환국丁未換局이라 부른다. 소론 온건파를 중용했음에도 불구하고 영조에 대한 소론 강경파의 반발은 줄어들지 않았다. 오히려 선왕이 독살되었다는 소문이 뭉게뭉게 퍼져나갔다. 마침내 소론 강경파와, 오랫동안 정권에서 소외되었던 남인 일부

가 영조 4년(1728)에 큰 반란을 일으켰다. '이인좌의 난'으로도 불리는 무
신년의 반란이었다. 반란군은 한때 청주성을 점령할 정도로 기세를 올
렸다. 이 정도 규모는 인조 2년(1624)에 일어난 '이괄의 난' 이후 처음이
었다. 근 백여 년 만의 대규모 반란은 붕당 정치의 파국을 상징했다.

반란군은 박문수 등 소론 온건파에 의해 진압되었다. 영조는 환국과
같은 기존 방식으로는 문제 해결이 어렵다는 것을 절감했다. 더 근본적
인 반성과 처방이 필요했다. 반란이 진압된 후 영조가 내린 전교에는
그 고심이 들어 있다.

> (반란의) 이유를 캐보면 하나는 조정에서 붕당을 일삼아 재능 있는
> 자를 등용하지 않은 데 있다.…… 또 하나는 해마다 기근이 들어 백
> 성들이 죽을 처지에 있는데도 살릴 생각을 하지 않고 싸움에만 몰두
> 하여 조정이 백성들의 신임을 잃은 지 오래 되었기 때문이다. 이 때
> 문에 백성들이 반란군에 가담했다. 이는 백성들의 죄가 아니오, 실로
> 조정의 허물이다.[48]

조정의 무능과 붕당의 사익 추구를 원인으로 지목한 영조의 진단을
보면, 그가 왜 조선의 중흥을 이룬 명군이었는지 알 수 있다. 반란이 진
압된 후 1년을 조금 넘기고, 영조는 인재를 고루 등용하겠다는 탕평 정
치를 선포했다.

연잉군 / 영조

왼쪽은 연잉군 시절인 21세 때이고, 오른쪽은 51세 때이다. 30년의 세월이 가져다주는 용모 변화가 두드러져 보인다. 하지만 부지런하고 민첩하면서 다소 신경질적이었다는 영조의 성격은 두 초상화 모두에 배어 있는 듯하다(국립고궁박물관 소장).

학學-정政 체제를 분리하라!

노론과 소론이 수십 년 갈등하며 묵힌 원한은 탕평 선포만으로는 해결되지 않았다. 영조는 경종과 자신의 일체성을 강조하며 실마리를 잡아 나갔다. 두 임금 모두 효종-현종-숙종으로 이어지는 삼종三宗을 계승한 혈통이다. 자신이 세자가 되고 왕위를 계승한 것은 오로지 경종의 처분에 힘입었다. 영조는 국왕들의 일체성을 내세우는 논리로, 노론이 전가의 보도처럼 내세우는 '세자를 세워 국가를 안정시켰다'는 주장에서 자유로울 수 있었다.

국왕 일체 논리는 경종에게 불충한 노론 일부와, 자신에게 불충한 소론 일부의 잘못을 지적하는 데에도 유효했다. 자신과 경종은 일체이므로 충성의 대상이 달라질 수가 없다. 노론과 소론 일부가 역적이 된 것은 국왕에 대한 충성을 자기 편의대로 선택했기 때문이었다. 그 결과 '소론은 경종 지지, 노론은 영조 지지'라는 프레임이 생겨났다. 이 프레임은 당론을 국왕에 대한 충성보다 앞세웠기에 잘못이었다. 당론이 중심이 되면 국왕은 붕당의 대변인밖에 될 수 없다. 이제 그것을 뒤집어 국왕의 권한이 당론보다 우선임을 보여야 한다.

국왕 일체론으로 첫발을 뗀 영조는 한 걸음 더 나아갔다. 붕당이 내세우는 정치 명분을 허물기 시작한 것이다. 방식은 정치와 학문의 고리를 끊어버리는 식이었다. 이 방식은 부왕 숙종과는 정반대였다. 숙종은 학자들의 학문 논쟁에 공공연히 개입했다. 윤휴의 저술을 둘러싼 서인과 남인의 논쟁, 《사변록》·《예기유편》·《가례원류》 등을 둘러싼 노론과 소론의 논쟁에 적극 개입하여 판정을 내리고, 정권을 교체했다. 오늘날의 시각에서 보자면 국가가 학술·사상논쟁에 개입한 꼴이었다.

그렇다면 영조는 어떤 논리로 학문논쟁을 대했을까. 의외로 간단했다. 국왕은 군부君父이자 공公을 대표하는 존재임을 강조했다. 그 논리라면 신하와 사대부는 군주에게 자식과 같은 존재가 되고 그들의 학문논쟁은 사사로운 사건이 된다. 다시 말해 아버지인 국왕은 자식인 신하들의 사사로운 논쟁에 개입해 한쪽의 손을 들어주지 않는다. 이 논리는 국왕과 사대부를 차원이 다른 존재로 만들어, 국왕의 존엄을 확보하는 효과도 있었다.

영조는 즉위 초부터 사문 시비와 거리를 두었다. 영조 원년(1725) 유학 김인수 등 740여 명이 상소하여 송시열과 권상하의 복권을 청했다. 영조는 이 부탁을 선선히 들어주었다. 하지만 사문 시비를 판정하고 내린 처분이 아니었다. 오히려 "유학의 시비는 원래 유림에게 있는 것이고 조정에서 내리는 관작과는 관련이 없다. 그런데 이를 연결하니 개탄스럽다"고 하며, 복권시켰다고 해서 사문 시비와 연결하지 말라고 강조했다.[49] 영조 2년에는 노론 유생들이 양명학을 공부한 정제두를 비난하고 나섰다. 그러나 영조는 그 비판을 무시했고 다음 해에는 정제두에게 이조참판을 내리기까지 했다.

탕평이 어느 정도 궤도에 오르고 학문과 정치에서 원숙해지자 영조는 사문 시비 자체를 적극적으로 비판했다. "세상 일이 이 지경에 이른 것은 유학의 무익한 시비 때문"[50]이라는 것이다. 영조는 숙종이 내렸던 판정들에도 개입했다. 대표적인 사례가 숙종 말년에 벌어진 《가례원류》 사건이었다. 당시 숙종은 송시열과 윤증 사이의 수십 년 논쟁에 종지부를 찍고 노론의 손을 들어주고 노론 집권을 만들었다.

영조는 어땠을까. 영조 11년(1735), 소론에서 권상하를 비판하자, 성균관의 노론 유생들이 항의하는 일이 일어났다. 영조는 이 사건을 계기로《가례원류》에 대한 소신을 피력했다.

"이번 일의 근본에 대해 먼저 말하겠다. 대북과 소북이 없어진 뒤에는 남인과 서인이 있었을 뿐이다. 서인이 또다시 (노론과 소론으로) 나누어진 까닭은 유학에서 비롯한 것이 아니겠는가? 만약에《가례원류》가 없었다면 (이 책을) 소개하는 글이 임금(숙종)에게 올라오지 않았을 것이다. 옛날 성고聖考(숙종)께서 이것을 보시고 불태워버렸는데, 불꽃이 그분의 손에 닿을 뻔했으므로 내가 재빨리 받아서 태워버렸다."

그리고 오열하며 말씀하기를,

"성고聖考의 병환이 더해진 것도 실로 이 때문이었다. 돌이켜 생각하니 마음이 몹시 아프다. 유학이 어찌 충신과 역적의 본거지가 아니겠는가?"[51]

영조는《가례원류》때문에 일어난 논쟁, 더 근원적으로는 소론과 노론의 오랜 다툼인 회니시비에 대해 숙종이 골머리를 앓았다고 했다. 숙종의 고민은 사실이지만, 그는 결국 노론을 지지했다. 그러나 영조는 숙종의 고심만을 부각하고, 유학이 정쟁의 빌미가 되었음을 여러 차례 강조했다. 다소의 연출이 있었는지 모르겠지만, 오열하는 영조가 '유학이 충역의 본거지'라고 비판하는 장면이야말로 유학논쟁에 대한 그의 염증을 잘 드러낸다.

한원진의 기대와 좌절

국왕이 유학논쟁에 개입하고 정국 변화에 이용하는 일은 영조 대에는 거의 일어나지 않았다. 숙종 대에 남인과 소론의 학문을 문제 삼아 승리를 거머쥔 노론으로서는 새 국왕의 태도가 당혹스러웠다. 다행히 영조는 경종 대에 명예가 실추된 노론 학자들을 신원하는 데에는 열심이었다. 경종 대에 송시열, 권상하, 김창협 등에 내려졌던 불명예스런 처분들은 지체 없이 삭제되었다. 실권은 챙겨주지 않으면서 명예는 인정해주는 영조의 사상정책은, 노론에겐 마치 춘래불사춘春來不似春, 봄이 왔으나 봄이 아닌 듯한 느낌이었을 터였다. 호론, 낙론을 막론한 노론의 학자들은 영조가 조성한 새 분위기에 동참할 것인지 아닌지를 두고 고민에 빠졌다.

영조는 집권 초반부터 경종 대에 소외되었던 노론 학자들을 적극 등용했다. 호론 측에서는 이간, 한원진을 필두로 윤봉구, 이이근, 채지홍, 현상벽 등 강문팔학사 대부분이 영조의 부름을 받았다. 그에 비해 낙론에서는 이재, 박필주 정도가 천거되었다. 면면을 보면 영조 초반에는 호론의 약진이 돋보였다. 하지만 그들 대부분은 적극적으로 올라오지 않았고, 모처럼 올라온 채지홍은 영조에게 한원진의 천거를 요구했다. 노론의 기대는 한원진에게 집중되고 있었던 셈이다.

세자 시절 영조를 가르쳤던 한원진은 이제 국왕이 된 영조를 다시 만나게 되었다. 둘의 만남을 《영조실록》은 이렇게 전하고 있다.

사람들은 한원진의 학문이 제갈량과 같다고 칭찬했다. 한원진 역시

한원진
호락논쟁 최고의 이론가는 한원진이었다. 그는 호론을 대표했지만 이념의 틀을 짜고 논쟁을 사회 영
역으로 확장하였다. 그의 활동은 자신의 사조師祖였던 송시열을 계승한 것이었다.

세상에 뜻이 있어 임금이 부르는 명을 받들었다. 그는 춘추의리春秋義理를 가장 시급한 일로 아뢰었다. 그러나 영조는 실제로 그의 말을 써주지 않았다. 한원진이 드디어 떠나려 하자 영조는 지성을 다해 만류하지 않았다.[52]

세간에서는 영조와 한원진의 만남을 유비와 제갈량의 그것처럼 기대하는 분위기가 있었나 보다. 한원진의 기대 또한 다르지 않았다. 그러나 영조는 건성으로 대했고 한원진은 실망하여 조정에서 물러났다. 구상이 서로 달랐기 때문이었다.

실록에서 보듯이 한원진은 '춘추의리春秋義理'를 강력하게 주장했다. 춘추의리는 어지러운 세상의 질서를 회복하기 위해 정통을 보위하고 이단을 물리쳐야 한다는 정신이다. 유교문화를 위협하는 오랑캐 청나라를 물리쳐야 한다는 북벌이나, 군자들로 구성된 붕당이 정권을 잡고 소인들의 붕당을 물리쳐야 한다는 정치이론도 모두 춘추의리에 기반해 있었다. 간단히 말해 한원진은 북벌 정신을 고취하고, 남인이나 소론과 같은 소인세력을 물리치라고 건의한 것이다. 그것은 숙종 말년의 모델, 즉 노론이 전제專制하는 정치로 돌아가야 한다는 말이었다. 때문에 학-정 체제의 분리를 강력하게 추진하는 영조와는 평행선을 탈 수 밖에 없었다.

영조와 한원진의 갈등은 몇 년 후에 다소 엉뚱한 데서 터졌다. 영조 7년(1731)에 영조는 탕평책에 미온적인 신하들을 비판하면서, 명나라 태조 주원장이 신하들의 기강을 다잡은 일을 칭찬했다. 그런데 영조의 표현이 약간 지나쳤다. 명 태조가 맹자의 신주를 문묘에서 출향黜享시켜 버린 기상을 흠모한다고 말한 것이다.[53] 한원진이 이를 두고 다소 과격한 상소를 올렸다.

전하께서 "명 태조가 맹자를 문묘에서 출향한 것은 잘못이 아니다"라고 하셨다고 들었습니다.…… 맹자는 어질어서 한漢나라 이후로 매우 존경하고 숭상했습니다. 그런데 명 태조가 갑자기 맹자를 배척하고 또 여러 유현儒賢들을 경멸하여 주자를 '물정 모르는 늙은 유학자'라고 지목하고는 친히 글을 지어 경서의 학설을 무너뜨렸습니다. 이렇게 되자 명나라는 나라가 망할 때까지 도학과 학술이 밝아지지 않았고 이단이 크게 일어났으며 의리가 날로 어두워지고 풍속이 크게 무너졌습니다.…… 명 태조가 그 결말을 미리 생각한 것은 아니었으나 원인을 제공했으니 탄식하지 않을 수 없습니다.…… 우리 열성조列聖祖께서는 유도儒道를 높여 다스리는 도리가 융성하여 보답을 받았습니다. 그러나 불행하게도 세도世道가 점차 낮아져 사설邪說이 일어나게 되었습니다. 다행히 우리 성고聖考(숙종)께서 좋은 것과 나쁜 것을 분명하게 하셔서 한편으로는 사람을 죄 주고 한편으로는 책을 없애시니, 도道를 보위한 공이 실로 큽니다. 앞으로 억만년 동안 이어질 아름다움이 또 이 거조에 힘입을 것입니다. 모든 신하들이 전하께 바라는 바는 오직 성고의 뜻과 일을 그대로 따르시는 데 있는데 갑자기 이런 하교를 내리시니 탄식하는 이들이 많습니다.[54]

한원진은 주원장의 처분 때문에 명나라에 이단이 성행하고 그것이 곧 멸망의 원인이라 했다. 영조가 학—정 분리를 내세워 불온한 학문과 사상을 용인하는 게 문제임을 빗댄 것이다. 그리고 다시 숙종이 병신처분을 내려 윤선거-윤증 부자의 잘못을 선포한 것이 정당하다 했다. 이는 영조가 애써 구축해놓은 '숙종은 원래 사문 시비에 중립이었다'는 해석을 정면으로 반박한 것이다.

영조는 매우 격분했다. 자신이 주원장을 인용한 의도는 군신 사이의 분별을 엄격히 밝힌 데 있는데 한원진이 의도적으로 초점을 흐려 국왕을 모욕했다고 느꼈다. 또 한원진은 조선이 명에 대해 지키는 의리, 이른바 대명의리對明義理를 비난해 오히려 춘추의리를 거슬렀다고 비난했다. 크게 노한 영조는 한원진을 산림山林 명부에서 삭제해버렸다.

영조와 한원진의 비방은 사실 상대방의 꼬투리를 잡은 데 불과했고, 각자의 저의는 사상과 정론政論을 둘러싼 주도권 다툼에 있었다. 한원진은 숙종을 불러내 영조의 탕평과 사상정책을 비판했다. 영조는 사상 시비에 휘둘리지 않고 붕당을 통제하고 붕당 위에 서 있는 새로운 군주 모델을 세우고자 했다. 대립은 불가피했던 것이다. 영조가 자신과 다른 노선임을 확인한 한원진은 다시 학문을 가다듬고 제자를 길렀다.

영조와 낙론의 인연

영조의 논리는 탕평과 군부일체에 찬성한 노론과 소론은 충忠이고, 그에 반대하는 이들은 역逆이란 의미였다. 뒤집어보면 노론 전체가 역이 아니라는 말이다. 영조는 비교적 혐의가 덜했던 이들부터 차근차근 복권시켰다. 노론사대신老論四大臣 가운데 조태채와 이건명이 영조 5년(1729)에 최종적으로 복권되었다.[55] 하지만 김창집과 이이명은 복권되

周而弗比乃君子之公心
比而弗周寔小人之私意

탕평비蕩平碑 | 탕평비문 탁본

탕평비, 탕평비문 탁본 / 왕세자 입학식
1742년(영조 18) 음력 3월. 성균관에서 거행된 사도세자 입학례에 낙론 학자 어유봉이 참석하여 행사를 빛냈다. 영조는 이날 탕평비를 세우라고 명령했다. 사진은 현재 성균관대학교 정문에 있는 탕평비와 탕평비문의 탁본. 오른쪽은 1817년 순조의 맏아들 효명세자의 입학례를 그린 《왕세자입학도첩》(경남대학교박물관 소장) 중의 〈입학도〉. 세자가 박사에게 교육을 받고 있다.

지 못했다. 자손들이 역모에 연루되었기 때문에 차별을 두어야 한다는
이유에서였다. 이 같은 분리 때문에 노론 학자 다수는 영조의 정책을
반신반의했다.

노론사대신 가운데 두 사람만이 복권되고 10년이 지난 영조 16년
(1740) 정월, 영조는 노론에서 오매불망 고대하던 처분을 내렸다. 사대
신 가운데 누락되었던 김창집과 이이명을 신원한 것이다. 이 해가 경신
년이므로 '경신처분庚申處分'이라고 부른다. 그러자 노론 중에서 낙론
학자들의 태도가 달라지기 시작했다. 낙론의 시조인 김창협·김창흡 형
제 가문이 역적의 가문이란 굴레에서 벗어났기 때문이었다.

영조 18년(1742) 3월에는 왕세자(사도세자)의 입학식이 성균관에서 거
행되었다. 세자가 공자의 제자임을 알리는 중요한 행사였다. 영조는 이
날을 탕평의 안착을 알리는 계기로도 활용했다. 친히 "공평하고 치우치
지 않음이 군자의 공정함이요, 치우치고 공평하지 않음이 소인의 사사
로움이다周而弗比, 乃君子之公心. 比而弗周, 寔小人之私意]"라는 글을 써서, 비

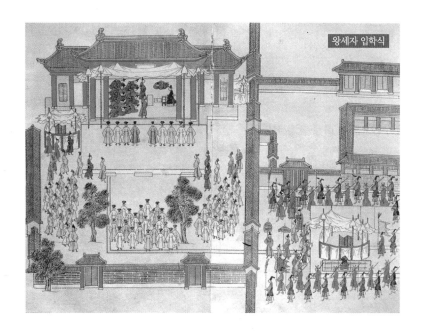

왕세자 입학식

석에 새기라고 명령했다. 지금도 성균관에 남아 있는 유명한 '탕평비'가 이렇게 세워졌다.

의례로나 정치적으로 무척 중요한 의미를 지녔던 이날, 명성 높은 학자가 와주어야 왕실의 권위가 선다. 그런데 영조는 평소 산림을 진지하게 대하지 않았으므로, "즉위하고 10여 년 동안 재야의 유신儒臣을 제대로 부르지 않았다"는 비판이 나오는 형편이었다.[56] 신하들은 입학식 몇 달 전부터 세자를 가르칠 학자를 도탑게 부르라 했고, 영조는 "산림들이 고집이 세다", "내가 직접 끌고 오란 말인가" 하며 툴툴거렸다.[57] 그러던 차에, 명망 높은 어유봉과 조상경이 앞서거니 뒤서거니 참석했다. 모두 낙론 쪽 학자였다. 체면이 선 영조는 무척이나 기뻐했다. 조상경에게 "이제야 마음을 풀어준다고 말하다니, 내가 좀 늦었구나" 하는 시를 써주었다. 어유봉에겐 더 융숭했다. '삼로오경三老五更의 예'를 베풀겠다고 했는데, 나라의 어른처럼 우대한다는 뜻이었다.[58]

세자 입학식 다음 해, 낙론의 또 다른 거두 박필주가 올라와 영조와 세자를 만났다. 어유봉과 박필주는 김창협·김창흡 형제의 수제자였다. 탕평을 반대하며 출사를 거부했던 낙론 학자들이 잇달아 나오니, 영조 또한 기대가 컸다. 경전을 묻고 답하다가 박필주는 화제를 정치로 돌려 영조의 탕평을 칭찬했다.

> 박필주: 전하께서는 세자로 계실 때부터 많은 변고를 겪으셨습니다. 그런데도 즉위하신 이후에 허물을 일체 묻지 않으시고 등용에 조금도 차별을 두지 않으십니다. 이처럼 성대한 덕德은 예전에 보지 못한 바입니다.

영조: 여러 신하들이 한목소리로 그르다고 했는데, 그대와 같은 유학자가 이런 말을 하다니 시끄러운 소리들을 진정시킬 수 있겠구나.

하지만 박필주는 영조가 노론 쪽으로 더 기울어지길 바랐다. 박필주는 속내의 말을 꺼냈다. "그렇지만 지은 죄가 무거운 이들마저 법망에서 빠져나간다면 그 또한 잘못입니다." 죄가 무거운 이들이란 탕평의 일각을 지탱하는 소론 온건파를 지칭했다. 분위기는 일순간에 냉각되었다.

실망한 영조는 한참 뜸을 들인 뒤, 자기가 이미 선포한 처분을 흔들지 말라고 했다. 아무리 명망 높은 학자라도 역린逆鱗을 건드릴 수 없는 법. 박필주는 한발 물러섰고, 이후 영조를 만났을 때는 한결 조심스러워졌다.[59]

4년이 지난 영조 22년(1746), 박필주는 영조를 다시 만났다. 이번에도 그는 영조의 처분을 찬양한 후에 일부 수정을 요구했다. 그리고 노론에게 유리한 결과를 이끌어냈다. 박필주와 만난 몇 달 후 영조는 소론의 좌장인 우의정 조현명을 면직시키고, 경종 대에 노론을 핍박한 소론 대신들의 관작을 추탈했다.

영조 중반 탕평의 무게추가 소론에서 노론으로 옮겨간 데에는 박필주와 같은 낙론 학자들의 힘이 컸다. 그들은 영조 초 소론과 노론의 절충은 어쩔 수 없으나, 명분을 차츰 확보한다면 언젠가 주도권을 잡을 것으로 생각했다. 낙관이 가능했던 데는 영조와 낙론의 인연도 무시 못 했다. 앞서 보았듯 영조는 김창집 집안 출신인 영빈 김씨를 각별히 모셨다. 어릴 적에는 낙론 학자 이현익에게도 배웠다. 즉위한 후에는 낙론 학자 조명익의 인물성동론人物性同論 설명에 공감을 표기하기도 했다. 영조 13년(1737)에는 김창흡의 문인인 유숙기를 파격적으로 올려 사헌부의 반발을 사기도 했다. 아주 훗날의 일이지만 죽음을 목전에 둔 82세의 영조는 김창흡과 이재를 칭찬하며 시호를 내렸다.[60] 낙론과의 오랜 인연을 끝내고 영조는 열흘 후에 승하했다.

하지만 호론 학자들은 박필주의 성과를 탐탁하게 보지 않았다. 애초 호론과 낙론의 학자들은 노론과 소론을 절충하는 영조의 탕평을 비판했었다. 그들 모두가 절충 이전에 시시비비를 가려야 한다고 주장했다. 그러나 영조에 대한 기대에서 노선이 갈렸다. 영조 중반 노론의 명분이 세워졌어도 호론은 돌아서지 않았다. 설령 시비가 가려졌다 해도 노론의 전제專制가 보장되지 않으면 기만이기 때문이었다. 그들은 아직도 출사할 만한 시절이 아니라고 생각했다.

이재, 내일을 준비하다

> 신은 질병으로 더이상 도움드릴 수 없기에 물러난다고 말씀드렸습니
> 다. 만약 이재李縡를 부르신다면 그의 도움은 신에게 견줄 바가 아닙
> 니다. 한원진 또한 계속 버려둘 사람이 아닙니다.⁶²

영조 19년(1743), 박필주가 영조를 만났을 때 천거한 선비들이다. 영
조는 두 사람을 "부르겠다"고 화답했지만, 끝내 정성을 다해 부르지는
않았다. 우리로서는 노론 측에서 이재와 한원진을 애써 천거하는 모습
을 볼 뿐이다. 한원진은 호론을 대표하는 선비로 진작부터 알려졌는데,

이재는 누구인가. 그는 영조 대 초반 낙론을 대표하는 학자로 떠오른 선비였다.

이재는 1680년(숙종 6)에 태어났다. 조부 이숙은 송시열의 문인이었고, 모친은 인현왕후의 언니였으니, 노론 명문가 출신이다. 5세에 부친이 사망했기에 주로 작은아버지 이만성에게 배우며 자랐다. 이재는 23세에 과거에 급제했고 숙종 후반까지 관료로 승승장구했고 노론으로 활동했다. 그러나 치열한 정쟁에 염증과 불안을 느끼고 물러나 있는 경우가 많았다. 그의 우려대로 경종 대에 환국과 옥사가 일어났다. 아버지나 다름없던 이만성은 신축환국으로 유배되었고 임인옥사 때 국문을 받다가 사망했다.

크게 낙담한 이재는 강원도 인제에 은거하다가 영조가 즉위하자 돌아왔다. 그리고 1728년(영조 4)에 고향인 경기도 용인 한천동에 자리를 잡았다. 이재는 한천정사寒泉精舍를 짓고 제자들을 가르치기 시작했다. 그는 23년 전인 26세에 경기도 양주의 석실서원을 방문해 김창협을 만나 가르침 받은 인연으로, 김창협의 문인을 자처했다. 그렇게 보면 한천정사는 석실서원의 맥을 이은 것이었다. 한천정사에는 팔도에서 선비들이 모여들었고, 스승과 제자들은 경건하고 치열하게 공부했다.

선생님은 동틀 무렵에 일어나 세수하고 의관을 정제한 후 가묘家廟를 배알한다. 물러나 대청에 앉아 《중용》이나 《대학》을 외우고, 제자들이 나이 순으로 들어와 읍을 하면 앉아서 답한다. 그리고 차례로 좌우로 나누어 앉는다.

이재
많은 제자를 길러내 낙론을 부흥시켰다. 영조의 탕평을 비판하였고, 한원진의
학설을 비판하여 2차 논쟁의 단서를 열었다. 그림은 조선 후기 초상화의 걸작
으로 꼽힌다(국립중앙박물관 소장).

"크게 트여 넓어지면 마음이 편협해지지 않고, 예법을 잘 지키면 몸이 구차해지지 않는다[廓然大空 心不狹隘 履繩蹈矩 身不苟安]"는 구절과 "의리의 마음을 잠시라도 잃는다면 사람의 도리는 없어져 버린다[義理之心 頃刻不存 則人道息]"는 구절을 세 번 반복하여 외운다. 그 뒤에 《소학》을 외우고, 그 달 당번이 찌를 뽑는다. 제자 중에 찌를 뽑은 자가 선생님 앞에 나아가 꿇어앉아 한 장을 외우고 물러난다.…… 선생님이 의심할 만한 곳을 질문하면 제자들은 각자의 견해를 말하고 옳고 그른 것을 판단한다. 제자들이 모두 이해하지 못하면 선생님이 해설을 해준다.[63]

공부 방식이 매양 이런 식이었다. 아침에는 주로 사서四書를 읽고 토론했고, 낮에는 성리서性理書, 저녁에는 오경五經을 공부했다. 선생이 직접 이끌기도 했고, 개인들이 각자 공부하며 사색에 빠지기도 했고, 선배가 후배를 이끌기도 했다.

그들의 공부는 정신을 바로잡고 몸가짐을 조신하게 하는 수양과, 선을 향한 의지의 단련이었다. 비록 유학은 절대 신이나 신을 향한 의례가 없지만, 공부와 행동거지가 경건함으로 충만한 그 모습은, 성경·불경·쿠란을 받들고 읽는 종교인의 모습과 진배없다. 이 같은 공부의 끝은 어디인가. 관료였던 이재가 성리학에 전념하게 된 계기는 정치적 이유도 작용했지만, 젊어서 읽은 정이程頤의 글의 영향도 컸다.

하루는 (정이가 지은) 〈안회顔回가 학문을 좋아함에 대한 글[顔子好學論]〉을 읽었다. 거기에서 '성인은 가히 배워서 이를 수 있다'는 말에

깊은 깨우침이 있었다. 이때부터 학문에 모든 힘을 쏟았다.[64]

안회는 누구나 부러워하는 문장·재주·관직 따위에 힘쓰지 않고, 내면의 덕을 다듬고 신실한 실천을 통해 공자의 제일가는 제자이자, 성인에 버금가는 아성亞聖이 되었다. 빈한하고 보잘것없던 그의 사례는 아무리 미천한 존재일지라도 성인이 될 수 있다는 가능성을 보여주었다. 이재는 훗날 성인과 범인의 마음이 다르지 않다는 설을 낙론의 종지 가운데 하나로 세웠다.

비래암 강학회

이재의 교육 활동은 낙론 형성에 중요한 계기가 되었다. 한천정사 외에도 그가 원장을 역임한 서원이 경향 각지에 산재했다. 경기도에 7곳, 충청도 4곳, 전라도 2곳, 황해도 1곳, 경상도 3곳, 함경도 1곳이었다. 그는 대부분 명예직으로 있었지만, 제자들의 강학 등을 통해 연계가 활성화되었고 낙론이 지역적으로 확산되었다.

교육 활동의 중심은 역시 서울–경기였다. 한천정사를 찾아온 제자들을 대략 통계한 연구에 따르면 서울·경기 출신이 60퍼센트를 넘었다. 세간에는 '경화京華의 현달顯達한 집안 출신이 많았다'고도 한다. 더 정확하게는 서울과 경기의 노론 명문가 출신 자제들이 많았다.[65] 김창협·김창흡 형제가 석실서원에서 가르친 1세대가 임인옥사로 화를 입거나 사망한 이후였는지라, 이재의 교육은 2세대의 본격적인 양성이라 보아도 무방했다.

이재의 문인 가운데 박성원, 홍계희, 김원행, 송명흠·송문흠 형제, 임성주 등이 명성을 날렸다. 그들 면면이 권상하가 길러낸 강문팔학사에 가히 뒤지지 않았다. 대부분 노론 명문가 자제였기에 정치·사교적 영향력은 권상하의 제자들인 팔학사를 압도하는 측면도 있었다. 수제자는 박성원과 홍계희였으나, 홍계희는 정치 이력 때문에 파문당했다(이 부분은 이 책의 5장 3절에 자세하다). 김원행은 스승처럼 문인 양성에 힘써 큰 학파를 이루었다. 그러나 공부에서 가장 성취를 이룬 공은 임성주에게 돌려야 할 듯하다. 임성주는 나이로는 후배 축이었으나, 17세에 이재의 문하에 들어 20대 중반까지 독실하게 수학했다. 애초 낙론의 종지를 충실히 따랐으나, 중년에 독자적인 기일원론氣一元論을 주장해 지금까지 주목받는다. 근대 학자들은 그를 '조선 성리학 6대가'의 하나로 꼽기도 한다.[66]

1736년(영조 12) 26세의 임성주는 학문이 제법 원숙해졌다. 스승 이재와의 공부를 얼추 끝낸 터라 이번엔 절친한 동문들과 집중학습을 계획했다. 모임은 11월에 비래암에서 열렸다. 비래암은 충청도 계족산에 있는 작은 암자이다. 바로 앞에 옥류각玉溜閣이 있는데 송준길의 강학으로 유명한 곳이다.

모임에 참가한 인원은 임성주 자신을 포함해 총 9명. 송명흠·송문흠 형제, 송익흠, 송능상은 비슷한 연배였고 나머지 4명은 소년 제자들이었다. 송명흠 형제와 임성주는 이재의 제자였고, 송능상은 송시열의 현손으로 한원진의 제자였다.

젊은 학자들이 비래암에 머문 기간은 열흘 남짓. 읽고 토론한 텍스트는 주로 《대학》이었다. 내용을 논하는 가운데 자연스레 호락논쟁과 연관

비래암 현판 / 옥류각

비래암飛來庵과 옥류각玉溜閣은 동춘당同春堂 송준길의 강학으로 유명하다. 대전 계족산 계곡에 있
다. 비래암은 지금 비래사가 되어 옛 모습은 사라졌고 다만 비래암 현판이 걸려 있다. 옥류각은 그 인
근에 옛 모습 그대로 있다.

된 주제들도 올라왔다. 주로 마음과 성인聖人의 문제였다. 임성주는 마음의 본체가 보편적이어서 성인과 범인의 마음이 같음을 강조했다. 그런데 송능상의 견해는 달랐다. 그는 마음의 본체는 본질적으로 기질에 좌우되므로 선악을 겸비한다고 보았다. 성인과 범인의 마음이 다르다는 호론의 전형적인 논리이다. 물론 일방으로 결론을 내리지는 않았다.

열흘간의 치열한 모임은 깊은 인상을 남겼다. 임성주와 송명흠은 함께 〈옥류강록玉溜講錄〉을 남겼다.[67] 두 사람은 시말을 정리한 글을 따로 남겼는데, 송명흠이 친구들과 자신의 논설에 대해 내린 촌평이 재미있다.

> 송익흠은 깨끗하고 촘촘해 묘하지만, 원만하게 포괄하는 품이 부족해.
> 송능상은 명백하고 굳세어 힘이 있지만, 깊고 세밀한 생각이 부족해.
> 송문흠은 간결하고 투명해 생생하지만, 여유 있고 풍요로운 맛이 부족해.
> 임성주는 정밀하고 통달해 생각 깊지만, 헌걸차게 뛰넘는 기운 부족해.
> 나로 말하면 평범하고 고지식해, 깊이 캐려 해도 국량 딸리고 생각이 짧아.
> 거칠고 천박해 매양 길을 잃으니, 현명한 친구들의 장점을 따를 길 없네.[68]

모임은 동문에게도 화제였다. 참여하지는 못했지만 김원행은 소식을 듣고 "강학이 성대했다는 소식에 마음이 흥겹고, 왕성한 토론과 거침없는 논쟁에 감탄한다"는 칭찬 반 부러움 반의 심경을 전했다.[69]

비래암 강학은 호락논쟁의 전개에서도 매우 시사적이다. 1709년(숙종 35)과 1714년의 논쟁 이후 20여 년은 이렇다 할 논쟁이 없었다. 신축환국과 임인옥사로 노론 전체가 정신없던 때이기도 했다. 그러나 어느

새 20여 년이 흘렀다. 비래암 모임은 새로 성장한 세대의 첫 만남을 상징했다. 분위기는 우호적이고 화기가 넘쳤다. 그러나 마냥 행복한 만남을 기대하기는 어려웠다. 학파가 나날이 커져갔으므로 마찰은 불가피했기 때문이다.

한천시 논쟁

이재의 제자 가운데 최석崔碩이란 선비가 있었다. 제법 포부와 호승심이 있었던 듯, 호론의 대학자 한원진을 방문해 성리설을 토론하고자 했다. 때는 1746년(영조 22), 비래암 강학이 끝나고 10년이 지난 시점이었다. 한원진은 병이 있다고 정중하게 사양했다. 그러자 최석은 스승 이재에게 돌아가 한원진이 자신을 일부러 피했다고 알렸다.

이재는 제자의 경거망동을 꾸짖는 한편, 호론을 대표하는 한원진을 평가하는 시를 지었다. 시는 한원진은 큰 역량을 지닌 호걸스런 선비라고 칭찬하며 시작했고, 제자 최석의 실례를 책망하는 내용도 있었다. 그러나 핵심은 한원진의 심성설을 비판한 데 있었다.

듣자하니 (한원진은) 심心과 성性에 대해

蓋聞心性間개문심성간

기氣의 범주를 과도하게 잡았네.

過占氣分界과점기분계

편전偏全을 바로 본연으로 여기고

偏全作本然편전작본연

기질을 마음의 본체에 해당시켜 놓았네.

氣質當心體기질당심체[70]

　한원진이, 기질지성으로 인해 생겨난 이理의 편전偏全을 애초 본연지성의 차이처럼 본 것이 성性에 대한 오류라는 비판이다. 다시 말해 동물에서 이理가 치우치고[偏], 인간에서 이가 온전한 것은 기질의 차이 때문인데 이것을 마치 본연지성의 차이로 여겼다는 것이다. 또 마음의 본체에 기질지성을 겸해 말하는 게 잘못이라는 말이다. 한 단락에 불과한 이 대목이 2차 논쟁을 불렀다.

　이재의 시는 '한천寒泉'이란 이재의 호를 따서 그냥 '한천시'로도 불렸다. 한원진은 이듬해에 이 시를 읽었고 몹시 기분이 언짢았던 듯하다. 바로 반박하는 글을 지었다.

　　(이재가) 심心과 성性에 대해 논한 글을 보니 대체로 사람의 본성이 선하여 짐승과 같지 않고, 성인의 심이 뭇 사람들의 심과 같지 않음을 모르고 있다. 또 유가와 불가의 차이가 오로지 심성의 변별에 있음을 알지 못한다.[71]

　이재가 사람과 짐승의 차이를 잘 모르고, 성인聖人과 범인凡人의 차이를 잘 모르고, 유교와 불교의 분별에 모호했다는 대목 등으로 비판한 것이다. 훗날 한원진이 이단 배척의 논리로 정립한 유명한 '삼무분설三無分說'의 단초가 드러나 있다(삼무분설은 이 책의 4장 3절에 자세하다).[72]

한원진은 한 번으로 부족해서 다시 글을 지었다.

(이재 문하의 잘못은) 사람과 짐승의 구별을 알지 못해 불가佛家의 견해에 빠져드니 작은 오류라고 할 수 없다. 때문에 다시 말하는 것이다.[73]

내용이 아슬아슬한 수위를 넘나들었다. 불교와 가깝다는 비판이야 가할 수 있지만, '작은 오류가 아니다'라고 한다면 은근슬쩍 이단이 될 수 있다는 뜻이기 때문이다.

한원진의 반박이 나왔을 때 이재는 이미 세상을 떠난 뒤였다. 때문에 낙론 쪽에서는 최석과 박성원 등 이재의 제자들이 스승을 옹호하고 나섰다. 그들의 비판 또한 이전과는 수위가 달라져 있었다. 비판의 초점은 한원진이 "분별을 지나치게 강조하여 사람의 개과천선을 부정한다"는 식으로 정리되었다. 한원진을, 인간의 성선性善을 강조했던 맹자의 배반자로 몰아가는 양상이었다.

호론과 낙론이 영조 20년을 넘어서는 시점에 큰 논쟁을 벌이게 된 원인은 여러 가지를 들 수 있다. 정치 환경의 변화도 있었다. 앞서 보았듯, 이 시기에 소론 온건파에서 노론 온건파로 탕평의 주도권이 넘어갔다. 그 변화에 낙론 산림들은 적극적으로 관여했고 일부 문인들이 출사했다. 그러나 호론은 대체적으로 시기상조로 보았다. 학파가 성장하고 정체성이 뚜렷해질수록 정파와 정론政論의 분기가 점쳐지고 있었다.

물론 논쟁의 직접적인 요인은 학자 개인의 성취와 판단이다. 그러나 유학은 스스로 세운 견해에 대해 언제나 신중하라고 요구한다. '성인의 말을 전하고 자기의 견해를 지어내지 않는다'는 술이부작述而不作의 징신이 충만한 사회였으므로, 개인의 견해는 학풍과 지역성 등에 크게 좌우되었다.

호론 학자들은 진작부터 화양서원과 황강서원의 교육을 통해 정체성을 갖췄다. 호론의 시조라 할 수 있는 권상하의 동선과 학문을 보자. 그는 오랫동안 송시열을 모셨고 황강에서 안정적으로 제자를 길러냈다. 학문 또한 술이부작에 충실했다. 그는 "여러 선배와 성현의 유훈遺訓을 한결같이 준수하고 후학을 열었다"는 평을 받았다. 한원진과 팔학사 또한 그 풍모를 전적으로 이어받았다. 따라서 학파의 영향력이 커갈수록 송시열에서 권상하로 이어지는 학풍은 흔들림 없이 전수될 수 있었다. 순수하게 고수할 수는 있었지만 사회와 시대의 변화에 대해서는 의혹이 앞설 수밖에 없었다.

그러나 서울의 낙론은 좀 달랐다. 애초 동문이라는 유대감이 엷었고 교육도 집중적이지 않았다. 예를 들어 이현익과 박필주의 논쟁은 1714년에 일어났는데 1711년이라는 기록도 있다. 편지로 주고받았기에 시기가 정확하지 않은 것이다. 사승관계도 일시적이었다. 김창협은 송시열의 제자였지만 주로 편지로 지도받았고, 얼굴을 맞대고 배운 적은 짧았다. 이재 또한 젊은 시절 김창협에게 잠시 인사했던 인연이 전부였다. 이 같은 약점은 이재의 한천정사와 김원행의 석실서원 교육으로 극복되긴 했다. 하지만 학풍은 대체적으로 분방했고 개인의 활동 또한 비교적 자유로웠다. 그 와중에 포용성이 생겨나고 변화에 능동적이 되는 것은 장점이었다.

韓元震

金元行·任聖周

2차 논쟁 이후의 양상은 이전과 달라졌다.
바야흐로 학파가 공고해졌고, 발언의 여파는 개인을 벗어났다.
개인의 철학 담론은 사회성을 띤 이념으로 바뀌고 있었다.
철학은 논리로 움직였지만, 이념은 목적과 욕망이라는 추진력을 더 갖추었다.
외면적으로는 두 가지 현상이 두드러졌다.
많은 이들이 참여할수록 논점은 더욱 명료해졌다.
명료함은 초점을 단순화시켰고,
단순해진 초점은 다시 학파를 공고하게 만들었다.
얻는 게 있으면 잃는 것도 있는 법이다.
풍성한 내용과 미세한 차이는 종종 생략되었고,
상대방을 손쉽게 단정했다. 단정의 기준은 '유학의 옹호자냐, 아니냐' 였다.
그 단순한 질문은, 노론이 남인·소론과의 사상투쟁에서
승리를 거두었던 비결이었다. 그러나 경직된 메커니즘을 반성하지 않는 한
언제든 부메랑이 될 수 있었다.
부메랑을 날리는 힘은 사상의 어두운 그늘,
바로 독선獨善이었다.

04 | 빛과 그늘

호론의 최고봉 한원진 … 낙론을 부흥시킨 김원행 … 삼무분설, 호론의 날카로운 칼

1. 호론의 최고봉 한원진

정학正學의 수호자

명나라 말기에 유학이 흐려지니 이단이 생겨났다. 양명학이 일어나
주자朱子를 깔보고 배척하니, 의리가 어두워지고 풍속이 엉망이 되
었다. 그러자 문장과 학술이 가벼워지고 괴상하게 되었다. 자기 이론
을 떠드는 자들은 주자와 다른 설을 내놓아 성현聖賢을 능멸하고 제
멋대로 백성들을 현혹시켰다. 세상의 도리가 망해 가니 화란禍亂이
그 틈을 타서 일어났다.[74]

한원진이 명나리의 멸망을 분석한 글이다. 세상을 근심하는 선비의

책임감 혹은 우국憂國의 열정을 느낄 수도 있겠다. 그런데 우리가 한편으로 눈여겨볼 것은 세상을 읽는 방식이다. 이단이 생겨나자 학문과 문장이 뒤를 이어 타락했고, 그 영향으로 사회의 기풍이 흐려져 망국에 이르렀다고 했다. 사회나 국가의 쇠퇴를 경제, 정치 등 사회세력이나 사회구조의 변화부터 찾는 현대인과는 반대이다. 이 점이 당시 유학자들의 사고에 들어가는 열쇠 중의 하나이다.

한원진과 같은 유학자들은 어려서부터 '수신, 제가, 치국, 평천하'에 익숙했다. 이 말은 유학의 경전인 《대학》에 나오는데, 원래 앞에 네 단계가 더 있다. 그것은 '격물格物, 치지致知, 성의誠意, 정심正心'이다. '격물'에서 '평천하'까지를 이른바 《대학》의 팔조목八條目이라고 한다. 팔조목은 간단히 말해 지혜를 다하고[격물/치지] 마음을 바로잡은[성의/정심] 후에 '수신, 제가, 치국, 평천하'라는 실천에 돌입하라는 의미이다. 이를 보면 유학자들이 세상을 해석하는 방식이 잘 보인다. 바른 마음이 바른 실천의 전제인 것이다.

예를 들어 임금에게 올리는 상소 역시 이 같은 논리에 근거했다. 상소는 대개 국왕에게 마음을 바로잡으라고 촉구하면서 시작했다. 이어 학문을 강조하고, 다음에 구체적인 정책을 논하는 수순을 밟았다. 정쟁과 관련한 상소도 마찬가지였다. 상대방의 정책이나 논리를 비판할 때는 그의 마음이 잘못되었고, 그로 인해 학문이 잘못되었고, 결과적으로 정책이나 주장이 잘못이라는 식으로 전개되었다. 우리가 조선시대의 상소를 본다면 앞의 마음 부분은 의례적인 수식어로 떼버리고 구체적인 정책 부분에 집중해서 볼 것이다. 현대인들의 그 같은 태도는 불가피한 측면이 있지만, '마음을 바로잡고 행동에 나선다'는 당시 사람들의 자연스런 사고를 간과하면 그들을 온전히 이해하는 키를 놓치게 된다.

다시 그들의 심리 안으로 들어가보자. 새 해석이나 견해를 주장하면 치열한 논리 검증을 통해야 한다. 그것이 현대적이다. 그러나 당시는 꼭 그렇지만은 않았다. 논리와 함께 그의 동기를 재단하고 조짐을 유추하는 일이 다반사였다. 그리고 '심술心術이 잘못되었다'는 식으로 뭉뚱그리기 일쑤였다. 사상과 정치투쟁이 치열할수록 그 기준은 쉽게 적용되었고, 마음에 대한 판단에 기초해 행적과 정견을 하나로 꿰는 계보를 만들 수 있었다. 한원진의 아우 한계진이 영조 초반에 올린 상소가 전형적이다.

> 지금의 당인黨人(소론)들이 유학儒學의 시비是非에서 단서를 일으키고 임금의 처분에서 원한을 쌓아 기회를 따라 흉폭하고 일에 따라 악독해지니…… 윤증이 윤리를 어그러뜨린 일이 이미 남김없이 되었습니다. 그런데도 절반이나 되는 나라 사람들이 그 당에 들어갔고, 한 번 변화하여 갑술년에는 역적을 비호했고, 두 번 변화하여 병신년에는 임금을 원망하고 해를 끼치는 무리가 되었고, 세 번 변화하여 신축년·임인년에는 성궁聖躬(영조)을 무함하고 핍박하며 종사를 위태롭게 모의하는 역적이 되었으니, 대개 그들의 근본과 연원에 원래 내력이 있습니다.[75]

간단히 말해 윤선거-윤증 부자의 잘못된 마음에 소론이 동조하자, 그들은 갑술년(1694, 숙종 20)에 남인 일부를 비호하게 되었고, 병신년(1716, 숙종 42)에 숙종의 처분에 불만을 품고, 마침내 신축년(1721, 경종

1)과 임인년에 옥사를 크게 일으키고 세자(영조)마저 위해한 역적이 되어버렸다는 것이다.

상대의 마음까지 신경 써주는 이 태도가 사상 방면으로 옮겨지면 이른바 정학正學과 사학邪學의 대립 구도로 되었다. 바른 학문인 정학은 유학이고, 그릇된 학문인 사학은 유학에 반하는 이단임은 두말할 나위 없다. 이로써 정학을 수호한다는 위정衛正의 역사가 유학의 한 얼굴이 되었다.

다시 한원진의 양명학 비판으로 돌아가보자. 조선에서 양명학은 명나라만큼 성행하지 않았으므로, 그가 양명학 자체를 걱정했다고 보기는 어렵다. 그의 문제는 양명학에 물들거나 양명학과 비슷한 논의를 하는 조선 학계의 내부였다. 한원진이 친구이자 동료였던 윤봉구에게 보낸 편지이다.

> '마음이 순선純善하다'고 주장하는 학설을 그대가 변파했다고 들었습니다. 그 학설이야말로 불교의 종지宗旨이고, 이것이 성행하면 우리 유교에 해악이 됩니다.…… 부처가 '마음이 곧 부처'라고 했고, 육상산陸象山은 '(선종처럼) 즉시 깨닫는다'고 했으니 그 말들이 모두 '마음이 순선하다'는 이야기입니다.[76]

윤봉구는 '마음이 오로지 착하다'는 심순선心純善이란 주장을 비판했다. 이 명제는 낙론에서 '성인과 범인의 마음이 같다'고 할 때 종종 쓰는 표현이었으니, 낙론 학자와의 논쟁이었음을 알 수 있다. 한원진은 윤봉구를 지지하고 격려하면서 한 발 더 나아갔다. '심순선'이란 주장은 불교, 육상산과 큰 줄기가 같다는 것이다. 육상산은 주희의 친구이자 비판자였고, 훗날 그를 이어 왕양명이 양명학을 개창했다. 결국 한원진의 위의 말은 낙론이 불교, 양명학에 공조하고 있었다고 정의 내린 것이었다.

제2의 송시열을 꿈꾸며

정통과 이단의 대립이야 동서고금에 없던 적이 없었다. 유학에서는 맹자가 제자백가를 공격한 이래 지속했으니 유학의 대對이단 투쟁도 연원이 깊었다. 조선 역시 마찬가지여서 불교, 도교, 각종 민간신앙이 통제되었고, 문장에 힘쓰는 사장詞章, 고대 유학에 주목하는 고학古學, 새로운 유학 조류인 양명학과 고증학 등이 비판되었다. 비판의 최종 대열에 서학西學과 동학東學이 있었음은 우리가 잘 아는 바이다.

유학 안에 있지만 주자학과는 다른 경향들, 즉 사장, 고학, 양명학, 고증학에 대한 비판은 대개 16세기 중반에서 18세기에 걸쳐 있었다. 그 시기에 가장 인상적인 장면은 송시열을 비롯한 노론 학자들이 윤휴, 박세당 등을 '사문난적斯文亂賊'으로 단죄했던 17세기 후반에 벌어졌다. 사림士林이라는 같은 뿌리에서 출발한 유학자들은 붕당과 학파가 갈렸고 서로 치열하게 사상투쟁을 전개했다. 서인 학자와 남인 학자가 싸웠고, 남인이 몰락한 후에는 노론과 소론이, 마침내 노론 안에서 호론과 낙론이 논쟁했다. 이 시기가 유난스러웠던 이유는 뭘까. 이단을 척결하자는 일반적 요인 외에 당시의 정황이 또한 작용했기 때문이었다.

임진왜란과 병자호란 후 유학은 조선의 재건을 위한 명분과 이념을 제공해야 했다. 명나라가 망하자 사정은 더욱 어려워졌다. 사대부들은 조선이 홀로 남은 유교국가라고 여겼다. 따라서 조선은 철저한 유교국가가 되어야 했다. 철저한 유교국가 조선을 발판으로 유교문명은 미래에 다시 밝아질 것이기 때문이었다. 유학의 역사 안에 조선의 존재 의의를 재설정한 이 같은 논리는 유학자들의 마음을 사로잡았다. 그리고 비상한 힘을 발휘했다. 조선은 동아시아 역사에서도 유례를 찾아보기 힘든 주자학의 나라로 재건되었다.

서인에서 노론으로 이어지는 정파에서 그 작업을 대표한 사람이 송시열이었다. 송시열은 이이에서 김장생으로 이어지는 학맥의 계승자였다. 병자호란과 명의 멸망을 겪은 그는 자신이 스승들과는 다른 상황에 처했음을 절감했다. 조선을 제외한 온 천하가 오랑캐들의 세상이 된 것이다. 바뀐 상황에서 송시열은 주자의 또 다른 면모를 강조했다. 철학자로서의 주자는 성리학의 집대성자였지만, 이념가로서의 주자는 '오랑캐 금나라'와 '유학국가 남송南宋'이 대립했던 12세기의 중국에서 유학의 가치를 지켜낸 투사이기도 했다. 송시열은 주자학을 조선에 그대로 적용해야 할 이유를 역설했다.

> 오늘날은 송나라가 남쪽으로 내려갔을 때와 같다. 주자가 남송 조정의 부름에 응한 것은 복수에 뜻을 두었기 때문이다. 오늘날 조정의 부름에 응하는 사람들은 주자의 뜻을 자신의 뜻으로 삼아야만 할 것이다.[77]

송시열은 주자의 시공간을 17세기 조선의 시공간에 대입했고, 자신의 행보를 주자의 행보에 일치시켰다. 송시열이 주자를 따랐듯이, 한원진의 시세 인식과 논리 구조는 송시열을 그대로 따랐다. 그는 영조 초반에 잠시 기대를 걸긴 했었다. 하지만 영조가 사문 시비에 개입하지 않고, 소론과 남인을 용인하는 탕평책을 펴자 이내 기대를 접었다. 그는 자신이 처했던 시대의 도리 또한 여전히 어둡다고 판단했다. 주자학은 여전히 존신尊信되어야 했고, 조금의 오류도 용납할 수 없었다. 오류는 곧 명나라 말기에 나타났던 혼돈과 멸망의 징후였기 때문이었다.

문제는 국제정세와 국내 분위기가 차츰 바뀌고 있다는 점이었다. 한원진은 국내외의 변화에 대처하는 논리를 정연하게 제시했다.[78] 가장 촉각을 곤두세운 외부 요인은 청의 동향이었다. 당시는 청이 중국을 다스린 지 100여 년이 흐른 시점이었다. 여기서 '100년'이 중요하다. 역사상 중원을 차지했던 북방 유목계 왕조들, 특히 금金과 원元은 모두 100년을 넘기지 못했다. 그러므로 조선의 사대부들은 청 또한 100년을 전후해 운명이 다하리라고 기대했다. 누구나 청의 변화에 민감할 수밖에 없었을 터, 마침 옹정제 즉위 전후의 혼란[79]이 있었으므로 국제정세는 유동적이었다.

한원진은 대외 문제를 여전히 비상하게 보고 있었고 따라서 내부의 긴장이 풀어져서는 안 된다고 보았다. 그가 본 내부의 문제는 무엇이었을까. 천재지변이 빈발했고, 정쟁으로 인한 붕당 사이의 대립이 극심했고, 과중한 세금으로 민생은 도탄에 빠졌다. 물론 천재지변은 인간이 직접 해결할 수 없었다. 당시 사람들은 재이는 정치와 민생을 잘 해결하면 자연스레 해결된다고 보통 생각했다. 정치에 있어서 한원진은 노론 의리를 승인해야 탕평이 가능하다고 보았다. 영조와 해법이 다르니 이를 기대할 수는 없었다.

그러면 남는 영역은 민생이다. 한원진의 논리가 빛을 발한 것은 민생과 관련해서였다. 그는 민생의 어려움은 세금 문제, 구체적으로 군역軍役으로 부담해야 하는 군포軍布의 불균등이라고 보았다. 이 문제는 대동법으로 인해 공납의 부조리가 그나마 해결되자 새삼스레 불거진 사안이었다. 문제의 원인은 힘 있는 양반이 군역에서 빠지고 서민의 군포 부담이 가중된 데 있었다. 말하자면 조세의 불균등이 문제의 근원인데, 이를 바로잡는 근본 처방은 기준을 호戶 단위로 바꾸는 호포제戶布制였다.

한원진은 호포제를 주장하여 개혁론자들과 입장을 함께했다. 훗날 영조가 실현한 균역법均役法은 호포의 정신을 현실에 절충한 것이었다. 또 토지 문제에 있어서도 한원진은 개혁 쪽에 서 있었다. 그는 비록 균전제均田制, 정전제井田制 같은 토지 공유를 주장하지는 않았으나, 토지 점유의 한계를 주장했다. 이익의 한전限田과 비슷한 개념이었다. 정리하면 한원진은 세금에서는 꽤 진보적 정책을, 토지 문제에 있어서는 현실적인 개혁론을 주장한 셈이었다.

다른 사상에 대해 배타적이고 오랑캐를 멸시한 한원진이 사회경제 정책에서는 개혁론을 지지하고 있었다. 요즘 식으로 표현하면 '(이념과 안보는) 우회전, (민생은) 좌회전'이라 하겠다.

《주자언론동이고》, 완전무결한 주자학

현실의 제도 문제를 해결한다 해도 한원진에게는 근본적인 해결이 되지 못했다. 명나라의 멸망에 대한 그의 진단이 알려주듯, 어디까지나

바른 사상, 바른 이념이 기본이었다. 조선은 굳건한 유학의 본산이어야 했다. 불교·도교와 같은 현저한 이단, 양명학과 같은 유학 안의 이단에 대해 그는 줄기차게 비판했다. 그러나 그것들조차도 드러난 환부에 불과했다. 가장 심각한 것은 조선의 주자학자 사이에 자라나는 이단의 싹이었다. 특히 노론 내부에서 불교나 양명학과 흡사한 주장들이 나타난 것은 심각했다. 낙론에 대한 그의 경계는 점점 깊어갔다.

주자학 안의 다른 경향에 대해서는 안팎을 튼튼히 하는 수밖에 없었다. 우선, 병원균을 직접 공격하듯 이단에 물든 이론을 공격하고 소멸시켜야 했다. 그러나 그것만으로는 부족했다. 체력을 개선해 면역력을 높여야 했다. 그것은 주자학을 완전무결하게 만들어 이러저러한 논쟁거리를 근본적으로 차단하는 작업이었다.

송시열, 한원진으로 이어지는 주자학 이념가들을 애먹인 점은 주자의 저술을 두고 여러 이론이 나오기 때문이었다. 주자의 저술들은, 그의 사후 《주자어류朱子語類》와 《주자대전朱子大全》으로 집대성되었는데, 각각 140권, 121권에 이르는 방대한 저작이었다. 이 가운데 논리와 개념 등이 모순되거나 불일치하는 대목은 일찍부터 발견되어 논쟁을 야기했고 수많은 주석서와 해설서가 나왔다. 주자 본인의 견해가 달라진 경우도 있었고, 후인의 집필이나 편집도 있었으므로 이것은 불가피했다.

어찌되었건 주자가 비판적으로 음미되는 것은, 지금 시각에서는 건강한 기풍임에는 틀림없다. 그러나 비상한 시기를 살았던 송시열에게 '학자 주자'를 들어 '학자 주자'를 공격하는 논쟁은 불필요했다. 주자학은 오류를 용납하지 않는 한결같은 체계여야 했고, 그래야 이념의 탑을 튼튼하게 쌓아올릴 수 있었다. 송시열은 주자학에 대한 오해와 잘못된 해석이 논쟁을 부른다고 보았다. 그렇다면 주자의 저술에 나타난 언술, 개념 등의 불일치를 가지런하게 정리하여 누구에게나 통용 가능하도록 해야 했다. 쉽게 말해 정본이나 교과서를 만들려고 했다. 물론 이것은 녹록한 작업이 아니었다. 송시열 같은 학자조차도 수십 년 매달렸고 끊임없이 교정하다 끝내 완성하지 못했다. 마무리는 그의 수제자 권상하와 김창협이 맡았는데 이렇게 탄생한 저서가 유명한 《주자대전차의朱子大全箚疑》였다.

송시열 이후로도 많은 학자들이 주자의 저술을 정리, 보정, 해설하는 작업에 매달렸다. 그중 단연 빛나는 자리는 한원진의 차지였다. 한원진 또한 평생의 공력을 들여 60세에 비로소 걸작 《주자언론동이고朱子言論同異考》를 탈고했다.

한원진은 방대한 주자 저술의 불일치되는 부분을 개념, 저술, 주제 등으로 재분류해 음미하고 해설했다. 전체적으로 지나치게 번잡스럽지 않고 핵심을 간결하고 요령 있게 짚어냈고, 내용을 정합하기 위해 가능한 방법을 모두 동원했다. 본원本源과 유행流行, 이간離看과 합간合看, 참간參看과 통간通看, 대언對言과 인언因言, 활간活看 등이다. 요즘 말로 하면 본뜻과 맥락 살피기, 분리해 보고 통합해 보기, 참고하고 비교해 보기, 대응과 상관관계 살피기, 글의 의도 살피기 등이라고 할 수 있겠다.[80] 이로써 모든 방면에서 제기될 만한 질문에 대한 해답이 제시된 듯했다. 가히 '주자학의 왕국'에 어울리는, 지금 한국 철학계의 자랑으로도 손색없다.

조선 성리학의 금자탑 가운데 하나로 《주자언론동이고》를 꼽는 것에 필자 또한 동의한다. 하지만 주자서에 대한 완벽한 정리라는 각도에서만 이 책을 평가한다면 그것은 한원진 본인의 의도를 외면하는 것이기도 하다. 애초 이 책을 구상한 이는 송시열이었고, 한원진이 그의 의도를 이어받았는데, 목적과 기대 효과가 워낙 분명했었다. 한원진이 쓴 서문은 이렇다.

공자는 천지간에 가장 위대한 인물이고 주자는 공자 이후 최고의 인물이다.…… 따라서 주자를 높이는 것이 바로 공자를 높이는 것이다. 불행히도 세상의 도리가 어두워지자 사악하고 못된 자들이 여기저기 일어나 주자를 능멸하고 주자의 학설을 바꾸는 것을 능사로 여겼다.…… 그러나 저들만이 유독 다른 이들과 마음이 달라서 못된 짓을 즐기는 것일까? 다만 주자의 글을 제대로 읽지 못해서이다. 진실로

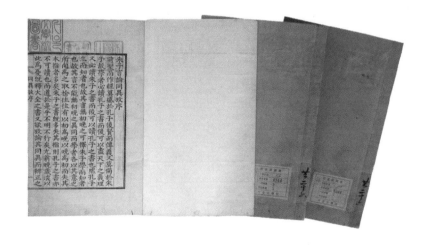

《주자언론동이고朱子言論同異考》
한원진의 필생의 역작이다. 6권 3책으로 주자의 저술 가운데 논쟁적인 부분을 479조항으로 분류하고 의미를 정리했다. 사진은 서울대학교 규장각한국학연구원 소장본.

주자의 글을 읽어 그의 한마디 한마디가 세상천지 어디에서나 통하고 오랜 세월이 흘러도 바뀔 수 없음을 안다면, 그런 못된 짓을 권유받는다 하더라도 기꺼이 하겠는가?[81]

'주자의 일 점 일 획도 고칠 수 없다'는 송시열의 주자 존숭은, 한원진의 작업을 통해 '고금천지에 두루 통하는' 무오류의 저술로 마감되었다.

이 점을 보면 우리는 완벽한 저술에 그림자처럼 따라붙는 씁쓸함까지 느껴야 한다. 그것은 '오류 없음', 즉 무류無謬를 향한 의지와 그 의지로 인해 파생하는 심각한 문제들이다. 무류를 지향하는 이념이 마침내 '바벨탑'을 쌓아올린 사례를 우리는 많이 접했다. 중세의 '교황 무류'가 그랬고, 현재 북한에서 찾을 수 있는 '수령 무류'가 또한 그렇다. 우리 사회 내부에서도 얼마든지 무류의 신화를 찾을 수 있다. '우리의 교리'만을 절대하여 상대 종교를 핍박하는 행태, 특정 정치인에 대한 맹목적 순종과 찬양, 돈과 권력에 대한 맹종 등등.

무류 신화의 이면에서는 권위의 황혼만을 느낄 뿐이다. 무류의 권좌를 위협하는 위험한 생각은 아마 '한계를 인정하는 겸손' 그리고 그로 인해 넓어지는 공존의 지평일 것이다. 정학正學의 수호자를 자처했던 한원진은 아쉽게도 그 지점에 서 있지 않았다. 그렇다면 그가 내부의 적으로 위험시했던 낙론의 학자들은 그 가능성을 열어가고 있었을까?

2. 낙론을 부흥시킨 김원행

서울 명문가의 후예

옛날 나는 책을 읽다 문득 새 소리에 방해를 받았다. 가만히 있다가 "이게 과연 방해가 되겠는가. 울 것은 울고, 읽는 자는 읽는 게지.《중용》에도 '만물은 함께 자라 서로 해치지 않고, 도道는 함께 행해져 서로 어긋나지 않는다[萬物竝育而不相害, 道竝行而不相悖]'고 하지 않았던가." 그런데도 또 방해를 받자, "아아, 아직 나는 마음을 보존하는 데 미숙하구나" 하고 생각했다.[82]

18세기 중반 낙론을 부흥시킨 김원행의 글이다. 김원행은 그저 '마음

을 다잡고 공부하자'는 정도로 이 글을 썼지만,《중용》에 나오는 '만물
병육萬物竝育'이란 글귀를 인용한 게 인상적이다. '누구나, 고르게'라는
정신은 낙론의 뼈대가 되었기 때문이다. 그리고 다양한 가치의 조화를
꿈꾸는 지금은 더욱 주목할 만하다.

낙론은 김창협·김창흡 형제가 기초를 놓았고 박필주, 어유봉 등으로
이어졌다. 이재를 통해 크게 부흥했는데 이재의 뒤를 이은 학자는 김원행
이었다. 김원행은 김창협·김창흡 형제 및 이재와 모두 각별한 관계였다.

김원행의 증조부는 김수항, 조부는 김창집이었다. 낙론을 개창한 김창
협·김창흡은 그의 작은할아버지였다. 김수항은 숙종 대에 기사환국으로
사사賜死되었고, 김창집은 경종 대에 임인옥사로 사사되었다. 임인옥사
에서는 김창집뿐만 아니라 김원행의 부친 김제겸과 형 김성행도 함께 죽
었다. 그러나 김원행은 처벌받지 않았다. 작은할아버지 김창협의 양손養
孫이 되어 있었기 때문이다. 처벌을 면했지만 참화로 인해 그는 거의 발
광할 지경이 되었다. 그는 모친의 유배지인 충청도로 내려갔다. 이곳에서
유교경전과 이이, 송시열 등의 저서를 읽으며 출세의 꿈을 접었고 다시
는 서울에 들어가지 않겠노라 다짐했다.

김원행은 20대 초반에 이재의 문인이 되었다. 이재의 제자 가운데 후배
쪽에 속한 편이었으나 동문 사이에는 스승의 뜻을 잘 계승했다는 평가가
있었다.[83] 30대에 접어들고 학문이 원숙해지자 주로 이재 문하의 동문들
과 학문을 강마했다. 이 시기에 활발하게 교유한 동문들은 송명흠·송문
흠 형제, 임성주 등이었다. 김원행의 모친 송씨가 송명흠 형제의 고모였
으므로 그들은 사촌관계이기도 했다. 임성주는 기氣를 중시하는 독자적
인 성리론을 수립하여 조선 유학의 한 장을 장식했다. 젊은 그들이 논한

김원행
안동 김씨 출신으로 석실서원에서 많은 제자를 길렀다. 그림은 김원행의 60세 때에 도화서 화가 한종유가 그린 것으로 추정된다.
초상화 완성에는 일화가 있다. 원래 담당자는 당시에 국수화國手畵라고 불리며 명성이 자자했던 변상벽이었다. 그런데 김원행의
용모가 자못 그리기 어려웠는지라 변상벽은 밑그림을 7번이나 초하고도 끝내 완성하지 못했다(개인 소장).

주제는 주로 인물人物, 성명性命, 명덕明德, 미발未發, 성범심聖凡心, 지각知覺, 양능良能 등 성리학의 핵심적이고 오묘한 개념들이었다.

세월이 흘러 영조가 등극하고 가문은 점차 복권되었다. 할아버지의 제자인 어유봉과 박필주가 영조의 호감을 사기도 했다. 하지만 김원행은 가문의 신원이 이루어지지 않는 한 만족할 수는 없었다.

스승 이재는 영조의 탕평을 비판하다 1746년(영조 22)에 사망했다. 이재가 사망할 무렵, 40대 중반에 접어든 김원행은 경기도 양주의 한강가로 이사했다. 이곳에는 가문과 인연이 깊은 석실서원石室書院이 있었다. 20년 넘게 교육 기능을 상실한 서원은 이미 쓸쓸하기 그지없었다. 여기서 그는 제자를 기르기 시작했다.

김원행이 서원을 재개한 지 10여 년. 1755년(영조 31) 영조는 큰 옥사를 일으켜 소론을 대거 숙청하고 노론의 요구를 대부분 수용했다. 이를 을해옥사乙亥獄事라고 한다. 이로써 영조 즉위부터 노론이 주장해왔던 신임의리는 대부분 수용되었고, 노론 인사들의 신원은 거의 마무리되었다. 영조 즉위부터 어느덧 한 세대가 흐른 시점이었다. 이제 노론 측에서 영조의 탕평을 비판하는 근거는 많이 희박해졌다. 김원행 또한 이전 주장보다는 사회의 다른 현상에 대해 많은 우려를 표했다. 그 지점이 주목할 곳이다. 호론 학자들과 진단이 크게 갈리는 곳이기 때문이다.

일상에서 찾는 진실한 마음

중년 이후의 김원행은 사회가 타락하는 현상을 자주 비판했다. 타락상을 지칭하는 말은 '유속流俗'이었다. 김원행은 유속을 어떻게 정의했을까.

유속은 이해利害에 끌려 마음의 밝은 덕을 잃어버리고 바름을 분별
하지 못하는 상태이다. 그 해는 이단보다 심하다.[84]

두 가지 점을 주목할 만하다. 마음을 홀리는 이해관계는 세속화가 상
당히 진행되었음을 보여준다. 그에 휩쓸리는 세태가 '이단보다 심하다'
는 표현에서는 위기의식의 심각성을 알 수 있다. 도대체 어떻기에 이단
보다 심했던 것일까.

학문이 순수함을 잃고 겉모양에만 치중하여 글자만을 암기한다면 그
들이 바로 유학의 적이다.[85]

애초부터 이익을 꾸미고 공을 탐하는 마음에서 출발했기에 결국 아
첨배와 난역배를 나오게 했고, 그 폐단이 이단보다 심하다.[86]

'이단보다 심한 유학의 적'들은 단지 사회 세태를 지칭하지 않았다.
학문과 정치 모두가 문제였다. 학문하는 이들은 순수한 동기를 잃어버
리고 번지르르하게 말을 꾸미고 명성만을 추구했다. 그게 아니면 그저
경전 암기에만 골몰했다. 과거를 보는 이들은 어떤가. 그들에게 과거란
애시당초 이익과 명예를 향한 출세의 수단이었다. 그들이야말로 작게
는 아첨배, 크게는 반역도가 될 수 있었다.

김원행이, 명예를 탐하여 공부하고 이익을 탐하여 과거 보는 이들을

'유학의 적', '이단보다 심하다'고 판단한 것은 인상적이다. 김원행이 유학의 이단들에 대해서는 '차라리 동기라도 봐줄 만하다'고 했음을 감안하면, 그들에 대한 비난의 강도가 더 커 보인다. 그런데 유속에 대한 지적은 김원행만의 것이 아니었다. 정조 대 규장각 검서관이었던 성대중 또한 '유속의 폐단은 이단보다 심하고, 놀고먹는 해악은 도적보다 심하며, 붕당의 화는 전쟁보다 심하다'[87]고 비슷하게 말했다. 그는 낙론의 한 갈래인 북학파의 일원이었다.

낙론 계열의 학자들이 유속을 심각한 문제로 꼽았다는 사실은 호론과 매우 다른 진단이었다. 호론 학자들에게는 이단이 가장 문제였고, 이단을 용인하고 여러 사상을 기웃거리는 이들은 주자학 내부의 적이었다. 그들의 차이는 왜 생겨났을까. 호론은 17세기 이래 지속한 청에 대한 적대심과 주자학의 정신을 지키겠다는 책임감이 여전했다. 그러나 낙론은 서울을 중심으로 도시화가 가속화하고 경제가 활성화되고 세태가 달라짐을 실감했다. 그들은 관료, 학자들마저 이익사회에 동조하는 현상을 새삼 경계했다.

김원행의 진단은 호론과 달랐으므로 처방 또한 달랐다. 그는 강력한 사상투쟁보다는 마음의 본래 모습 곧 실심實心을 회복하자고 촉구했다. 실심의 회복은 별다른 게 아니었다. 본래의 천진한 본성을 자각하고 정성을 다해 지켜가자는 것이었다. 알고 보면 너무나 평범하다. 평범한 처방에 걸맞게, 실심을 깨닫고 기르는 일도 위로부터가 아니고 아래로부터였다. 유학에서는 그것을 '하학이상달下學而上達'이라 불렀다. 일상에서 배우고 수련해 높은 경지로 올라가는 것이다.

실심은 신실信實한 자세와 거의 동의어였다. 때문에 마음의 요소나

마음의 작동 따위를 분석하고 추상화하는 정교한 철학적 주장과는 거리가 있었다. 그래서일까. 김원행은 호락논쟁의 주요 논쟁에 적극적으로 개입하지 않았다. 대신 그는 실심과, 실심에서 파생하는 여러 개념들을 부각하는 방식을 선호했다. 예를 들면 이런 식이다. '실심이 있으면, 개인의 이익에 구애받지 않고 모든 사람을 위한 공덕을 이룩할 수 있다. 이것이 실공實功이다. 실심을 지니고 실공을 이룩하는 인물이 실사實士이다' 등등.

김원행 이전에 '실實'과 연관한 개념을 강조했던 이를 꼽자면 율곡 이이와 반계 유형원 정도를 들 수 있다. 김원행은 두 사람처럼 웅대하고 치밀한 개혁론을 제시하지는 않았다. 하지만 공허한 학풍을 경계하는 지향은 동일했다. 비록 본인은 이용후생利用厚生 하는 실용 학문에 능하지 않았지만, 그는 문인들의 다양한 공부를 장려했다. 김훈이란 제자가 둑을 쌓는 일에 몰두하자, 지리를 이용해 은택이 백성에게 미치면 과거 공부보다 낫다고 격려했다.[88] 이규위란 제자가 토지와 주택을 고르게 하는 일이 시급하다고 하자, 이에 동의하며 인조반정 이후에 실행하지 못했음을 애석해했다.[89] 김원행 문하에서 홍대용, 황윤석 등 천문학, 수학 등에 뛰어난 인물들이 나오게 된 것도 우연은 아니었다.

일상에서 실심을 강조했다 해서 호락논쟁의 주요 주제들과 아예 동떨어지지는 않았다. 김원행은 실심을 회복하여 일정한 경계에 이르면 인간의 보편 본성을 깨달을 수 있고 그것이 바로 성인의 마음이라 했다. 그는 제자들에게 항상 그 점을 강조했다.

아아 나의 본성은 이미 성인과 같으니, 이것이야말로 천하에서 가장

귀하고 가장 소중한 것이다. 그런데도 거리낌 없이 포기하고 회복시
키려 하지 않는구나.…… 회복할 방법은 학문에 있으며, 학문에서 귀
한 것은 힘써 행하고 실천하는 데 있다.[90]

실심에 대한 강조는 인간의 본성이 보편적으로 같으며, 따라서 누구
나 성인이 될 수 있다는 낙관이 있기 때문에 가능했다. 김원행이 호락논
쟁의 중요한 테마였던 '성인과 범인의 마음논쟁'에서 '마음의 동일성'을
주장하며, 사람들의 개과천선을 강조했던 이유가 바로 그것이었다.

그러나 약점도 있었다. 일상에서 진실한 마음을 깨닫자는 주장은 이
미 양명학에서 제시한 바가 있었다. 때문에 김원행의 주장은 양명학에
접근한 것이 아닌가 하는 질문이 제기되었다. 특히 호론 쪽 학자들이
그렇게 비판했다. 사실 양명학은 주자학의 말폐를 지적하며 흥기했다.
철학적으로도 양명학은 마음을 보편 기준인 이理로 승격한 것이 특징
이었다. 양명학에서 개개인의 자각을 강조하자 각 계층의 자율성이 넓
어지고 그것은 신분질서의 이완을 불렀다. 한원진이 양명학 때문에 명
나라가 멸망했다고 본 이유가 그것이었다. 그렇게 보면 이해에 급급한
학문 풍토를 비판하고, 마음의 보편, 신실을 회복하자는 김원행의 동기
와 주장은 양명학과 일정 부분 겹칠 수도 있었다. 물론 김원행 본인은
주자학자임을 추호도 의심치 않았지만.

학문공동체 석실서원

실심에 대한 강조는 '실實'이라는 말 그대로 실천되지 않으면 아무런 감동이 없었다. 김원행의 주장을 그의 삶에 비추어보면 어떨까. 서울 명문 출신이었던 그는 영조의 끈질긴 부름에 끝내 응하지 않았다. 뿐인가. 그가 거주했던 석실서원은 서울과 한나절 거리였지만, 그는 초심을 지켜 서울에 발을 들여놓지 않았다. 정치적 입장은 노론의 주장에 충실했지만, 사적인 편지 외에는 공개적으로 발언하지 않았다. 자신의 다짐에 충실했던 개인적 처신은 그다지 흠잡을 데가 없어 보인다.

그렇다면 사회 활동은 어땠을까. 김원행의 활동은 서원 교육이 거의 전부였는데, 그 정점에는 석실서원이 있었다. 석실서원 운영의 면면은 그가 만든 강규講規와 학규學規에 잘 드러난다. 강규는 총 14조항으로 된 수업 규칙이다. 강장講長의 선임과 역할, 커리큘럼이라 할 수 있는 강안講案과 강서講書, 그 밖에 강회講會 일자 등이다.[91] 학규는 운영 규칙이다. 입학 자격이라 할 수 있는 입재入齋 조건, 각 직임자의 선발, 일상 규범 따위이다.

강규와 학규에서는 '독서에 뜻을 두면 나이와 귀천에 상관없이 입학을 허락한다'는 입학 조건, 임원들은 덕망과 행실을 기준으로 뽑고 지역이나 지위로 뽑지 말라는 규정, 청강聽講을 개방하는 규정 등이 눈에 띈다. 서원의 문호를 넓히고 지방에서 올라온 유생이나 사회적으로 지위가 낮은 이들을 배려했던 것이다.

일상은 어떠했을까. 원생들은 새벽에 일어나 이부자리를 정리하고 세수하고 의관을 정제했다. 청소는 가장 연소자가 했다. 서로 소리를 내지 않고 인사하고는 각자 재실齋室(공부방)로 들어가 독서했다. 독서할 때에는 용모를 가다듬고 똑바로 앉아 집중했다. 글을 읽을 때는 뜻을 기울여 의미를 캤고, 서로 돌아보며 이야기하지 않았다. 식사할 때는 편식하지 않았고, 배부르게 먹는 것을 삼갔다. 식사 후에는 정원을 산책하는데 연장자가 앞서고 연소자는 뒤에서 천천히 걸었다. 각종 대소사는 회의를 거쳐 결정했고 소지품은 모두 기록하고 공공으로 사용했다. 이밖에도 함께 모여 글을 강독할 때의 규칙, 지켜야 할 일곱 가지 계율, 용모와 행동거지 등등이 빼곡하다. 지금 보면 바로 스님이나 수

석실서원
경기도 남양주의 한강 가에 자리 잡았다. 현재 남양주시 수석동이다. 그림은 겸재 정선이 그렸다. 녹음 사이로 서원 건물이 듬성듬성 보이고 오른편에 논밭도 보인다. 왼쪽 상단의 '渼湖(미호)'는 이곳의 지명. 여기서는 한강이 호수처럼 보이기 때문에 이처럼 지어졌다. 미호는 김원행의 호이기도 하다. 석실서원은 흥선대원군의 서원철폐령 때 헐렸고 지금은 표지석만 남아 있다(간송미술관 소장).

도사가 연상된다. 유학의 덕목을 자연스럽게 체득하고 실천한 그들은 영락없는 반半 종교인이었다.

마음을 가다듬는 공부법이란 대체 무엇이었을까. 김원행의 친구였던 임성주가 호락논쟁의 주제에 골몰한 후배에게 준 충고가 매우 적절하다.

> 마음을 비우고 기운을 평온하게 하며 가슴을 허공처럼 툭 터지게 해
> 야 합니다. 한원진, 이간 같은 이들의 주장에 구애받지 말고, 심지어
> 정자와 주자의 글이라도 먼저 마음속에 두지 말고, 오로지 옛날 공자
> 와 맹자가 논했던 이기理氣와 성명性命 등을 잘 살피고 음미하여 바
> 른 뜻을 얻어야 합니다. 그러면 성리性理의 근본에 대한 깨달음을 얻
> 게 되고 여러 현인들의 학설도 제자리를 찾게 됩니다. 그렇게 하지
> 않고 그저 지엽말단이 같은지 다른지에 급급하면 스스로 터득했다고
> 여긴 것들도 단지 모방에 그치지 않을까 걱정입니다. 우리의 큰 포부
> 가 어찌 이처럼 남의 입이나 쳐다보는 것이겠습니까.[92]

김원행이 문호를 크게 열자 전국에서 제자가 모여들었고, 그 수는 150명을 넘었다. 학문과 행적 등을 고려해 그들을 분류하면 크게 네 부류였다. 첫째, 낙론의 학문을 충실히 계승한 이들이다. 김원행의 아들 김이안을 비롯해 박윤원, 오윤상, 심정진, 이성보 등을 꼽을 수 있다. 그중 박윤원–홍직필–임헌회로 이어지는 학통이 낙론의 대표 학맥이 되었다.

둘째, 새로운 경지를 개척한 이들이다. 천문학, 수학 등에 조예가 깊었던 홍대용과 황윤석이 여기에 속한다. 특히 홍대용의 성취가 주목할

만하다(이에 대해서는 이 책의 6장 2절에 자세하다).

셋째, 관직에 진출한 제자들이다. 김원행 본인은 과거를 단념했지만, 제자들의 정계 진출까지 금할 명분은 없었다. 김원행의 사위 서형수를 비롯해 김문순, 서유린·서유방 형제, 김상익 등을 꼽을 수 있다. 그들은 대체로 영조 말년에는 노론 청류淸流로서 외척들과 거리를 두었고, 정조 대에는 시파時派로 활동했다. 대표 인물은 서유린이다. 그에게 김원행이 내린 훈계는 이들 제자를 대하는 격려와 걱정을 잘 보여준다.

> 서유린이 장원하여 선생(김원행)에게 인사 왔다. 선생은 "도리를 밝히고 공명을 꾀하지 말고, 마땅함에 힘쓰고 이익을 탐하지 말라. 부귀는 쉽게 얻을 수 있지만, 명예와 절개는 유지하기 어렵구나"라는 글을 써주었다.…… 또 선생이 말했다. "오로지 만절晩節(절개를 끝까지 지킴)을 유념해야 한다. 지금은 애초 선비라고 불렸던 이들조차 변하지 않는 이가 드물구나. 한 번 들어서면 어찌 절개를 끝까지 보존하는 일이 쉽겠는가. 그대에게 동료들이 많이 기대하니 실망시키지 말지어다."[93]

마지막은 지방 출신 제자들이다. 김원행은 평소 지방 유생들에 각별히 관심을 쏟고 유능한 인재를 발굴했고 지방에 자주 내려가 유생들을 북돋웠다.[94] 또 제자들을 돌려보내 자기 지역에서 강학하도록 적극적으로 권장했다. 학문을 향한 그들의 동기와 의지가 순수하다고 판단했기 때문이었다.[95] '실實'에 대한 강조와 연관지어 본다면, 김원행은 그들이야말로 유속流俗에서 벗어나 유학 본연의 정신을 실천하는 부류로 보았기 때문일 것이다. 몇몇 인물을 간추려 소개한다.

황해도 풍천 출신의 임보라는 제자가 있었다. 그의 효성과 배움에 대한 성실함은 세속에 찌든 유생과 선명하게 대비되었다.

> 임보는 30세가 넘도록 문자를 모르는 까막눈이었다. 그러나 그의 형 임간은 김원행의 문인으로 학문을 좋아했다. 형제는 노모를 봉양했는데 형이 몸이 약하여, 힘이 센 동생 임보가 주로 봉양했다. 그래서 임보는 자신의 효성이 형의 학문보다 낮다고 여겼다. 형은 임보를 칭찬했지만 학문을 닦는 일과 노모를 봉양하는 일은 양립할 수 있다 하며, 자신의 스승인 김원행에게 배우라고 권했다. 임보는 처음에는 화를 내며 거절했지만 마침내 수락했다.
>
> 형은 스승에게 배운 《소학小學》 일부를 읽고 해설해주었다. 임보는 며칠 동안 듣다가 이후에는 스스로 주경야독했다. 얼마나 보았던지 그만 책이 더럽혀졌다. 이에 형이 김원행을 찾아가 사연을 고하고 죄를 청했다. 김원행은 개의치 않고 임보를 데려오게 했다. 그리고 임보를 보고 크게 기뻐하여 공부를 가르치니, 임보 또한 감격하여 학문에 정진했다.
>
> 임보는 귀향하여 고향 사람들을 항상 《소학》으로 가르치니 행실을 고친 이가 많았다. 임보는 40년 동안 하루도 거르지 않고 《소학》을 읽어 '임소학任小學'으로 불렸다.[96]

충청도 음성 출신의 고사행이란 선비도 있었다. 그는 석실서원에서 홀로 권태로운 기색 하나 없이 성실하게 공부했다. 고향으로 돌아가서는 친구 몇몇과 규약을 맺고 재화를 털어 초당^{草堂}을 세웠다. 그리고 석실서원의 규칙과 과정에 따라 강학했다. 친구들은 말하길 "이곳은 궁벽한 곳이라 이름난 선생이나 선비가 없어 풍속을 바꿀 수가 없었다. 이제 고사행이 돌아와 스승에게 배웠던 바를 실천하니 사람들이 즐겁게 호응했다. 이것은 우리 마을의 행운이고 또한 미호 김원행 선생의 교화의 덕이다."[97]

이외에도 개성의 조유선·조유헌 형제, 평안도의 선우각, 경기 북부·영서 일대의 남기제, 전라도의 홍극지, 경상도의 주필남·강한 등이 모두 자기 지방에서 활발하게 강학했다. 비록 이름은 잘 알려지지 않았지만 이들이야말로 유학 왕국 조선을 지탱하는 숨은 뿌리였다.

3. 삼무분설三無分說, 호론의 날카로운 칼

변화의 기로에서

조선은 청에 대한 적개심을 동력 삼아 재건에 성공했다. 그러나 강력한 이념도 세태의 변화를 막을 수는 없었다. 1636년의 병자호란 후 두어 세대가 지났을 때 조선은 이미 다른 시간대에 접어들고 있었다. 1708년 (숙종 34)에 숙종이 내린 명령이 이러했다.

사대부나 여염집에서 잔치할 때 오랑캐의 음악을 연주하거나 오랑캐의 춤을 추는 것을 한결같이 금지한다.[98]

병자호란이 발생한 지 어느덧 70여 년이 흘렀을 시점이었다. 그렇게 멸시하던 청의 문화는 조선 사대부들의 생활에도 어느새 깊이 들어왔던 것이다. 금지 명령을 통해 이 불온한 풍조를 잠재우려 했던 숙종의 조처는 얼마나 효과가 있었을까. 다음해에 벌어진 장면은 더 인상적이다.

> 병자호란이 지난 지가 오래되어 존주尊周의 의리가 점점 어두워졌다. 오랑캐 사신[虜使]이 도성에 들어오자 사대부 집 부녀자 다수가 길가 집을 차지하고 경쟁하듯 구경했다. 부칙사가 조금 글씨를 잘 썼는데 사대부들이 역관을 통해 그의 필적을 구하려는 경우가 또한 많았다. 식견 있는 사람들이 해괴하게 여기고 한탄했다.[99]

청의 음악과 춤을 금지했던 숙종의 시도가 무색하게, 청의 사신은 비상한 관심과 응대를 받았다. 사신이 그 원인으로 '존주의 의리가 어두워졌다'고 진단한 것은 인상적이다. 존주의리는 공자가 주周나라를 정통으로 여기고 존숭한 정신을 말한다. 춘추의리春秋義理와 동의어로 보아도 무방하다. 당시 조선에서 존주의리는 곧 '명나라에 대한 의리를 잊지 않고 조선을 유학의 정통으로 자부하고 청을 적대하는 정신'과 동일하게 쓰였다. 존주의리의 쇠퇴는 조선은 바야흐로 이념의 강제력에서 풀려나고 있음을 의미했다.

또 한 세대가 또 흘러 영조 14년인 1738년. 풍경은 이전과는 또 달라졌다.

> (청의) 칙사가 들어왔다.…… 이때에 산대놀이를 베풀어 칙사를 영접했는데 구경하던 사람들 가운데 밟혀 죽는 자가 많았다.[100]

산대놀이에 몰려들어 심지어 밟혀 죽은 이들까지 생긴 엄청난 장면을 보면, 칙사는 흥미로운 사건의 제공자일 따름이었다. 오랑캐 사신이라는 '노사虜使'라는 표현 또한 정식 명칭인 '칙사'로 어느덧 바뀌어 있었다. 세월은 확실히 변했다. 시서화詩書畵에 뛰어나 '삼절三絕'로 일컬어졌고 노론의 의리관에 충실했던 이인상은 달라진 세태를 개탄했다.

임진 병자 두 전쟁 탄식하나니

永歎壬丙變영탄임병변

나라 위해 순국한 이 정말 많았네.

尙有殉國輩상유순국배

슬픔 맺혀 마음이 찢어지는 듯한데

悲結車轉腸비결거전장

이런 말 하는 나를 개 짖듯 여기네.

發言謂我吠발언위아폐

책을 써서 오랑캐 꺾어볼까 하나

著書思折衝저서사절충

문장의 도道 또한 무너졌어라.

文道亦崩潰문도역붕궤

경전도 볼 일 없이 돼버렸지만

典冊將墜地전책장추지

꼿꼿한 태도 지닌 선비가 없네.

士儒不硬背사유불경배

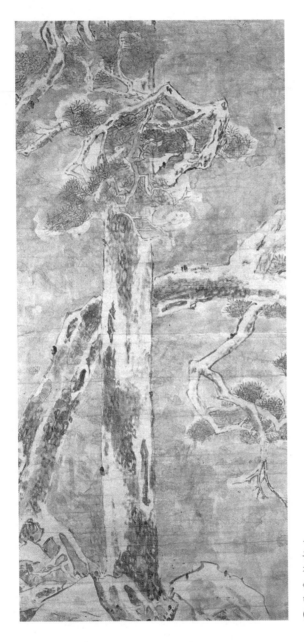

설송도
능호관 이인상은 시서화에 뛰어나고
강직한 성품으로 잘 알려졌다.
〈설송도雪松圖〉는 선비의 꼿꼿한 절개를
대담한 구도로 잘 표현한 걸작이다
(국립중앙박물관 소장).

조선, 철학의 왕국

거짓 의리 내세워 명리名利를 좇고

假義徇名利가의순명리

도덕을 해치며 패덕悖德을 따르네.

淪彝襲謬悖孳윤이습류패[101]

명 황제의 신주를 모신 대보단大報壇을 읊은 장시의 일부다. 대명의리
가 말뿐이 되어버린 당시 분위기를 다소 격정적으로 전했다. 특히 임진
왜란과 병자호란에서 순국한 이들에 대해 애도하는 자신을 두고 '개 짖
는 소리' 정도로 여긴다는 표현이나, 거짓 의리를 내세우고 패덕을 따
른다는 표현이 인상적이다. 다소의 문학적 과장이 있다고 해도 상전벽
해의 변화가 일어났음은 분명했다.

이인상의 진단대로 청을 적대하고, 북벌을 바라는 다짐은 이제 구호
속에서나 가능해졌는지도 모른다. 드라마틱한 변화, 위선적인 현실에
접한다면 우리는 '무시할 것인가, 인정할 것인가' 사이의 어느 지점에
서 고민하게 마련이다. 변화를 무겁게 받아들였지만 기존의 이념을 고
수하길 바랐던 호론 학자들은 그 변화가 가져올 어두운 미래를 경고하
고 나섰다.

호론의 디스토피아

호론의 지도자 한원진의 진단 방식은 여전했다. 사상이 불분명하니 정
치에서 탕평이 나타났고, 정치의 기강이 풀리니 사회의 사치풍조가 혼

탁해졌다. 그리고 마침내 청에 대한 경계심마저 풀렸다. 세태를 인정하는 듯한 낙론에 대해서도 그는 의심을 거두지 않았다. 일세를 풍미했던 한원진이 최종적으로 정리한 메시지는 다음과 같았다.

> 자고로 이단의 학설은 모두 분별을 없애자는 주장이다. 노자와 장자에서 제물齊物을 말했고, 고자告子가 생生을 성性으로 여겼는데, 지금 학자들은 인간과 사물이 오상五常을 함께 갖추었다고 말한다. 이것은 인간과 짐승의 분별을 없애는 논의이다. 불가佛家는 심心이 선善하다고 하는데, 유가 또한 심이 선하다고 말한다면 이것은 불가와 유가의 분별을 없애는 논의이다. 허형許衡을 추존하여 진정한 유학자로 간주하고 마땅히 그의 학문을 배워야 한다고 주장하면, 이것은 중화와 오랑캐의 분별을 없애는 것이다. 분별을 없애자는 이 세 가지 주장은 장차 우리 유학에 무궁한 해가 될 것이다.[102]

도가에서 말하는 제물齊物은 인간이 자기중심성을 없애고 자연과 동화하는 '물아일체物我一體'의 경지를 말한다. 고자는 맹자의 제자인데, 감성과 감각, 즉 생生이야말로 인간의 본성이라고 주장했다. 물아일체와 감정의 중시는 전혀 다른 지점의 논의였지만, 한원진은 그 주장들을 하나로 묶어 비판했다. 모두 인간과 짐승의 구분을 없애는 '인수무분人獸無分'의 논리라는 것이다.

다음은 불교를 끌어들였다. 불교는 '심순선心純善'을 주장하는데 이에 유학이 동조한다면 유교와 불교의 구분이 없어지는 '유석무분儒釋無分'에 빠지게 된다.

세 번째는 허형을 예로 들었다. 허형을 인정하기 시작하면 장차 중화와 오랑캐의 구분이 없어지는 '화이무분華夷無分'이 된다는 것이다. 허형은 원나라에 출사하여 주자학을 뿌리내린 대유학자였다. 주자학을 유학의 주류로 올려놓은 그의 공적과, 오랑캐[원元]의 통치에 협조했다는 허물을 두고 후대에는 많은 논쟁이 벌어졌다. 조선에서는 대개 절의를 중시하는 학자들이 그를 비판했다. 허형에 대한 비판의 정점은 송시열이었다. 그는 공자를 모신 사당인 문묘에서 허형의 신주를 없애라는 출향黜享까지 주장했다. 송시열의 견해는 권상하, 한원진으로 이어졌다. 그러나 낙론의 김창협 등은 제한적이나마 허형의 공적을 인정했다.

인수무분, 유석무분, 화이무분 세 가지를 이른바 '삼무분설三無分說'이라고 한다. 현재의 균열을 인정하면 미래는 삼무분의 혼돈이 전개된다는 한원진의 전망은, 가히 조선판 디스토피아 선언이었다. 디스토피아로 인도하는 적대자들은 도교, 불교, 허형 등이었다. 그러나 최종 표적은 따로 있었다.

한원진의 진단은 '지금 학자들'이 도교, 불교, 허형 등과 비슷한 논의를 전개한다면 무분의 사회를 초래할 것이라는 논리였다. 인물동人物同을 주장하고, 마음의 순선純善을 강조하고, 허형을 긍정하는 이들은 누구인가. 낙론이야말로 물의 오상五常을 긍정했고, 마음의 주도성을 강조했으며, 허형의 공적을 인정했다. 결국 삼무분설은 낙론을 의식하며 대결해왔던 한원진이 낙론에게 내놓은 마지막 경고라고 할 수 있다. 한원진 이후의 호론 학자들 또한 단호했다. 그를 이어 호론을 이끌었던 윤봉구는 삼무분설이 한원진 평생의 정론定論이라고 아예 못 박았다.[103]

보편 사상의 가능성과 한계

한원진의 삼무분설은 도식적이고 도발적이다. 도식은 다양한 해석을
차단했고, 도발에 반발하면 이단으로 규정되었다. 호론은 막다른 골목
으로 낙론을 몰았다. 낙론 또한 외길에 섰고 두 학파의 공존은 불가능
해졌다. 그렇지만 외길로 향하는 과정마저 조야하지는 않았다. 차라리
심하다 싶을 정도로 촘촘한 논리에 기초해 있었다.

율곡 이이에서 출발해 송시열을 거쳐 완전무결한 주자학을 추구한
한원진까지의 과정은 위대한 사상들이 처했던 이상과 현실 사이의 간
극을 잘 보여준다. 정교한 논리로 보편주의를 제련했지만, 종착지는 보
편의 독점이 되어버렸다. 보편의 확대는 차이의 포용이 아니라, 더욱 거
센 차별을 불렀다. 그런데 그 우울한 결말은 과연 그들만의 것이었을까.

우주와 인간에 차별 없이 구현되는 보편적인 원리들, 예컨대 유교의
천리天理, 불교의 불심佛心, 기독교의 유일신 등의 관념이 현실과 만났
을 때에도 딜레마에 빠졌다. 보편이란 이름으로 유토피아를 꿈꾸게 하
고 차이를 포용했지만, 한편에서는 이질적 사상이나 문화를 적대적인
타자로 만들고 차별을 정당화했다. 보편의 탄생은 역설적으로 보편 너
머의 존재들을 끊임없이 생산하고, 차별하고, 숙청하는 과정이기도 했
다. 이 메커니즘의 막강한 효력을 보여주는 하나의 사례를 들어보자.
근대 중국의 사상가 양계초는 1903년에 〈희망을 말하다說希望〉라는 글
을 썼다.

희망이란 인류가 금수와, 문명이 야만과, 호걸이 범인凡人과 다를 수

있는 근거이다.…… 자고로 뛰어난 사람들은 현재의 위치에 머무르려 하지 않는다. 그의 눈과 마음속에는 또 다른 세계가 있어 진보를 추구하고 지속적으로 나아갈 수 있다.

양계초 또한 고귀한 목표를 설정하여 변화의 동기를 얻고자 했다. 우리를 금수, 야만, 범인과 다르다고 설정하는 순간 유토피아로 나아가는 추진력이 생겨날 터였다. 여기까지는 구성원 다수가 동의할 것이다. 그렇지만 '보편의 딜레마'를 알고 있다면, 양계초의 구상에 마냥 '옳구나' 하고 찬성할 수도 없다. 희망의 뒤안에 설정된 열등한 존재들을 생각하면 마음이 무거워지고 또 그들을 위한 연민이 솟아나기 때문이다. 우리는 보편의 힘과 보편의 딜레마를 동시에 인식하지 않을 수 없다.

한편 양계초의 글과 한원진의 삼무분설에 제시된 차별의 범주는 흥미롭게도 똑같다. 같은 차별 논리에서 출생한 양계초의 유토피아나, 한원진의 디스토피아는 사실 쌍둥이였다. 그 동일성을 파악할 수 있다면 우리는 그와 비슷한 논리들을 더 캐낼 수 있다.

양계초가 중국의 진보를 염원했던 그 시절, 진보의 모델은 서양이었다. 그리고 동양이 그렇게나 닮고 싶었던 서양, 더 정확히 말해 서양의 근대는 또 다른 분별주의에 기초하여 성립되었다. 그리스·로마문화와 기독교에 뿌리를 둔 인간중심주의는 자연을 차별했다. 유럽·기독교의 문화중심주의는 다른 사회의 문화·종교를 이단시했다. 백인우월주의는 백인이 아닌 인종과 부족에 대한 차별을 당연시했다. 그리고 선진 문명의 전파를 명목 삼아 세계를 단일한 기준으로 통합해냈다. 우리의 근대야말로 서양에서 생겨난 '신종 삼분설三分說'의 소산인 셈이다.

양계초

양계초梁啓超(1873~1929)는 근대 중국을 대표하는 사상가이자
언론인, 문필가이다. 고금과 동서를 종횡으로 달렸던 그의 저작은 대한제국 이후에 한국에도 널리 소개되었다.

조선, 철학의 왕국

우리에게 익숙한 근대가 결국 차별을 원죄 삼아 성립되었고, 지금 그 병폐가 점점 현저해진다면, 이제는 자유스러워질 때이다. 그렇다면 호락논쟁은 우리에게 어떤 점을 시사할 수 있을까.

호론에게서 삼무분설이란 경고장을 받았던 낙론은 유학의 또 다른 근본정신을 불러내 대응했다. 성인聖人과 범인凡人의 마음이 동일하다고 강조한 것이다. 성인은 특별한 존재가 아니라, 누구나 가지고 있는 착한 본성을 앞서 깨우친 사람, 곧 선각자일 뿐이었다. 인간의 보편 평등을 강조하며, 성인을 차별화된 권좌에서 끌어내리는 이 같은 논리는 위계, 신분, 중심-주변으로 이루어진 세계의 차별성을 파괴함과 동시에, 다양한 존재들의 개별성을 승인하는 방향을 향해 있었다. 이 지향을 더욱 넓히면 열등한 존재에 대한 연민을 항상적으로 보장할 것이다. 그것이야말로 분별주의에 대한 원천적 비판이 아닐까.

물론 낙론 학자들이 이 같은 지향에 서 있지는 않았다. 많은 학자가 인성과 물성, 성인과 범인의 동일함을 말했지만, 대부분은 당시의 차별적 질서의 한 고리에 충실했을 따름이었다. 성리학적인 보편성을 강조했다 하더라도, 추상적인 논쟁을 뛰어넘는 의지나 실천은 없었다. 아마 교육 일부에서나 실천되었을 뿐이다. 그렇다고 해서 그들의 논리 속에 만물에 대한 동포애적 연민이 싹트고 있었음도 무시할 수는 없다. 우리가 주의 깊게 봐야 할 대목은 그 싹이 건강하게 자라났는가의 여부일 것이다. 그 점은 이 책의 6장에서 다시 다루어볼 예정이다.

아무튼 이론은 그렇게 전개되었지만 현실은 또 달랐다. 호론과 낙론의 대결은 피할 수 없었고 상황은 더욱 복잡해졌다.

正祖

金昌業·尹鳳九·洪啓禧

여러 곳에서 바람이 불었다. 하나는 바깥에서였다.
18세기 청나라는 동아시아는 물론 유럽에서조차 경외할 정도로 위세를 떨쳤다.
이 바람은 조선에서 오래 지녀왔던 사고의 근본을 흔들었다.
조선은 청을 세운 만주족을 '오랑캐=열등한 인간'으로 규정했고,
그들의 국가 또한 오래가지 못하리라고 생각했다.
예상치 않았던 청의 융성을 목격한 조선의 지식인들은
'인간'과 '문명'에 대해 재고하지 않을 수 없었다.
또 다른 바람은 조선 내부에서 불었다. 도시가 성장했고
이익에 몰두하고 유행을 따르는 풍조가 일반화되었다.
사회가 전문화할수록 새로운 계층의 존재감 또한 두드러졌다.
중인, 여성, 일반민 등이 그들이었다.
그들의 대두는 유학-한문-사대부라는 강고한 이념구조에 균열을 내고 있었다.
호론, 낙론의 학자들은 안팎의 바람 외에도 새로운 환경에 직면하고 있었다.
그들의 행동은 커질 대로 커져버린 학파에 크게 좌우되었다.
학파는 정통을 세워야 했고, 교육을 통해 후세대를 길러야 했다.
정통은 권위를 불러오고, 교육은 사회·경제 여건에 기대지 않을 수 없었다.
학파가 자기운동성을 가질수록 학문과 무관한 욕망이 따라붙었다.
호락논쟁의 당사자들도 이를 피할 수는 없었다.
2차 논쟁이 있고 다시 20여 년의 세월이 흐르자 이전에 볼 수 없던 충돌이 생겨났다.
마지막 바람은 정치였다. 이 바람의 가장 큰 변수는 국왕 정조였다.
정조가 척신을 숙청하자 호론이 타격을 입었고,
낙론에 속했던 일부 인사들도 숙청되었다.
정조가 통치 10년을 넘기며 의리에 대한 주도권을 강화하자, 판은 더 크게 요동쳤다.
'의리의 본산'을 자처했던 노론 학자들은 정조가 제시한 원칙을 두고
찬성과 반대 사이에서 다양하게 분화했다.

05 | 복잡해진 지형

안팎에서 부는 바람 ... 철학 논쟁 변질하다 ... 분열하는 학파들

1. 안팎에서 부는 바람

청, 제국이 되다

중국의 많은 황제 가운데 가장 오래 재위했던 인물은 강희제였다. 1661년 8세에 즉위한 그는 1722년 사망할 때까지 61년 동안을 통치하며 청의 기틀을 놓았다.

강희제는 먼저 청의 내분을 진압하는 데 힘을 쏟았다. 집권 20년을 넘긴 1680년대 초반 남쪽의 오삼계 세력과, 대만에 근거지를 두었던 정성공 세력이 정리되었다. 이후에는 북쪽 일대를 정리했다. 네르친스크 조약으로 러시아와 국경 문제를 매듭짓고, 몽고 일대의 강자 갈단을 패배시켰으며, 티베트까지 복속시켰다. 현재 중국 국경선은 강희~건

룽제 때에 대강이 그려졌으니, 지금 중국이 꿈꾸는 이른바 '팍스 시니카Pax Sinica(중국에 의한 평화)'는 이미 실현되었던 셈이다.

강희제는 내치에서도 채찍과 당근을 적절하게 배합했다. 세금을 크게 줄이고 관료들의 기강을 바로잡아 인민 일반의 마음을 사로잡았다. 《강희자전康熙字典》, 《고금도서집성古今圖書集成》과 같은 대규모 학문·문

만국래조도(조선 사신 부분)
매년 정월 초하루, 중국 자금성의 태화전에서는 조선 사절을 비롯한 여러 사신단이 황제에게 신년 조참례를 행하였다. 1713년 정월 김창업도 행사에 참여하여 자금성과 화려한 행렬을 구경했다. 그림은 청나라 화가 요문한姚文瀚, 장정언張廷彦 등이 1761년에 그린 〈만국래조도萬國來朝圖〉(중국 북경고궁박물관 소장). 원 부분이 조선 사신단이고 왼쪽은 이를 확대한 것이다(정은주(2011) 재인용).

화 사업을 벌여 지식인 또한 포섭했다. 한편으로 변발과 만주족 복식을 강요하여 한인漢人의 정체성을 허물고 '새로운 중국 정체성'을 만들어 냈다. 예전의 북방 유목왕조인 금나라와 원나라는 100년을 넘기지 못했지만, 강희제와 그를 이은 옹정제, 건륭제의 통치로 인해 청은 20세기 초까지 총 270여 년에 이르는 왕조를 유지할 수 있었다.

안정기에 접어든 청은 대조선정책의 기조를 바꾸었다. 병자호란의 주역이었던 청 태종 이래 청은 조선에 대해 강경한 기조를 유지했었다. 그러나 강희제 이후는 자신감을 반영하듯 조선에 대한 후한 칭찬을 아끼지 않았다. 강희제는 '(조선이) 예의로 국가를 일으켰다'고 했고, 그를 이은 옹정제는 "조선이 (번국藩國 가운데) 가장 효순孝順하고······ (황제에게 올리는) 자문咨文이 뛰어나며 사신들이 세련되어 다른 나라와 다르다"[104]고 추어올렸다. 물론 조선을 '예의를 잘 지키는 문화국가'로 고정시키려는 외교 전략이 가미된 발언들이었다. 이미 죽은 명나라에 대해서 예의를 잘 지키듯, 살아 있는 청나라에게는 더욱 잘 지켜야 한다는 역포석인 것이다.

강희제 시절 조선에서는 현종, 숙종, 경종이 재위했다. 조선의 지식인 사이에는 '오랑캐 100년 운세설'이 성행했고, 조만간 청이 망하고 한족漢族 왕조가 들어설 것이라는 기대감이 여전했다. 조선에서는 명에 대한 추모 작업을 공공연히 진행하고 있었다. 숙종 말년에 세워진 대보단大報壇이 대표적이다. 조선은 겉으로는 '명에게 입은 은혜를 잊지 못할 따름이다'라고 해명했지만, 속으로는 '조선은 명을 계승하고 있다'는 의지를 공유하고 있었다. 강희제의 발언이 조선을 예의로 묶어두듯, 조선 또한 예의를 이중으로 활용했던 셈이다.

청과 조선은 예의를 매개로 서로를 적절히 인정했다. 그러나 강희제 후반 이후는 사정이 또 달라졌다. 조선이 기대한 100년이 다해가는데도 청이 쇠락하지 않았다. 오히려 청은 나날이 융성해졌다. 인식과 현실의 차이를 현장에서 체험한 이들은 조선의 사신들이었다.

김창업의 《연행일기》

강희제는 조선 사신의 활동에 대한 제한을 점차 완화했다. 사신들은 이전보다 훨씬 자유롭게 돌아다니고, 물품을 구입하고, 사람들을 만날 수 있었다. 1712년(숙종 38)에는 조선과 청 사이의 국경선 문제도 해결되어 양국 분위기는 한결 좋아졌다. 그해 겨울 정기 사신 일행을 이끌었던 이는 김창집이었다. 김창집의 사행에는 애초 둘째 동생 김창흡이 군관軍官으로 따라가려 했는데, 여의치 않아 셋째 동생 김창업이 가게 되었다. 형들 못지않은 학식과 재능의 소유자였던 김창업은 이때의 경험을 장문의 기록으로 남겼다. 이것이 조선 3대 연행록의 효시로 평가받는 걸작 《연행일기》, 일명 《노가재연행록老稼齋燕行錄》이다.

　김창업 이전에도 청에 다녀온 사신 일행은 매우 많았다. 하지만 양국 관계는 소원했고 청의 쇠퇴를 바라는 의지도 강해, 정보는 빈약했고 서술도 객관적이지 않았다. 그런데 김창업의 《연행일기》는 달라진 분위기를 보여주듯, 먼저 정보의 양에서 이전 서술을 압도했다. 더 중요한 것은 어느 정도 객관적인 시야를 확보했다는 점이었다. 김창업은 누구도 부인할 수 없는 청 문물의 합리성을 다수 소개했다. "도시에서는 벽돌과 석회를 사용하여 새나 쥐가 없다", "하수구를 만들어 쓰니 오물이 없다"는 등이 그것이었다.

더 중요한 것은 터무니없는 편견이 빚어낸 허상을 교정한 일이었다. '욕심 많고 기강이 없으며 모든 일은 뇌물로 해결'한다던 청나라 사람들을 만나보니 '마음이 밝고 통이 크며 모든 일을 이치에 맞게 처리'하고 있었다. 국내에서 통용되는 선입견과 실상은 이렇게 달랐다. 교정 작업의 하이라이트는 강희제에 대해서였다. 강희제는 조선에서 보통 '음탕, 방자한 오랑캐 황제'로 여겨지고 있었다. 그에 대해 김창업이 내린 평가를 보자.

> 들건대 황제가 창춘원暢春園에 별궁 15개를 지어놓고, 북경과 14성省에서 미녀를 뽑고 별궁마다 제도, 의복, 음식, 그릇 따위를 각 성의 풍속에 따라 마련하고 노닌다고 했다. 그런데 지금 보니 소문과는 크게 달랐다.…… (창춘원을) 직접 보니 높거나 크지 않았고 문과 담장의 제도가 순박하여 시골집과 다름이 없다.…… 아마 경치를 사랑하고 들에서 노는 취미를 고려한 듯하다. 그의 성품이 검소함을 알 수 있다.…… 강희는 검약으로 고생을 견디고, 관대하고 간소한 규모로 상업을 억누르고 농업을 권장하며[抑商勸農], 절약과 애민愛民으로 50년이나 통치했으니 태평을 이룩함이 마땅하다. 정치에 유술儒術을 숭상했고 공자와 주자를 높이고 모친에게 효도하니 북위의 효문왕이나 금의 옹왕에 부끄럽지 않다. 다만 현명하나 너그러움이 부족하고 재주가 많아 스스로 내세우며 도량이 좁아 자랑을 즐긴다.…… 또 간쟁하는 신하를 미워하니 도량이 적다.…… 이로써 장단점과 득실을

알 수 있다[105]

이 정도 평가는 지금 보면 크게 이상할 것도 없다. 하지만 김창업의 처지를 감안하면 그의 서술이 얼마나 파격이었는지 알 수 있다. 그는 척화斥和로 유명한 김상헌의 증손자였다. 또 당시 조선에서는 명에 대한 의리를 지키고, 청에 대해 복수설치復讎雪恥하겠다는 정서가 여전히 굳건했다. 대명의리와 척화 정신으로 뭉친 노론의 핵심 가문에서 강희제의 장점을 인정한 것은 열린 시야가 거둔 성과라 아니할 수 없다.

선입견이 무너지는 한편에서 '문화의 상대성'이 고개를 들었다. 김창업의 기술 가운데 '우리는 저들의 요강을 술그릇으로 착각하고, 저들은 우리의 요강을 밥그릇으로 잘못 쓴다'는 대목은 지금 읽어도 우습다. 당시에도 재미있기는 마찬가지여서 이 구절은 이후의 연행기에서도 계속 인용되었다. 여기서 주의해야 할 사실은 웃는 사이에 저들과 우리를 비교하는 일이 자연스러워진다는 사실이다. 비교와 차이의 인정은 우리와 저들을 동등한 존재로 놓을 때 가능하다. 상대성은 동등성을 짝으로 불러왔고 결국은 상호 인정으로 흐르게 되었다.

문화 상대성과 상호 인정에 '시간'이라는 변수가 가미되면 기존 인식을 더 크게 허물 수 있었다.

청인淸人들은 모습은 헌걸차지만 세련됨이 적다. 세련되지 않기 때문에 순박하고 성실한 자가 많다. 한인漢人은 이와 정반대인데, 남쪽 사람들은 더욱 경박하고 교활하다. 그렇지만 꼭 그런 것은 아니다. 청인들이 중국에 들어온 지도 오래이고, 황제 역시 문文을 숭상했기 때

문에 그런 풍속이 많이 사라졌다.[106]

청인과 한인들의 풍속, 문화의 장단점이 고루 서술되는 한편에서 시간에 따른 청인들의 변화가 포착되었다. 그들이 한인과 닮아가는 일이 이득인지 손실인지는 아직 모른다. 그러나 그들이 유교문화에 동화된 사실은 엄연했다. 입장을 이해하고 동등함을 인정하자 그들의 가능성을 새삼 느끼게 되었다.

오랑캐들의 부상

동아시아의 많은 유학자들은 새로 등장한 '청의 세상'을 두고 '하늘이 무너지고 땅이 갈라진 사건[天崩地解]'이라거나 '모자를 신고 옷을 뒤집어쓴 형세[冠裳倒置]'라고 표현하곤 했다. 상식과 가치의 기본이 붕괴했다는 놀라움의 표현이다. 이처럼 전도된 세상에서 중화와 오랑캐의 관계는 조선만의 화두가 될 수 없었다.

청나라 인구의 절대 다수를 차지하는 한인漢人들은 청의 지배에 거세게 저항했다. 그 선두에는 유교 지식인들이 있었다. 명말청초의 유명한 학자 황종희黃宗羲가 대표적이었다. 그러나 세대가 달라지고, 청 정부의 적극적인 대응으로 반청 정서는 차츰 수그러들었다. 황종희조차 제자들의 관직 진출을 막을 수 없었다.

청은 관대한 통치, 회유, 탄압으로 응답했다. 가장 적극적인 황제는 옹정제였다. 그는 《대의각미록大義覺迷錄》이란 책을 손수 저술했다. '대의를 밝히고 미망迷妄을 깨뜨린다'는 자신감 넘치는 제목처럼, 유교의 논리를 빌려 청의 정통성을 주장했다. 뼈대는 두 가지였다. 첫째 명은 천명天命을 거슬러 자멸했고, 청은 인덕仁德으로 천명과 천하를 얻었으므로 유교의 기준으로도 정통성에 하자가 없다는 사실. 둘째 인간과 짐승·오랑캐를 가르는 기준은 오로지 인륜人倫이므로, 인륜이 있다면 몽고인도 오랑캐가 아니며, 인륜이 없다면 한인漢人도 짐승에 불과하다는 논리였다.

조선의 지식인들은 강력한 화이론華夷論에 기반해 스스로의 존재 의의를 다시 설정하고 청 중심의 질서에 적응한 바 있었다. 홀로 남은 유교문명으로서, 철저한 유교 질서를 수립하여 미래의 유교 세상을 준비하고자 했다. 조선의 지식인들은 청의 와해 조짐과 청의 지배에 분노하는 한인들의 불만을 확인하고 싶었다.

그러나 현실은 기대와는 반대였다. 청의 융성을 목도한 일부 지식인들은 고민에 빠졌고 사고를 수정하기 시작했다. 수정론자들은 청이 유교의 덕치德治를 실현하고 명을 뛰어넘는 성세盛世를 누린다면, 그들도 유교의 적자가 될 수 있다고 보았다. 청에 대한 긍정은 더 깊숙한 철학적 질문, 즉 오랑캐로 분류되는 인간에 대한 수정도 동반했다. 인간은 누구나 윤리를 가진 존재이고 금수와 같은 오랑캐조차 예외가 아니라는 논리이다. 수정 견해는 오랑캐를 멸시하는 기성의 견해와 대립하며 호락논쟁의 주요 논쟁거리가 되었다.

일본의 경우는 어땠을까. 일본의 유학자에게도 청의 등장은 충격이었다. 도쿠가와 막부의 유학자 하야시 순사이林春齊는 내심 반청운동의 성공을 기대하기도 했다. 하지만 대다수는 다른 구상을 선택했다. 일본의 학자 사이에는 스스로를 신국神國으로 여기며 또 다른 중심으로 자

호병도의 청나라 병사

몽고인

달자

서양인

섬라인

청나라 병사와 여러 이국인들 / 근대 초의 다섯 인종

조선인이 중국에서 만났던 다양한 이국인들. '오랑캐'의 범주에 속했던 그들을 '인간'으로 확인한 순간 조선은 세계관의 수정을 겪어야 했다. 왼쪽은 청나라 병사를 그린 〈호병도胡兵圖〉. 김창업의 아들로서 화가로 유명한 김윤겸이 그렸다(국립중앙박물관 소장). 오른쪽은 《여지도輿地圖》(국립중앙박물관 소장본)에 그려진 다양한 이국인들. 달자撻子는 러시아인, 섬라인暹羅人은 태국인을 말한다. 서양인과 러시아인은 선교사를 모델로 그렸으므로 청나라 복식을 하고 있다. 그림 수준은 낮다. 근대의 도래와 함께 전통적인 화이관은 깨졌지만, 인종 구별은 더 깊게 자리 잡았다. 아래 그림은 개화기 국어교과서 《고등소학독본》(1906)에 소개된 다섯 인종. 왼쪽부터 백인, 황인, 흑인, 종인棕人(갈색인종), 홍인紅人이다. 지금은 낯선 종인과 홍인이 이채롭다. 종인은 동남아시아·오세아니아 원주민, 홍인은 아메리카 인디언을 주로 지칭하였다.

처하는 길이 점차 주류가 되었다.[107] 그리고 일본을 중심으로 조선, 류큐(현 오키나와), 청, 네덜란드 등과 새로운 관계망을 형성해나갔다.

유교문명의 보루를 자임한 조선과 새로운 중심을 꿈꾼 일본은 서로를 어떻게 생각했을까. 조선에서는 일본을 오랑캐로 보는 시각이 다수였음은 물론이다. 조선의 통신사 일행 또한 일본의 제도와 풍속을 유교 기준으로 재단하는 경우가 대부분이었다. 1748년(영조 24)에 일본에 다녀온 조명채 또한 다르지 않았다.

> 저들의 나라 다스림에는 종묘나 사직의 제도가 없고…… 예절이 어떤 것인지 모르고 음란한 음악과 금수의 행실로 습속이 서로 물들었으니 사단四端과 오상五常이야 논할 것도 없다. 군신의 의리가 조금은 있으나 관백關白이 천황을 업신여겨 참람하게 정권을 도적질하니 어찌 말할 만한 게 있으랴?[108]

일본의 고학古學이 이룬 성과, 경제 규모, 정묘한 기기에 대한 객관적 평가는 18세기 후반 이른바 북학파의 등장 이후에나 활성화되었다. 자부심 강한 조선 선비들의 눈에 들어온 오랑캐가 어찌 일본뿐이었겠는가. 비교적 알려진 몽고, 베트남, 태국 등에 대해서도 쉽사리 '윤리를 지닌 인간'으로 인정하긴 어려웠다. 멀리 떨어진 러시아, 서양은 말할 것도 없었다.

그런데 일본이 조선을 멸시하는 일 또한 당연했다. 일본 지식인 사이에서도 유학으로 자처하는 조선에 대한 불신이 종종 터져나오곤 했다. 1711년에 조선 통신사와 필담을 나누었던 에도의 유학자 아라이 하쿠

세키新井白石는 "통신사들이 겉으로는 예의와 신의를 말하면서 자신들을 정탐하고, 일본에서는 존칭하다가 돌아가서는 '왜놈들 두목[倭酋]'이라고 비하하니 무슨 예의의 나라가 이러냐"고 비판했다. 이중적으로 처신하는 조선이야말로 참으로 '예맥족 오랑캐[濊貊東夷]'라는 것이다.[109] 그래도 이 정도라면 '조선=유학'을 명목으로나마 표현했다고 하겠다. 이듬해에는 이렇게도 썼다.

> 조선은 약아빠져서 거짓이 많다. 이익이 있다면 신의信義를 돌아보지 않는다. 오랑캐의 풍속이고 천성天性이 그런 듯하다.[110]

풍속과 천성마저 오랑캐라 하면 '조선=유학'은 근본적으로 부정된다. 조선 역시 준만큼 되돌려받고 있었다.

나를 중심으로 남을 경멸하는 풍조는 세상을 중화와 오랑캐로 나누는 이른바 화이관華夷觀에서는 항상적이었다. 화이관은 동양식 '문명과 야만'이다. 화이관의 극복은 '누구나 가능성을 지닌 존재'임을 인정해야 가능했다. 호락논쟁의 결말에서 우리가 이 지향을 캐낼 수 있을까는 또 하나의 관전 포인트이다.

이익과 유행, 조선을 흔들다

장기간 평화가 지속하자 조선 내부의 사정도 확연히 달라졌다. 특히 서울을 비롯한 도시의 성장과 그에 따른 생활의 변화가 두드러졌다. 서울은 17세기 후반에 인구가 30만에 육박했다. 용산·신촌·왕십리 등 사대문 밖 지역이 차례로 편입되었다. 서울 내외 각처에 형성된 시장에서는 교역이 늘어났고 이전과 비교할 수 없는 막대한 이익이 생겨났다.

상인들, 세력 있는 기관과 가문, 주변의 중인 집단, 그리고 개개인 모두가 이익을 향해 달려들었다. '붓 끝에 혀가 달렸다'는 평가를 받을 정도로 문장에 뛰어났던 이옥은 달라진 세상을 생동감 있게 전해준다.

> 천하가 버글거리며 온통 이익을 위하여 오고 이익을 위하여 간다.…… 서울은 장인바치와 장사치들이 모이는 곳이다. 거래하는 물품과 가게들이 별처럼 벌여 있고 바둑판처럼 펼쳐져 있다. 남에게 자기 기술을 파는 사람이 있고, 자기 힘을 파는 사람이 있으며, 뒷간 치는 사람도 있고, 칼 갈아서 소 잡는 사람도 있고, 얼굴을 꾸며 몸 파는 사람도 있으니, 세상에서 사고 파는 일이 극도에 달하였다.[111]

너도나도 팔 수 있는 것은 모두 팔았고 이익을 취했다. 이익은 풍족함과 여유를 불렀고 변화는 전면적으로 일어났다. 서울의 사대부집을 전전하며 음식 대접을 받고 길흉을 점 쳐주는 장봉사는, 눈을 잃은 대신 예민한 감각을 얻게 되었다. 이옥이 쓴 〈장봉사전蔣奉事傳〉의 한 장면이다.

> 온 세상의 음식이 담박하던 것이 날로 달콤해지고 거칠던 것이 차지게 되고 풍성하던 것이 날로 얍삽해지고 야담하던 것이 날로 사치에 넘쳐서 예전에는 반만 먹어도 배부르던 것이 요즘은 그릇을 씻은 듯 먹어

치워도 오히려 입맛이 남는다오. 누가 이렇게 만든 것인지 나는 정말 모르겠소. 또 음식 하나가 이럴진대 의복이 점점 화려해지는 것과, 집이 점점 커지는 것과, 음악이 점점 음란해지는 것과, 시중드는 여자들이 점점 예쁘게 꾸미는 것을 같은 부류로 미루어 알 수 있지요.[112]

장봉사는 혀끝으로 변화를 감지했다. 이내 요리뿐만이 아니라 의복, 집, 음악, 화장과 장신구 등 일상 전반이 바뀌고 있음을 알아차렸다. 그러나 그는 이유를 몰라 당혹스러웠다. '나날이 온갖 것들이 변하기' 때문이었으니 속도와 범위가 원인이었던 것이다.

세련된 도시 문화가 없던 시절이야 없겠지만, 당시의 변화는 속도와 파급력에서 이전과 달라졌다. 사람들은 변화를 지칭하는 새로운 용어도 만들어냈다. 1757년(영조 33)에 영조가 내린 윤음이다.

지금의 사치는 옛날의 사치와 다르다. 의복과 음식은 빈부에 따라 각자 다른 것인데 요즈음은 그렇지 않아, 한 사람이 하면 백 사람이 따라하며 '시체時體'라고 말한다.[113]

자기의 처지를 생각치 않고 시체를 따라가는 풍조는 영락없이 '유행의 탄생'이다. 물론 지금은 유행이란 말이 시체를 대신하고, 시체는 '시쳇말'에 흔적을 남기게 되었을 뿐이지만.

19세기에 그 경향은 더 강해졌다. 당시의 문인 홍길주는 유행의 발생지, 속도감 그리고 사회 전반에 미치는 영향을 잘 보여주었다.

대쾌도

술 취한 선비와 그를 부축하는 친구들. 18세기에 김후신이 그린 〈대쾌도大快圖〉이다(간송미술관 소장).
갓을 팽개치고 상투를 풀어진 채 해롱대는 선비의 얼굴에서 도덕과 절제를 찾아보기 힘들다. 친구들의
몸짓과 펄럭이는 옷자락 또한 매우 다이내믹하다. 동직으로 변해버린 사회를 보여주는 듯하다.

공경과 부귀가에서 새로운 의관이나 기물을 만들면 사대부들이 정신 없이 본뜬다. 몇 해도 되지 않아 띠집에 사는 빈한한 선비에게도 이 물건이 있게 된다. 또 몇 해가 못 되어 궁벽한 고을 먼 시골에서도 이를 본뜬다. 먼 시골에서 겨우 숭상할 때쯤 되면 공경과 부귀가에서 이미 이 물건을 찾아볼 수가 없다. 벌써 다른 제도로 바꾼 까닭이다.[114]

유행은 서울의 공경과 부귀한 집안, 그 아래 사대부, 가난한 선비, 궁벽한 곳의 사람들로 시간차를 두고 퍼져나갔다. 유행을 선도하는 상층은 새로운 유행이 사회의 표준이 되었을 무렵 다시 새 유행을 만들어내고 스스로를 다른 계층과 차별화했다. 발생과 작동의 메커니즘이 선명하다.

사치와 유행 풍조에 국가는 보수적으로 대처했다. 17세기 후반 현종 대부터 사치에 대한 규제가 대체로 10년 단위로 내려지고 있었다. 그러나 '풍속이 이미 고질이 되어 한 가지도 실효가 없었고 법령만 부질없이 어지럽게 고쳤다'[115]는 《영조실록》의 평처럼, 새로운 풍조는 거듭된 규제에도 불구하고 이미 대세가 되었다.

떠오르는 계층들

1788년(정조 12)에 이경명은 서학의 위험성을 고발하는 상소를 올렸다.

오늘날 세속에는 이른바 서학이란 것이 진실로 하나의 큰 변괴입니다.…… 서울에서부터 먼 시골에 이르기까지 돌려가며 서로 속이고 유혹하여 어리석은 농부와 무지한 촌부까지도 그 책을 언문으로 베껴 신명神明처럼 받들면서 죽는다 해도 후회하지 않으니 이렇게 계속된다면 요망한 학설로 인한 화가 끝내 어느 지경에 이를지 모르겠습니다.[116]

불안한 조짐의 뼈대는 '백성, 언문(한글), 서학'을 삼각편대로 하고 있었다. 이경영이 '큰 변고'라고 이들을 수식한 게 과장만은 아니었던 게, 조선을 지탱하는 '사대부, 한문, 유학'이란 구조에 절묘하게 대칭했기 때문이었다. 변화는 문화와 일상을 흔들었고 마침내 여러 구성원들의 머릿속까지 흔들고 있었다.

조선에서 사대부에 그림자처럼 따라붙으며 존재감을 드러낸 이들은 중인이었다. 17세기 이래 그들은 활발한 문학 활동을 통해 사대부 세계에 진입하고자 노력했다. 18세기에는 문학 그룹인 시사詩社를 조직했고, 자신들의 역사를 기록했다. 그리고 18세기 후반부터 통청通淸 운동을 벌이며 정·관계의 벽을 깨트리고자 했다. '준양반'이자 교양인이었던 그들에 대해서는 이미 많은 설명이 있기에 생략한다.

중인들이 활약하던 18세기에는 다양한 계층이 존재감을 드러냈다. 문학 측면에서만 보아도 한시에 참여하는 이들이 더 많아졌고 사대부들은 그들의 가능성을 새삼 주목했다. 정조 대의 고위 관료였던 윤행임의 《방시한집方是閒輯》이 일례이다. 여기에 수록된 시인들은 사대부와 중인보다 농사꾼, 나무꾼, 노비, 말단관리, 무명인, 여인, 기생, 아이, 방외인과 같은 무명의 제반 계층이 훨씬 많다. 그중에 단전亶佃이라는 노비 시인이 있었다.

단전은 우의정 유언호 집의 노비이다. 자를 운기耘岐 호를 고문古文이라고 한다. 서법에 뛰어났으며 근체시에 공교로워 사대부들을 따라 노닐었다. 그가 지은 〈강행江行〉이라는 시에 이르기를 "배는 지나가도 강물은 그대로요[過盡帆檣江自在] 기러기 내려앉아도 들판은 아득해[落來鴻雁野茫然]"이라고 하였다.[117]

다른 기록에 보면 그는 애꾸눈에 키가 작고 말이 어눌했으며 '필한疋漢'이라 자호했다 한다.[118] '疋'은 '下人'을 합성했고 '漢'은 '놈'이니 '하인놈'의 처지를 스스로 비꼰 것이리라.

여성들의 약진도 돋보인다. 필자는 김성달이란 관료의 소실인 울산 이씨의 사례가 흥미로웠다. 요약해 소개하면 다음과 같다.

이씨는 중인 출신으로 글을 알지 못했으나, 김성달과 함께 시회詩會에 참여했을 때 시에 빼어난 재주를 보였다. 김성달은 그녀의 재능을 계발시켜주려 했으나 미처 못하고 죽었다. 이후 이씨는 혼자 칩거했는데 어느 날 문을 열고 나와 시를 말하는 게 아닌가. 그녀가 부르는 구절마다 맑고 고절高絶하며 신묘하고 천진天眞이 드러나 있었다. 더욱 놀라운 일은 그녀는 여전히 글을 모르는 상태였다는 것이다. (김성달의 친척) 김창흡은 그녀의 시를 보고는 손뼉을 치며 기이하다고 칭찬하였고 사람들에게 전했다. 때문에 이씨의 명성은 세상에 널리 퍼졌다.[119]

이씨의 타고난 천재성이 돋보임은 물론이요, 남편 김성달, 시의 거장 김창흡 등 주변 남성들의 적극적 후원 또한 새삼스럽다.

사대부 남성들이 주변 계층의 능력에 주목하고 그들을 부각시키는 작업이야 가상타 할 수 있지만, 어디까지나 체제 내로의 유인이었고 그나마도 일회성에 그쳤다. 그런데 다수 여성들의 관심이 사실은 한시 바깥으로 쏠리고 있었다면 어떨까. 채제공의 증언이다.

> 보건대 근세 규방의 부인들이 다투어 하는 일은 오직 패설稗說을 숭상하는 것이어서, 패설이 날로 증가하여 그 수가 천백 종이 넘는다. 서적 중개상들은 깨끗이 필사하여 빌려 보게 하고 번번이 그 값을 쳐서 이익을 삼았다. 부녀들 가운데 식견 없는 이들은 혹 비녀와 팔찌를 팔기도 하고 혹 빚을 내서라도 다투어 빌려 보며 소일하니, 음식하고 옷 만드는 여자의 본분을 알지 못하는 경우가 왕왕 있었다.[120]

가사를 놔두고 집안이 기울어도 패설(소설)에 몰두하는 여성들. 소설 시장과 책장수도 제법 생겨났다. 채체공의 우려는 여성의 무시 못할 사회적 존재감을 대변하는 듯하다.

중인, 하층민, 여성 같은 주변인들이 소설의 세계로 질주해나가자, 유학-경전의 굳건함마저 흔들리기 시작했다. 몇몇 이들은 이제 차라리 소설이 더 유익하다고 외치기도 했다. 역관으로 27세에 요절한 천재 시인 이언진은 매우 문제적인 시를 썼다.

재주는 관한경關漢卿 같으면 됐지
才則如關漢卿재즉여관한경
사마천, 반고, 두보, 이백이 될 건 없지.

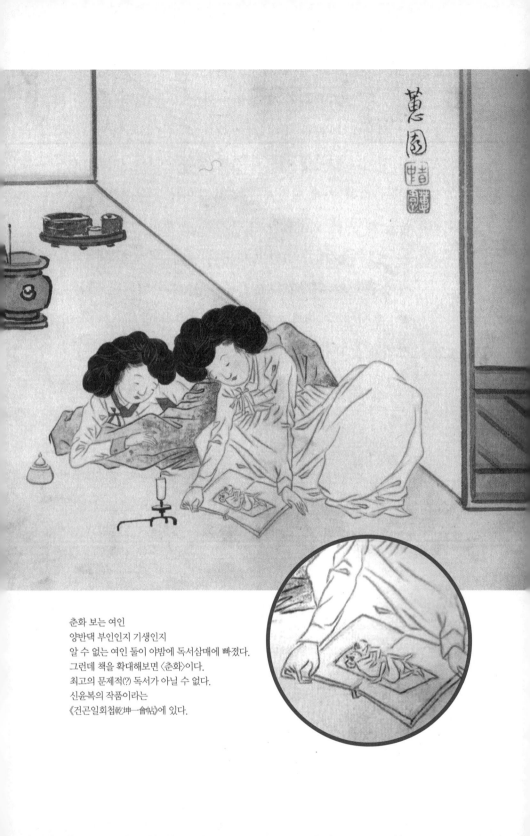

춘화 보는 여인
양반댁 부인인지 기생인지
알 수 없는 여인 둘이 야밤에 독서삼매에 빠졌다.
그런데 책을 확대해보면 〈춘화〉이다.
최고의 문제적(?) 독서가 아닐 수 없다.
신윤복의 작품이라는
《건곤일회첩乾坤一會帖》에 있다.

不必遷固甫白불필천고보백

글은 《수호전》 읽으면 됐지

文則讀水滸傳문즉독수호전

《시경》《서경》《중용》《대학》 읽을 건 없지.

何須詩書庸學하수시서용학[121]

    관한경은 원나라 때의 극작가이다. 구어口語를 즐겨 썼고 빈곤층, 여성 등 약자들의 고통을 드러내고 사회를 비판하였다. 그를 사마천, 두보, 이백 위에 두었으니 전통적인 문학 세계가 전복되었다. 시의 다음 구절은 더 심각하다. 사서삼경보다 차라리 《수호지》를 읽으라니! 《수호지》는 지금은 동양 문학의 고전으로 인정받지만, 체제불만자, 불한당, 기타 잡다한 부류들의 온갖 기구한 삶, 울분, 저항이 가득차 있어 당시에는 대표적 불온서적이었다. 불온소설은 마침내 유학의 경전마저 전복시킨 것이다.

2. 철학 논쟁 변질하다

바깥으로는 오랑캐 안으로는 여러 계층들이 약진했다. 그 변화는 조선
의 주자학 질서를 뿌리부터 흔들고 있었다. 하지만 그 흐름은 구조적이
고 장기적이었다. 초기 호론과 낙론 학자 일부에서는 변화에 대한 거시
적 통찰과 보수 또는 개선 의지를 발견할 수 있었다. 하지만 논쟁의 3세
대 정도에 해당하는 학자들의 관심은 다른 곳으로 쏠리는 경우가 많았
다. 이미 커져버린 학파의 운동과 관성 때문이었다. 그들은 권위, 명분,
명예 그리고 정치의 동향에 직접적으로 휘둘리고 있었다.

윤봉구와 화양서원 묘정비[122]

송시열은 만년에 주로 속리산 화양동에 은거했다. 대략 숙종 초중반, 17세기 후반 시기였다. 송시열이 죽은 후에는 그곳에 그를 기리는 건물이 세워지고 유적이 차례로 정리되었다. 마침내 화양동은 송시열의 정신과 학문을 상징하는 노론의 성지聖地나 다름없게 되었다. 그중 핵심이 되는 건물은 두 개였는데 하나는 만동묘萬東廟, 또 하나는 화양서원華陽書院이었다. 화양서원은 1696년(숙종 22)에 건립되었다. 노론 계열의 서원 가운데 명망과 영향력이 으뜸이었고 위세가 당당했다.

화양서원이 세워진 지 60여 년이 흐른 1760년대. 노론 유생들은 이곳에 묘정비廟庭碑를 세우려 했다. 묘정비는 서원의 내력을 설명하고, 그곳에서 제사하는 인물을 기리기 위해 세운다. 묘정비의 비문을 지은 이는 윤봉구였다. 그는 1710년에 권상하의 제자가 되었다. 권상하가 말년에 거둔 제자라 할 수 있는데, 학문이 뛰어나 강문팔학사의 일원이되었다. 윤봉구는 한원진과 곧 절친해졌다. 한원진이 한 살 연상으로 나이도 비슷했다. 한원진의 행장은 윤봉구가 썼는데 우정이 절절하다.

> 내가 공(한원진)과 더불어 선사先師(권상하)의 문하에서 함께 공부했다. 취미가 같고 뜻이 맞아 의리를 논하면 모두 일치했다. 내가 시냇가에 거처를 마련한 후에도 끊임없이 교류하며 서로 절차탁마했는데, 흰머리가 되어도 한결같았다. 옛날 사마온공이 '나와 경인景仁은 성姓은 다르지만 서로 형제다'라고 말했는데 나와 공이 바로 이와 같다.[123]

화양서원

화양서원華陽書院의 위세가 올라감에 따라 폐단도 자자했다. 이른바 '화양묵패華陽墨牌'를 돌려 돈과 재물을 강제로 거둔 일이 대표적이다. 화양서원은 고종 때 대원군이 철폐했다. 최근 일부 건물이 복원되었다.

윤봉구

한원진을 이어 호론을 이끌었던 윤봉구. 그의 초상은 변상벽이 그렸다. 흥미롭게도 변상벽은 김원행의 초상화를 수차례 시도했지만 그리지 못했다(안동권씨 종중 소장).

조선, 철학의 왕국

윤봉구는 한원진을 이어 호론의 지도자가 되었다. 앞서 보았듯 한원진의 삼무분설三無分說을 정론으로 확정한 것도 그였다.

다시 묘정비로 돌아와보자. 비문은 보통 서문과 명銘으로 이루어진다. 서문은 해설하는 글인데 보통 서원을 세운 취지와 과정 등을 설명한다. 명은 찬양하는 시이다. 윤봉구는 서문에서 '송시열이 공자—주자—이이로 이어지는 유학의 도통을 계승했고, 의리를 굳건히 지켜 조선을 안정시켰다'는 내용 위주로 썼다. 명에서도 '송시열이 공자와 맹자의 기상을 지녔고, 학문이 고명하고 박식하며 도리의 본질을 깨닫고 운용에 뛰어났다'고 찬양했다.

그런데 명의 일부에서는 조금 결이 다른 문장이 들어갔다. 그 부분을 풀이해서 소개하면 다음과 같다.

이기理氣에 대한 학설은,

惟理氣說유이기설

옛날부터 분분했다네.

從古紛糾종고분규

우암 선생이 회통會通하니,

先生會通선생회통

한 마디로 밝아졌네.

一言以瞯일언이제

……

단맛이 토土에 속한다 해서,

甘雖屬土감수속토

꿀의 성질을 신信이라 할 수 있겠나.

蜜豈性信밀기성신

……

모든 주장의 근본이 여기에 있으니

皆本在此개본재차

이론과 사업이 일치하셨네.

理事一致이사일치[124]

이 문장은 두 가지 이유에서 논란을 불렀다. 첫째, 비문의 전체 내용은 주로 송시열의 정신과 업적을 위주로 서술했는데, 유독 이 대목에서만 송시열이 주장한 이기론理氣論을 언급하면서 '그가 성리학의 철학논쟁도 모두 정리했다'는 식으로 서술했다. 게다가 송시열의 주장과 업적은 이론이 옳았기에 가능했다고도 했다.

더 큰 논란은 이어지는 글이었다. '단맛이 토土에 속한다 해서, 꿀의 성질을 신信이라 할 수 있겠나'라는 여덟 글자가 핵심이다. 이것은 원래 송시열의 글인데, 이게 왜 문제가 되는지 우리로서는 감을 잡기가 어려우니, 해설이 조금 필요하다.

당시 사람들은 '화수목금토火水木金土'로 이루어진 오행五行을 만물에 연관지어 세상사를 설명했다. 예를 들어 오행의 하나인 토土는 방위로는 중앙, 색으로는 황색, 인간의 얼굴에서는 입, 맛으로는 단맛에 속했다. 오행과, 오행에 조응하는 사물의 관계는 표로 보면 다음과 같다.

오행	공간	시간	색	신수 神獸	장기	얼굴	맛	음	오상 五常
목木	동	봄	청색	청룡	간	눈	신맛	각角	인仁
화火	남	여름	적색	주작	심장	혀	쓴맛	치徵	예禮
토土	중앙	늦여름	황색	황룡	비장	입	단맛	궁宮	신信
금金	서	가을	백색	백호	폐	코	매운맛	상商	의義
목水	북	겨울	흑색	현무	신장	귀	짠맛	우羽	지智

표에서 보듯, 오행과 결합한 가장 추상적인 영역은 맨 오른쪽의 오상五常, 즉 인의예지신仁義禮智信이었다. 애초 오행은 중국의 전국시대에 유행한 음양오행가陰陽五行家에서 기원했으므로 유학과 별 인연이 없었다. 그러나 한漢 이후 유학과 결합하고 나서는 오상과 같은 추상적 덕목과도 결합하게 되었다.

다시 위 글로 가보자. 토는 맛으로는 단맛이지만 오상으로 따지면 신信에 속했다. 그렇다면 문제의 여덟 글자[甘雖屬土, 蜜豈性信]는 이렇게 풀이될 수 있다. '단맛은 오행 가운데 토에 속한다. 그러나 그렇다고 해서 단맛을 내는 꿀이 신信이라는 오상에 바로 결합될 수는 없다.' 다시 말해 단맛을 내는 꿀을 오행의 토에 짝지을 수는 있으나, 윤리 영역인 신에 바로 대입하기는 곤란하다는 의미이다. 이 같은 송시열의 언급은, 인人과 물物을 분리해서 보려는 호론의 이론과 은연중에 상통했다.

결국 위 인용문의 의미와 지향을 재구성하면 이렇게 정리된다. '송시열의 성리 철학은 유학의 논쟁을 통일했다. 그가 철학이론을 제대로 세웠으므로 올바른 주장과 큰 업적이 나올 수 있었다. 그런데 그의 철학은 호론의 인물성이론人物性異論과 통한다. 따라서 호론의 이론과 실천이 옳다'는 식이다. 구구한 성리논쟁에 대해 송시열을 빌미

삼아 한 쪽으로 결론 내버린 듯한 이 문장에 대해 낙론에서 크게 반발했다.

묘정비 사건·송시열 영정 사건

윤봉구는 묘정비의 비문을 쓴 후에 김원행, 송명흠, 송덕상 등 노론의 지도자 격인 여러 학자들과 상의하려 했다. 그러나 미처 자리를 마련하지 못하고 1767년(영조 43)에 세상을 떴다. 문제의 소지를 안고 있는 비문만 남아버린 것이다. 윤봉구의 제자들은 스승의 글을 새긴 묘정비를 조속히 세우고자 했으나, 제동을 건 이가 있었다. 당시 화양서원의 원장이었고 낙론을 이끌고 있었던 김원행이었다. 화양서원의 원장은 노론 학계를 대표하는 학자가 명예직처럼 추대되었고, 보통은 서원의 실무에 간섭하지 않았다. 따라서 김원행의 행동은 이례적이었다.

김원행은, 송시열의 후손이자 호론 내에서도 명망이 높았던 송덕상과 상의하고 비문을 보류하는 게 좋겠다고 합의했다. 그들의 반대 요지는 간단했다. '묘정비의 취지는 송시열의 지향과 행적을 높이는 데 중점을 두어야 한다. 때문에 이기론理氣論과 같은 복잡하고 논쟁적인 부분은 언급하지 말아야 한다. 이기론을 그렇게 간단하게 정리해버리면 오히려 송시열을 욕보이게 된다.'

김원행과 송덕상은 문제의 구절을 빼버리든가, 아니면 건립을 유보하고 후대의 논의를 기다리자고 했다. 유학에서 철학논쟁은 언제나 있었으므로 그들의 주장도 일리가 있었다. 하지만 비문의 당사자인 윤봉구가 이미 사망했으므로, 그의 제자들로서는 원문에 손대는 일을 쉽게 수긍할 수 없었다. 논의가 결정될 때까지 건립을 유보하자는 제안은 어떤가. 유학의 거장들 사이에서도 논의가 분분했던 주제들이 과연 어느 세월에 정리될 수 있을까.

호론 유생들 사이에는 조바심이 일었다. 그들 사이에는 김원행이 일부러 해결될 수 없는 조건을 제시했다는 여론이 돌았다. '잠시 유보하자'는 것은 '영원히 정지하자'는 저의가 아니냐는 의심도 생겨났다. 언사가 점차 거칠어지고 오해가 생겨났다. 김원행의 처사에 항의하여 화양서원의 직임을 사직하는 이가 나오는가 하면, 홍양해를 비롯한 일부 유생들은 서울과 지방에 통문通文을 돌리며 여론몰이를 했다. 낙론 쪽에서도 가만 있지 않았다. 성균관에 있던 몇몇 유생들이 호론 유생들을 비판하기 시작했다.

문제가 번지는 한편에서 원장 김원행과 호론 유생들은 대화를 건넸다. 그들은 총 네 차례에 걸쳐 편지를 주고받으며 조정을 시도했다. 김원행은 오해의 소지가 있는 비문을 그대로 새긴다면 오히려 윤봉구를 욕보일 수 있다고 주장했고, 호론 유생들은 윤봉구가 논의를 거치지 못한 채 사망한 사정을 말하며 이해를 구했다. 또 다른 유생들은 전체적으로 춘추의 의리를 위주로 서술했고, 문제가 된 부분은 송시열의 주장을 인용한 것이므로 문제가 없다고 했다. 그러나 논의는 결국 평행선을 달렸다.

호론 쪽 유생들은 서원의 직임에서 사임하고, 일부는 다시 통문을 돌려 김원행을 비판했다. 한원진의 수제자인 김한록도 김원행을 비판하고 나섰다. 그러자 김원행의 문인들이 더 적극적으로 대응했다. 김원행

화양서원 묘정비 / 깨진 부분
화양서원 묘정비華陽書院廟庭碑는
우여곡절을 거쳐 세워졌고
윤봉구의 글도 그대로 새겨졌다.
그러나 문제가 되었던 '甘雖屬土, 蜜豈性信'이란
여덟 글자는 후대의 누군가가
긁어놓았다(흑선 부분).

의 문인들은 이 시기에 개성, 함경도, 경상도 등지로 퍼지고 있었는데 그들은 각 지역에서 호론을 비판하는 여론을 조성했다.

전통적인 노론 명문가도 갈렸다. 송시열의 후손 가운데 송덕상은 김원행을 지지했고, 송구상은 김원행을 비판했다. 김원행 가문의 김지행은 호론의 입장을 지지하고 나섰다. 그렇게 시끄럽게 4년이 흘러갔고 우여곡절 끝에 묘정비는 세워졌다. 그러나 문제가 된 부분은 끝내 온전하지 못했다. 언제 누가 그랬는지 모르지만 해당 부분을 긁어버린 것이다. 논쟁은 그렇게 흔적만을 남겼다.

화양서원 묘정비를 둘러싼 힘겨루기가 수그러들 무렵 송시열의 영정을 둘러싸고도 한 차례 소란이 일었다. 서원에 걸려 있던 송시열의 영정은 습기와 좀 때문에 따로 보관해온 형편이었다. 그런데 1769년에 송시열의 후손 송여상, 송환경 등이 원래 있던 자리로 옮기고자 했다. 이들은 이 문제를 당시 원장이었던 김원행에게 문의했으나, 김원행은 마침 묘정비 문제도 있고 해서 서원 문제에 적극적으로 개입하지 않았다. 그러자 송환경 등은 김원행을 비롯한 몇몇 책임자를 비난하며 유벌儒罰을 가했다. 김원행에겐 '앉지도 않고 일어서지도 않는다非坐不起', 즉 뜨뜻미지근하게 행동한다고 비난했고, 그 밖의 사람들에게도 '고약하단 소문이 정말로 드러났다', '못된 행동으로 정직을 더럽혔다'는 등의 벌을 가했다.

송시열의 영정이 이리저리 옮겨지는 과정에서 미묘한 일도 함께 불거졌다. 처음 송시열의 영정을 옮길 때에는 수제자였던 권상하의 영정도 함께 걸었다. 다시 송시열의 영정을 원래 자리로 가져오면서 권상하의 영정 또한 원래 지리로 되돌아갔다. 그런데 송환경 등은 이번에는 송시열의 영정 옆에 또 다른 제자 정호의 영정을 걸어놓았다. 본의 아니게 영정 자리를 빼앗긴(?) 권상하 쪽에서 크게 기분 나빠할 만한 사안이었다. 이번에는 낙론, 호론을 가리지 않고 송환경 등을 비판하며 유벌을 가했다. '차마 못할 일을 저질러 스스로 난적亂賊이 되었다', '벌 받기 전에 반성하고 스스로 교류를 끊어야 한다', '방자하게 날뛰었다'는 등의 내용이었다. 이 사안은 어찌 보면 대단치 않을 수도 있겠지만, 도통道統과 명예가 달렸는지라 감정의 골을 깊게 파놓았다.

두 사건에서 모두 비난을 받았던 김원행은 불미스런 일이 연이어 터지자 노론 학계의 앞날이 걱정되었다. 그의 심회는 착잡했다.

> 화양서원에 비석을 세우는 일이 마침내 여러 사람들의 노여움을 촉발시켜 성균관 유생들이 통문을 돌리는 지경까지 이르렀다지. 하지만 이것은 오히려 논할 것도 없네. 송씨 유생이 영정을 도로 옮기자고 주장했는데, 그 의지가 아직까지 식지 않았다 하니 앞으로 어떤 괴상한 일을 할지 모르겠네. 어찌 참으로 세상의 변고가 아닌가.……화양서원의 원장 노릇하기 참으로 어렵다네.[125]

북당, 남당과 얽히다

영조 후반에 호론과 낙론의 갈등이 불거진 데에는 정치적 환경 변화도 주요하게 작용했다. 묘정비 사건이 터지기 몇 년 전으로 올라가보자. 그당시 영조는 왕위에 오른 지 30여 년이 지났고, 나이는 50대 후반에 접어들었다. 그의 경험, 정신력, 식견, 정치력은 나날이 원숙해졌다. 이 시기를 전후로 영조의 이미지도 바뀌었다. 신하들과 조정하고 타협하는 탕평 군주에서, 어버이처럼 군림하는 전제형 군주가 되어가고 있었다.

영조의 권위가 높아질수록 친위 그룹이 점차 힘을 얻었다. 친위 그룹의 핵심에는 외척들이 있었다. 당시 외척의 동향을 잘 보여주는 인물이 홍봉한이다. 홍봉한은 자신의 딸(혜경궁 홍씨)과 사도세자의 혼인을 계기로 비로소 과거에 합격하고 벼슬이 나날이 높아졌다. 홍봉한의 고속 승진이 영조의 안배였음은 물론이다.

외척들의 지형은 1759년(영조 35)을 계기로 크게 변했다. 2년 전에 영조의 원비 정성왕후가 사망했다. 영조는 국상을 마친 후 새 왕비를 맞이했다. 훗날 순조 초까지 정국의 중심에 있던 정순왕후 김씨가 바로 그녀였다. 영조는 새 왕비의 부친 김한구, 오빠 김구주를 비롯한 경주 김씨 일파의 벼슬도 파격적으로 올려주었다. 그러자 정계는 홍봉한을 중심으로 한 북당北黨과, 김한구·김구주 부자를 중심으로 한 남당南黨이 대립하는 양상이 되었다.

후발주자가 기성 권력을 비판하는 일은 당연했다. 남당은 젊고 빈한한 선비들을 적극적으로 후원하며 강경한 명분론을 주도했다. 남당의 직간접적인 지원을 받은 청렴한 사대부들은 선발주자였던 북당을 비판했다. 그 중심에 부패한 권간權奸으로 지목된 홍봉한이 있었음은 물론이다.

남당의 명분 강조는 그들의 학맥·인맥과도 잘 어울렸다. 새로 국구가 된 김한구의 사촌형은 한원진의 수제자 김한록이었다. 정순왕후의 오빠 김구주는 김한록의 5촌 조카이자 수제자였다. 한원진-김한록-김구주로 연결되는 학통은 호론의 주맥主脈이자 남당의 본신이었다. 학파 호론과 정파 남당은 상호 든든한 기지가 되었다.

영조는 애초 한원진에게 크게 유감이 있었지만, 남당이 부상하자 호론을 이끌던 윤봉구에게 대사헌을 내리며 우대했다. 윤봉구가 사망한 후에는 김한록이 호론을 이끌었다. 앞서 보았듯 화양서원 묘정비 사건에서 그는 김원행을 강하게 비판했다.

남당이 호론의 지지와 강경한 노론 의리를 내세워 유림의 마음을 포섭하자, 북당에서는 낙론 쪽과 손잡고자 했다. 북당은 서울 출신이 많았으므로 상대적으로 낙론과 친한 이들이 많았다. 홍봉한이 특히 공을 들인 인물은 김원행이었다. 홍봉한의 구애(?)를 받았던 김원행의 입장 그리고 당시 호론과의 갈등에 대해서는, 김원행의 제자 황윤석의 글에 잘 나타나 있다.

> 미호 김원행 선생은 평소 홍봉한을 배척하지도 않았고 그렇다고 돕지도 않았다. 그저 방관했을 뿐이다. 지금 김한록 등이 한원진의 문하라고 칭하면서 김구주를 끼고 홍봉한을 죽이고자 하는데 오로지 해치고자 하는 데에 목적이 있다. 이에 화양서원 묘정비의 일과 '심성이 같은가 다른가' 하는 논의를 가지고 먼저 미호 선생을 공격했다. 그래서 '미호가 홍봉한을 돕고 있다'라고 말하고 있다.…… 주모자는 김한록이고 이에 부화뇌동하는 자는 홍양해이다. 홍양해가 먼저 미호 선생을 모함했고 김한록이 또한 모욕을 그치지 않으니 조만간에 양측에서 서로 살육하는 화가 있을 것이다. 미호 선생처럼 은혜와 원한에 연연하지 않는 분들조차 이 같은 여파를 면하지 못하니 어찌 참혹한 사화士禍가 일어나지 않겠는가.[126]

남당은 호론을 비롯한 노론학자와의 연대가 뚜렷했지만, 북당은 그렇지 못했다. 그래서 홍봉한이 더욱 김원행과 낙론의 지지에 매달렸을 수도 있다. 사정이 그러다보니 중립을 지키거나 뚜렷한 입장을 표명하지 않은 사실이 홍봉한을 봐준다는 소문을 부채질했다. 김원행을 비롯한 낙론 학자들은 억울함이 없을 수 없었다. 호론과 낙론 사이에 학술 논쟁이 벌어졌지만 당시 노론 의리론을 고수하던 낙론의 학자들 또한 청류淸流라는 자부심을 갖고 있었다. 이재, 김원행으로 이어지는 이들은 모두 영조 탕평을 비판했고 출사하지 않았다. 정확히 말해 그들의 정치적 입장은 호론과 비슷하거나 중립 지대일 따름이었다.

그렇지만 호론 사이에는 김원행이 홍봉한을 돕는다는 '부홍扶洪'이라는 말이 돌았다. 화양서원 묘정비와 영정 문제가 그 와중에 벌어졌고, 호론은 김원행을 더욱 불신하게 되었다. 드디어 '김원행이 여색을 밝힌다'라는 소문까지 돌았다. 학파가 정파 그리고 개인, 가문의 욕구, 자존심 등과 얽히자 인신공격에까지 이르게 된 것이다. 영조 말년의 갈등은 정조가 즉위한 후에는 더 치열해졌다.

3. 분열하는 학파들

정조 초반의 파란

정조는 즉위하자마자 자신의 등극을 방해했던 세력을 숙청했다. 그의 칼날은 영조 집권 후반기에 비대해진 척신들을 겨냥했다. 홍봉한이 이끌었던 북당北黨, 김구주가 이끌었던 남당南黨 모두가 대상이 되었다. 홍봉한의 동생 홍인한은 영조 말년에 세손(정조)의 대리청정을 방해한 죄목으로 사사되었다. 정순왕후의 오빠 김구주는 세손을 위협했다는 죄상이 밝혀져 흑산도로 유배되었다. 남당의 중심으로, 영조 말년에 실력자로 떠올랐던 그는 풀려나지 못하고 10년 동안 유배지를 떠돌다 사망했다. 성공적으로 척신을 숙청한 정조는 숙청의 정당성을 천명한《명의록明義錄》을 편찬했다.

숙청은 불씨를 남겼다. 《명의록》이 편찬될 무렵, 낙론 출신으로 북당과 남당에 고루 인연이 있던 홍계희 집안에서 큰 사건을 터뜨렸다. 홍계희는 이재의 제자로서, 노론의 청류淸流로 출발했다. 그러나 영조의 신임을 얻으며 스승과 연을 끊고 권력과 밀착했다. 그는 대리청정하던 사도세자와도 각을 세웠고, 후에 사도세자를 죽게 만든 장본인 가운데 하나로 지목되었다.

홍계희는 영조 47년(1771)에 별 탈 없이 사망했다. 그러나 그의 아들 홍술해는 정조 즉위 때에 황해도 관찰사로 있었는데 탐오죄貪汚罪로 귀양갔다. 실제 이유는 홍인한의 정파로 지목되었기 때문이었다. 어수선하던 와중, 정조 1년(1777)에 자객이 정조를 시해하려 했던 사건이 터졌다. 2014년에 개봉한 영화 〈역린逆鱗〉의 소재가 되었던 이른바 '정유역변丁酉逆變'이었다. 자객의 배후는 홍술해의 아들 홍상범으로 판명되었다. 이어 홍술해의 아내 효임이 정조의 최측근 홍국영을 저주한 일이 발각되었고, 홍술해의 친척 홍계능의 역모가 터졌다. 관련자들은 줄줄이 죽어나갔고 홍계희 집안은 풍비박산 났다. 정조는 일련의 사건을 처리한 후 《속명의록續明義錄》을 출간했다.

정조 2년에는 충청도에서 큰 사건이 터졌다. 정조 2년에 호론 측 일부 유생들이 《명의록》을 '가짜 글假文'이라고 기롱한 사건이 발생했다. 이 사건의 배후로 한후익이 잡혔다. 한후익은 한원진의 조카였다. 한후익은 김구주와 동지임을 인정했다. 이어 한원진의 제자 홍양해, 한후익의 매부 심혁 등이 불려나왔다. 홍양해는 김한록과 절친한 동문이자 김구주의 스승이었다. 그는 '자객을 모색했다, 군대를 준비했다'는 등의 역모 혐의까지 인정하고 심지어 홍계희 쪽의 홍술해, 홍지해 등과도 관련이 있었다고 했다.[127] 홍양해의 증언은 《명의록》의 반대자들과 《속명의록》의 반대자들이 한 통속이었음을 입증해버린 셈이었다.

사건의 여파는 상당했다. 당사자들이 주살된 것은 물론이고, 호론 전체로 불길이 번졌다. 영조 때부터 과격한 논의를 했던 김약행, 윤봉구의 수제자 김규오 등 비중 있는 학자들이 유배되었다. 세간에서는 이 사건을 '호옥湖獄'이라고 불렀을 정도였다.[128] 한후익 등을 국문할 때 정조는 "호중湖中(충청도)에 흉언을 한 이들이 세 사람뿐만이 아닐 것이다. 반드시 많은 불령不逞한 무리가 있을 것이다"라고 했다. 《명의록》을 불신하는 호론에 대한 정조의 의심이 상당했던 것이다.

당시 정조가 이 '불량한 무리들'을 실제로 조사했던 듯하다. 조사의 초점은 김한록을 향했다. 김구주와 정순왕후의 5촌 숙부였던 그가 영조 말년에 세손(정조)의 정통성을 문제 삼았다는 소문이 떠돌았기 때문이다. 만약 정조가 그의 발언을 입증할 증거를 찾는다면, 정순왕후–남당–호론으로 이어지는 세력에 대해, 정조는 요즘말로 '스모킹 건'을 확보하는 셈이었다. 정조가 어디까지 캐냈는지는 알 수 없다. 정조가 알고도 덮어두었다고 한다. 어쨌든 이 문제는 당시에는 더이상 번지지 않았고, 훗날 순조 초반에 엄청난 문제가 되었다(김한록의 발언에 대해서는 이 책의 7장 2절에 자세하다).

호론, 낙론과 관련한 세 번째 사건은 송덕상의 숙청이었다. 그는 송시열의 후손으로 호론 내에서 명망이 높았다. 또 이재의 제자로서 낙론을 지지했고[129] 묘정비 사건에서도 김원행을 지지했다. 호론, 낙론의 중간자적 인물인데 정조 초반에 홍국영과 행보를 함께했고, 홍국영의 실권하자 함께 몰락해 귀양갔다. 그러나 그를 따르는 문인들의 모역謀逆에 관련되어 옥에서 죽었다.

정조 초반 호론, 낙론 학자 문인과의 충돌이 왜 끊이지 않았을까. 첫째 원인은 학파 내부의 문제였다. 영조 후반부터 척신과 연계된 학자들이 생겨났기 때문이다. 특히 남당과 연계가 강했던 호론이 더 심했다. 그 세태에 대한 비판은 결탁의 실상을 잘 보여준다. 권상하의 증손자이자 한원진의 제자였던 권진응이 영조 50년(1774)에 한 이야기이다.

> (권진응이 홍양해에 대해) 이 사람은 나와 동문이자 벗인데 지금은 이미 김구주의 사람이 되었습니다. 김한록 또한 저의 동문인데 계미년(1763, 영조 39) 이래 그의 말을 들어보면 단지 홍봉한을 공격하는 데 그치지 않고 차마 들을 수 없는 흉언을 하면서 이것이 의리라고 말합니다. 내가 하릴없이 나이만 먹고 죽지 못해 차마 들을 수 없는 이러한 말을 들었습니다.[130]

권진응은 홍양해, 김한록 같은 동문들이 척신과 가까워지고 정권 다툼에 앞장선 일을 쓸쓸함과 분노로 지켜보았다. 하지만 학문과 출사出仕가 한 과정이었던 유학국가에서 학자들의 정치 관여는 어제오늘의 일이 아니었다. 그렇다면 정조 초반에 유난했던 충돌에는 뭔가 또 다른 이유도 있지 않았을까.

정조는 척신을 숙청하면서 자신의 탕평은 '의리'에 기초했다는 원칙을 명확히 했다. 이른바 '의리탕평'이었다. 이는 영조와는 사뭇 달랐다. 영조는 붕당 사이의 갈등이 극에 달했을 무렵에 즉위했다. 그는 온건파를 등용해 완충 지대를 설정하고 조정에 주력했다. 그 방식은 상당한 효과를 거두었지만, 기계적 조합에 급급했다는 비판이 끊이지 않았다. 정조는 영조 말년에 비대해진 척신과 친위 관료가 포진한 가운데 즉위했다. 정조는 사대부의 의리를 지켰던 청류를 중용하여 척신과 친위 관료를 숙청했다. 정조의 탕평은 각 붕당의 의리에 투철한 강경 그룹을 중용하며 출발한 것이다. 정조는 자신의 원칙을 '현인을 우대하고 척신을 내친다' 하여 '우현좌척右賢左戚'이라고도 불렀다.

의리와 탕평의 공존을 내세운 정조는 송시열의 의리 정신을 계승한다고 표방했고, 실제 송시열의 권위는 정조 시절에 가장 높았다. 이 점은 노론 학계에서도 환영할 만한 조처였다. 그러나 의리탕평에도 애로점이 없지 않았다. 영조가 차단해버린 학파─정파의 고리는, 의리를 인정하는 순간 다시 연결되고 강화되기 때문이었다. 정조의 의리탕평은 따라서 누가 더 명분과 의리에 합당한가를 따지는 절차를 피할 수가 없었다.

잘 알려져 있다시피 정조는 국왕이 주도하는 새 의리를 강조하기 시작했다. 영조가 '군주는 어버이이므로 선천적으로 사대부보다 우위였음'을 강조하는 스타일이라면, 정조는 '군주는 의리의 주인이고 사대부의 스승이므로 후천적으로 사대부보다 우위임'을 강조하는 스타일이었다. 신하들은 어떠한가. 의리와 명분에서 남인과 소론은 숙종·경종·영조 대를 지나며 밀려난 처지였다. 의리에 관한 최종 승자는 노론이었다. 그렇다면 정조가 '의리를 장악한 군주'임을 내세우는 순간, '의리를 장악한 신하'인 노론 학자들과의 충돌은 피할 수 없었다.

갈등하고, 오고가고

정치가 격동하는 이면에서 호론과 낙론은 여러 갈래로 분화하고 있었다. 호론 주류의 한 갈래는 한원진의 제자 김한록, 홍양해 그리고 그들의 제자 김구주, 김약행, 한후익 등이었다. 이들은 한원진의 강경한 입장을 계승했고 남당의 중심이었다. 윤봉구-김규오로 이어지는 그룹도 이들에게 동조했다.

앞서 본 바처럼, 이 갈래는 정조 초반 김구주의 숙청 등으로 중요 인물들이 죽거나 유배되었다. 그러나 희망은 남아 있었다. 영조의 계비 정순왕후가 궁중에 건재했고, 노론의 강경한 의리를 고수하는 인물들이 정조의 조정에 제법 포진하고 있었다. 이들은 재기를 노리고 있었다.

호론 주류의 또 다른 갈래는 황인검, 김근행, 한후수 등이었다. 이들은 정치적으로 온건해서 김한록 등과 거리를 두었다. 그러다 한원진의 문집 간행에서 갈등이 깊어졌다. 문집은 한원진의 아들 한후수와 김한록이 편집해놓은 상태였다. 마침 1764년(영조 40)에 황인검이 평양감사가 되자 문집 간행이 가능해졌다. 이때 황인검 등은 정치적으로 민감한 부분을 삭제해버렸다. 김한록은 발끈했고, 한후수에게 "세상의 비방을 두려워하여 의리를 돌아보지 않고 마음대로 판결했다"고 비난하고는 따로 별본別本을 만들었다.[131]

정치와 의견의 차이는 급작스러운 분화를 촉진했지만, 시간은 느릿하면서도 복잡한 분화를 만들어냈다. 의리에 투철했던 한원진과 윤봉구의 제자들도 세월이 흘러가며 생겨나는 분열에는 속수무책이었다. 황윤석이 전하는 글이다.

대개 (한원진의) 문집 가운데 윤봉구에게 불평하는 글이 또한 있었다. 이 까닭에 한원진과 윤봉구의 집안 자제들이 우정을 보존하지 못하고 이윽고 서로 모르는 사이가 되었다.…… 얼마 안 가 그들의 자제와 문인들은 드디어 원수가 된 자가 많았다. 이이의 제자들과 성혼의 제자들이 원수가 되고, 송시열의 자손과 송준길의 자손이 원수가 되었다. 이재의 제자가 분열하여 홍계희와 박성원으로 갈라졌고, 한원진과 윤봉구의 집안이 또한 이를 면하지 못했다. 아아 이것은 운기運氣가 그러해서인가.[132]

제자와 후손들의 분열은 동서고금 일어나지 않은 적이 없었다. 학술과 의견의 차이는 점잖은 이유였고, 욕구의 충돌, 오해와 비방, 경제와 권력 등 이유도 가지가지였다. 황윤석의 한탄처럼 이것은 피할 수 없는 운명이었다.

크게 드러나진 않았지만, 호론 중에는 조용히 학문을 닦는 이들도 물론 상당수였다. 권상하의 문인이었던 심조라는 학자가 대표적이다. 그는 권상하가 말년에 거둔 제자였다. 권상하가 죽은 후에는 한원진에게 배우며 학문에 큰 성취를 이루었다. 한원진도 그를 동문처럼 존경했다. 그런데 호락논쟁이 가열되고, 자기 주장에 빠져 남의 학설을 배타시하는 풍조가 만연하자, 그는 화기和氣가 상하지 않도록 평심平心을 강조했다. 그리고 스스로를 성찰하고 일상에서 실천을 중시했다.[133]

호론 출신이지만 낙론으로 전환하는 이들도 있었다. 송시열의 후손 송능상, 송준길의 후손 송명흠·송문흠 형제, 권상하의 증손자 권진응 등이 그들이다. 이들은 호론 명문가 출신으로 한원진의 제자였다. 그러나 낙론 학자들과 더 활발하게 교류하며 낙론의 학설을 지지했다. 세간에서는 이들을 '호론 중의 낙론', 즉 '호중락湖中洛'이라고 불렀다.

낙론 또한 분열을 피할 수 없었다. 영조 초반 낙론을 대표했던 이재 학파에서는 수제자였던 박성원과 홍계희 사이에 주도권 다툼이 있었다. 박성원은 스승의 학설을 그대로 따르는 학자였다.

박성원에 비해 홍계희는 독특했다. 그는 남인 유형원의 《반계수록磻溪隨錄》에 심취할 정도로 여러 분야에 관심이 많았다. 1748년(영조 24)에는 일본에 통신사로 다녀왔고, 1760년에 청나라에 사신으로 가서는 흠천감에서 근무하던 예수회 선교사 유송령劉松齡(August von Hallerstein)을 만나기도 했다. 홍대용이 유송령을 만나기 몇 해 전의 일이다. 홍계희는 영조 초반에 조현명 등 소론 탕평파와 교유했다. 영조 중반에는 영조 최대의 치적이었던 균역법 제정과 청계천 준천濬川의 책임자로 활약했다.

영조의 탕평을 비판했던 이재는 제자 홍계희의 처신을 못마땅하게 여겼다. 마침내 이재가 죽은 후에, 이재의 문집을 엮는 과정에서 박성원, 조중회 등과 다툼이 있었고 그는 이재의 문하에서 파문되었다. 그러나 그를 따르는 일군의 유생들은 건재했다. 그들은 정조 초반에 홍계희를 배향한 서원을 청원하기도 했다. 그러나 정조 초반 홍계희 일족이 역모로 몰락하자 그 학맥은 영영 끊겼다.

홍계희와 다투었던 박성원은 제자를 많이 길러내지 못하고 사망했다. 영조 중후반에 낙론은 이재의 또 다른 제자였던 김원행을 중심으로 재편되었다. 김원행은 이재가 말년에 거둔 제자였지만 교육에 힘을 쏟아 정조 대 학계와 정계에서 활약한 중요 인물을 길러냈고 낙론의 외연

홍계희 평생도
홍계희는 학계와 정계에서 변신하며 출세했다. 그의 생애는 탕평 정치가 불러온 학문과 정치의 이합집산을 잘 보여준다. 본인은 영화를 누렸지만 그의 집안은 정조 초반에 쑥대밭이 되었다. 그림은 그의 평생도를 그린 병풍 가운데 〈평양감사 부임〉과 〈좌의정 행차〉. 김홍도가 그렸다(국립중앙박물관 소장).

조선, 철학의 왕국

을 크게 확대했다. 정조 중반 이후에는 '김창협-이재-김원행'으로 이어지는 학맥이 낙론의 주류가 되었다.

호론에 비해 자유로운 분위기였던 낙론에서는 학문에서 스승을 따르지 않는 이채로운 존재들도 있었다. 이재의 제자 중에는 임성주가 대표적이다. 그는 기氣 중심의 철학을 전개하여 한국 성리학의 한 장을 장식했다. 그러나 동문들은 그를 경계했다. 오희상은 그가 주자학에서 이탈했다고 하며, 심지어 "유학이 쇠퇴하여 호락이 분열했는데, 이 선배의 견해가 마침내 이설異說에 빠질 것"이라고도 했다.[134] 이재의 제자 중에 임성주가 있었다면, 김원행의 제자 중에는 홍대용이 있었다. 홍대용의 견해는 이 책의 6장에서 다시 볼 예정이다.

낙론에도 중간자적 그룹이나 호론과 친한 이들이 있었다. 김창협의 제자 가운데 민우수가 대표적이다. 그는 노론 의리론을 강경하게 고수했다. 그의 문하에서는 김종후·김종수 형제, 유언호, 김양행 등 정조 대에 학계와 정계에서 크게 활약한 인물들이 나왔다. 김종후는 원래 김원행을 존경했으나 홍봉한에 대한 김원행의 처신을 의심하며 갈라섰다. 김종후 형제는 이후 남당과 공조했고, 훗날 김종수를 중심으로 정조 대에 벽파를 형성했다. 유언호는 벽파이긴 했으나 정조의 탕평에 더 동감하는 편이었다. 이들 모두는 학문에서도 대체로 호론의 학설을 지지했다. 세간에서는 이들을 '낙론 중의 호론', 즉 '낙중호洛中湖'라고 불렀다.

중간 그룹이었던 호중락이나 낙중호 중에는 뚜렷한 신조 없이 왔다 갔다 하거나, 정치 향배에 따라 이리저리 흔들린 이들도 있었다. 민우수의 문인이었던 홍계능은 영조 전반에 김종후, 김원행 모두와 사이가 멀어졌다. 영조 후반에는 낙론에서 이탈한 홍계희·홍술해 부자와, 김한록·홍양해 등의 호론 강경파에게 모두 발을 걸쳤다가 정조가 즉위하자 하옥되고 옥사했다.

김원행의 문인 중에는 이규위란 인물의 여정이 기구했다. 그는 스승 김원행의 언행록을 만들 때 책임자 중의 하나로 활동했을 정도로 비중이 있었다. 그런데 그는 호론의 맹장 김한록과는 사돈관계였다. 묘정비 등의 사건으로 김한록과 김원행의 사이가 나빠지자 그는 김한록과의 인연을 끊지 못해 동문들에게 따돌림 받았다. 정조 초반에는 홍국영과 가깝게 지냈고 그 때문에 더욱 비판받았다. 바야흐로 이리저리 오가는 시절이었다.

대표 인물들을 중심으로 분화를 보면 다음과 같다(자세한 사항은 부록 2 참조).

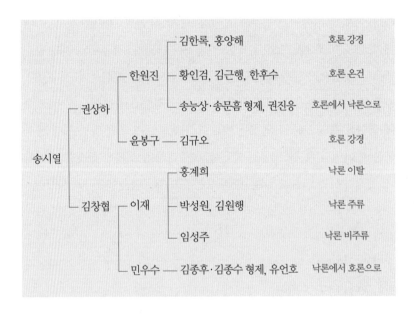

		김한록, 홍양해	호론 강경
	한원진	황인검, 김근행, 한후수	호론 온건
권상하		송능상·송문흠 형제, 권진응	호론에서 낙론으로
	윤봉구 — 김규오		호론 강경
송시열		홍계희	낙론 이탈
	이재	박성원, 김원행	낙론 주류
김창협		임성주	낙론 비주류
	민우수 — 김종후·김종수 형제, 유언호		낙론에서 호론으로

시파, 벽파와 다시 얽히다

정조는 즉위 10년을 넘기면서 국왕의 의리 주도권을 강화했다. 국왕이 제시한 의리를 중심으로 붕당들의 의리를 포섭하려는 시도였다. 정계는 국왕을 따르는 시파時派와 붕당의 의리를 고수하는 벽파僻派로 나뉘기 시작했다.

의리의 문제에서는 노론 학계가 가장 민감하게 반응했다. 정조의 방식은 애초 노론 의리를 승인하고 새로 국왕의 의리를 제기하는 수순이었다. 낙론 학자들이 이미 정조가 노론 의리의 대강大綱을 인정했다고 환영한 바 있었다. 따라서 국왕의 의리에 부합하지 않을 이유가 없다고 보았다. 출사에 구애받지 않는 이들이 다수 생겨났고, 그들은 대체로 정조를 지지하는 시파를 형성했다.

한편 정조는 호론 인사들을 완전히 소외시키지도 않았다. 노론 중에서 호론-남당 계열은 정조 초반에 많이 숙청되었다. 하지만 서울의 호론 이른바 '낙중호'는 건재했다. 대표적인 이가 민우수 학맥에 속하는 김종수와 유언호였다. 그들은 정조와 일정하게 타협하며 또 다른 정파인 벽파를 구성했다. 정계는 다시 낙론-시파, 호론-벽파로 갈라진 것이다.

시파는 국왕이 제기한 의리를 따랐기 때문에 정조의 지지를 바탕으로 대세를 장악한 듯했다. 그러나 '시時'라는 말에서도 알 수 있듯이 '(지조 없이) 시류時流를 따른다'는 의심에서 자유롭지 못했다. 또 탕평에 동조할수록 소론·남인과의 공조를 인정하지 않을 수 없었다. 국왕을 따라 타 정파와 협조할수록, 노론 내부에서는 '그들은 명분을 버리고 권

유언호
유언호는 김종수와 함께 벽파를 이끌었다. 비교적 유연한 입장을 취해 정조의 신임을 받았고 명재상으로 이름을 날렸다. 박지원과도 절친했다. 그림은 초상화의 일인자로 꼽혔던 이명기가 그렸다. 서 있는 모습, 현실적인 비례, 음영의 사용 등 새로운 화법이 선보이고 있다(서울대 규장각한국학연구원 소장).

력을 좇았다'는 비난이 높아졌다.

호론-벽파는 그 점에서 유리한 위치에 있었다. 시세를 따르지 않으므로 '궁벽하다'는 '벽僻'으로 불렸지만, 그 호칭은 그만큼 청렴하고 비타협적이라는 인상을 심어주기에 충분했다. 호론-벽파 그룹은 겉으로 보면 수세에 있는 듯했다. 하지만 정조가 사사로운 의리에 기울어 스스로 내걸었던 원칙을 벗어난다면 지지층을 확대할 가능성이 높았다. 게다가 그들은 궁중의 최고 어른인 정순왕후의 지원까지 받고 있었다.

호론의 기대는 정조의 통치 말년에 현실이 되었다. 정조는 점차 전제권을 강화했고, 그럴수록 정순왕후를 중심으로 한 조야의 반대 역시 강해졌다. 호론-벽파는 힘을 얻었다. 대체로 호론이 여론에 불을 지피고, 정계에서 벽파가 나서는 형국이었다. 학파와 정파의 연계는 다시 공고해졌다.

중간에 있던 이들은 싸움이 불붙으리라 예감했다. 호론 학자 송환기는 송시열의 후손이자 송능상의 문인이었다. 대체로 권상하, 한원진으로 이어지는 호론의 설을 지지했다. 그러나 과격한 논쟁과 지나친 자기 고집에는 평소 꽤 비판적이었다. 1795년(정조 19)에는 "호락논쟁이 혈기가 판치는 싸움이 되어 세상을 시끄럽게 만드니 그냥 지나가지 않을 것이다"라고 했다.[135]

큰일을 예감하기는 낙론에서도 마찬가지였다. 낙론 학자 홍직필은 김원행-박윤원으로 이어지는 낙론의 핵심 학맥을 계승했다. 그 역시 1796년에 송환기에게 근심이 가득 담긴 편지를 보냈다.

아아, 오랑캐의 습속에 물들어도 사람들이 부끄러워하지 않고 그릇

된 논의가 창궐해도 괴이하게 여기지 않으니, 오랑캐와 짐승의 세상으로 빠르게 변하고 있습니다. 성범심聖凡心과 인물성人物性을 두고 호론과 낙론이 서로 싸워 시비是非를 산처럼 벌여놓으니 나뉘고 또 나뉘고 갈라지고 또 갈라졌습니다. 창을 들고 검을 쥐고서 아웅다웅 싸우니 피투성이가 되지 않는 게 그나마 행운이랄까요.[136]

정조가 사망하기 수개월 전인 1799년(정조 23) 10월에 호론에서 집단 행동에 나섰다. 김운주를 비롯한 635명의 유생이 상소를 올려 한원진의 시호諡號를 청한 것이다. 한원진은 시호를 받을 자격과 업적이 넉넉했다. 하지만, 영조에게 미움 받아 내쳐졌고 그의 조카 등이 정조 초에 역모로 죽었으므로, 이때까지 시호는커녕 관직조차 추증되지 않았다.

제법 민감한 사안이었던지라 정조는 대신 등에게 문의를 했다. 좌의정 심환지는 "호걸스러운 선비이고 학문과 경륜을 겸비했으므로 정경正卿을 추증하는 것은 좋으나, 시호는 경솔하게 결정하지 못하겠다"고 했다.[137] 김종수를 이어 벽파를 이끌었던 심환지조차 시호 문제에 미적거린 일은 뜻밖이다. 심환지의 의견대로 정조는 이날 이조판서만을 추증했다. 한원진의 시호는 순조가 즉위하고 벽파가 실권을 쥐었던 1802년에 가서야 '문순文純'으로 결정되었다.[138]

한원진의 시호 요청에서 정작 문제는 과정과 내용이었다. 김운주 등은 상소를 작성하기 전에 통문을 돌려 힘을 모았다. 그런데 이름이 잘못 들어갔거나 심지어 도둑질 당했다는 이들이 있어 소동이 일어났다.

내용은 더 파장이 컸다. 한원진의 학문 성과를 강조하기 위해 "여러 학파의 오래된 잘못을 바르게 판별했다[辨諸家愈久之失]"라고 쓴 대목이 문제였다. '오래된 잘못'이라는 '유구지실愈久之失'은 《중용》 서문에 "성인聖人과 거리가 멀어지니 이단이 생겨났다. 자사子思께서는 더욱 시간이 갈수록 그 참을 잃을까 두려워하여[去聖遠而異端起矣 子思懼夫愈久而愈失其眞也]"를 떠올리게 했다. 그렇다면 한원진이 바로잡은 '오래된 잘못'이란 바로 '여러 이단들'이란 논리가 성립했다. 낙론의 많은 학자들은 "이 상소는 한원진이 비판했던 선배들 그리고 한원진과 논쟁했던 당대의 학자들은 은연중에 이단으로 몰았다"고 여기저기서 들고 일어났다.[139] 양측의 대립은 걷잡을 수가 없게 되었다.

정조는 싸움의 격화를 우려했다. 벽파를 이끌던 심환지에게 보낸 편지에 그의 고심이 엿보인다.

> 근래 어떤 일에 대해 아무개 등이 서간으로 발문跋文으로 점차 싸움터를 만들고 있으니 이로부터 세도世道가 어그러지고 유림儒林은 갈라질 것이라 두려운 걱정이 한두 가지가 아니다. 이런데도 경 같은 사람이 아직도 입을 다물고 수수방관하며 잠자코 좌시해서야 되겠는가?…… 또 김매순처럼 입에서 젖내 나는 자가 감히 선현先賢(한원진을 말함)을 모욕하여 붓끝에 올리기까지 했으니 만일 그들이 제멋대로 하게 내버려둔다면 조정에 어른이 있다고 할 수 있겠는가?…… 또 한원진 문하의 사람들로 말하자면 지금부터 변무辨誣하는 말을 하지 않는 것을 비장의 계책으로 삼아야 할 것이다.[140]

정조는 심환지에게 적극적으로 나서달라고 부탁했다. 낙론에 속한 김매순을 꾸짖어 심환지와 호론을 달랬고, 호론에게도 말썽을 일으키지 말라고 경고했다.

　심환지의 의견을 받아들여 한원진에게 추증은 허락하고 시호는 허락하지 않았던 방식과 흡사하다. 그때도 위에서처럼 두 사람이 미리 수위를 조절했는지도 모른다. 여하튼 정조의 이 미봉책에는 심환지도 대체로 동조했다. 그러나 정조의 죽음 이후 미봉은 틀어졌고, 격랑이 일었다. 그 격랑은 이 책의 7장에서 볼 예정이다.

李采

尹愭·丁若鏞·洪大容

논쟁 주제가 퍼지고 참여 학자들이 많아지자
권력, 이해타산이 덩달아 따라왔다.
생동하는 사유와 순수한 초심은 사라졌고,
독선과 아집이 종종 끼어들었다.
'철학의 왕국'이었던 조선의 큰 애로점은
공담空談의 유행이었다.
아래와 같은 비판은 제법 많았다.

"제자와 후학이 나뉘면 당파가 나뉘는 것은 자명하다.
당론이 일어나면 틈이 생기고 상대를 해치기 위해 날마다 싸움거리를 찾지 않을 수 없다.
그렇게 되면 정신을 쏟는 일이라고는 자기와 의견이 다른 사람을 배척하는 것뿐이다.
그러므로 백성과 나라의 이익에 관한 일은 자연히 쓸데없는 게 되어버린다.
병력은 약해지기를 기다리지 않아도 저절로 약해지고,
재용은 빈곤해지기를 기다리지 않아도 저절로 빈곤해진다.
무릇 이런 것들은 모두 이치상 필연적으로 닥쳐오는 일이다."[6]

호락논쟁에서 한 발 떨어져 있던 정동유란 학자의 말이다.
그는 소론에 속했으므로 이 글이 노론의 호락논쟁을 겨냥했는지는 알 수 없다.
그러나 독선에 사로잡히고 권력과 이해에 취한 학문 세태에 대한 비판은 날카롭다.
'이치상 필연'이라는 진단에서 어찌할 수 없는 무력감마저 느껴진다.
어떻게 해야 저 도저한 필연에서 벗어날 수 있을까.

06 | 반성과 성찰

'공담 비판'에서 실학까지 … 호락논쟁을 뛰어넘은 홍대용 … 타자 담론 파고들기

1. '공담 비판'에서 실학까지

혈전血戰에서 벗어나기

전라도에서 올라와 김원행 밑에서 공부한 황윤석이란 학자가 있었다. 그는 죽기 며칠 전까지 수십 년 동안 꼼꼼히 일기를 썼다. 일기는 그의 호인 '이재頤齋'를 따서 《이재난고頤齋亂藁》라는 이름으로 전한다. 한문 본으로는 57권이고 현대의 영인본으로도 10책의 방대한 분량이다. 황 윤석의 일기는 18세기 서울의 인물지이자 생활지로 불리기에 모자람 이 없다. 호락논쟁과 관련한 이런저런 뒷얘기를 알려주는 데에도 이 일 기만한 게 없다. 그중에는 이런 이야기도 있다.

(1779년 정조 3년) 5월 5일.…… 이날 해질 무렵 조 아무개를 만나 대화를 했다. 대화는 호학과 낙학이 심성心性을 두고 다투는 데에 이르렀다. 그가 말하길, "우리 집의 가학家學은 낙학입니다. 하지만 가까운 친척 중에는 호학도 있기에 자못 호학의 주장도 듣곤 하지요. 그런데 학문에 대한 견해 때문에 양 편에서 큰 사단이 일어나고 끝내 피를 부르는 혈전血戰까지 벌어졌으니 참으로 모를 일입니다."[142]

'조 아무개'는 조경진이라는 선비이다. 그의 할아버지는 김창협의 문인 조영복이었고, 부친 조중회는 이재의 문인이었으니, 그의 집안은 대대로 낙론이었다. 그러나 친척들 중에 호론을 주장한 이들도 제법 있었나 보다. 친척들끼리도 '혈전'을 벌였다는 표현에서는 논쟁이 얼마나 치열하고, 또 중간에 낀 사람들이 얼마나 착잡했을지 퍽 이해된다.

학문 시비가 감정 대립으로 불똥이 튀고 이해타산이 얽히자 풀기 힘든 실타래처럼 꼬여버렸다. 이를 어떻게 풀어야 할까. 반성과 원인 규명이 먼저였다. 당사자였던 노론 학계에서 가장 먼저 비판이 싹텄음은 물론이었다.

김창협의 조카 김용겸은 이 논쟁은 도학道學의 근본을 알지 못하고 '말꼬리만을 흉내 내어 빚어진 일'이라고 분석했다.[143] 근본을 망각하고 말꼬투리만 잡는 관행, 겉멋에 빠진 풍조를 비판하는 촌철살인의 논평이다.

호론의 거두 송환기도 과격해진 논쟁 양상을 걱정했다. 그는 주변에서 반성하는 호론 선비들도 적극적으로 소개했다.

진사 신광흡은 일찍이 고금 인물의 주장과 잘잘못을 평했는데 호락의 심성설을 두고 사람들이 제각각 문호를 세우는 일을 깊이 경계하고 탄식하며 교류를 매우 신중하게 했다.[144]

김용겸, 황윤석, 송환기보다 조금 어린 연배였던 이채는 우려와 분석을 잘 표현했다.

동인과 서인이 갈라서니 그 화가 기사년의 환국을 불렀고, 노론과 소론이 분당하니 그 해독은 신임옥사를 빚어냈다. 지금 '호', '낙'이라 불리게 된 발단은 원래 미미했었다. 그저 심성心性에 대한 견해 차였는데, 강문팔학사가 분열하여 각기 문호를 이루고, 자손과 문도들이 반목하며 무리를 지으니, 참으로 세상의 우려가 되었다.…… 한원진과 대립하여 논쟁을 벌였던 사람은 이간이었다. 때문에 세상에서 이 논쟁을 말할 때는 반드시 한원진과 이간을 거론한다. 나의 할아버지 이재와 한원진 사이에는 논쟁이 없었고 다만 (이재의 제자인) 최석이 지은 시詩 한 편으로 인해 말이 나오고 양쪽 집안에 혐의가 생겨 마침내 서로 관직에서 피하는 지경까지 되었다. 그러자 사람들이 이전 학설까지 거슬러 올라가 추리하니 이 또한 불행이다.[145]

이채는 낙론의 거두였던 이재의 손자였고, 그의 발언은 상당한 무게를 지니고 있었다. 세상에 불어 닥칠 풍파에 대한 근심이 깊어 보인다. 전후 사정을 따진 이채의 말은 옳았다. 애초 동문들 사이의 논쟁이었고, 학파 사이의 대립은 없었다. 그러나 학파가 커가는 한 오해와 충돌은 불가피했다. 한 편의 시가 도화선이 되어 끝내는 가문까지 원수가 되었다. 그리고 사람들은 처음부터 학설이 대립했던 것처럼 거슬러 추리하고 과거를 재구성했다. 과거와 현재가 돌고 도는 뫼비우스의 띠처럼 되어버린 것이다.

영조와 정조, '한 쪽을 편들면 다툼이 생긴다'

논쟁 밖에 있던 사람들은 뫼비우스의 띠에 균열을 내는 데 간접적으로 기여했다. 먼저 국왕들이다.

영조는 즉위 초부터 학자들의 성리논쟁에 관여하지 않았다. '자식들의 다툼이므로 어버이인 군주는 관여하지 않는다'는 논리였다. 그 입장은 끝까지 지켜졌을까. 재위한 지 34년(1758)에 서지수가 호락논쟁을 경연에서 끄집어냈다.

> 서지수가 나와 말했다. "신이 일찍이 인성人性과 물성物性이 각기 다르다는 사실을 알고, 일전에 감시監試의 초시初試에서 이것으로 문제의 제목을 삼았습니다. 이 문제는 근래 학자들이 논쟁하던 것이라 합니다. 고故 유현儒賢 권상하는 서로 다르다고 했고, 김창흡과 이재는 같다고 했습니다."[146]

당시 경연에서는 《중용》을 공부하고 있었다. 호락논쟁의 중요한 단초를 제공한 경전이므로 서지수의 말이 심하게 무리하다고 볼 수는 없

이재와 이채
이재와 이재의 손자 이채, 유학자의 풍모를 잘 드러낸 두 작품 모두 걸작으로 평가받는다. 두 사람의 모습이 매우 닮은 점도 흥미롭다. 학계에서는 손자 이채의 초상을 기초로 이재의 초상을 그렸기 때문이라는 설과, 동일 인물로 보기 어렵다는 설이 대립하고 있다(국립중앙박물관 소장).

었다. 영조의 반응은 어땠을까.

> 임금이 말했다. "지금 싸울 만한 게 없으니 글귀를 가지고 싸우게 하려
> 는가? 나는 유생들이 자기들 다툼을 나에게 결판해달라 할까봐 두렵다."
> 임금이 하교했다. "경연은 격식이 엄중하다. 선비들이 서로 다투는 글귀
> 따위는 아뢸 수가 없는 것인데 이를 아뢰었으니, 신칙하지 않을 수 없다."
> 임금이 사직 서지수를 파직시켰다.

영조는 논쟁의 내용에는 상관하지 않았다. 글귀로 싸우는 풍조에 대
한 실망과, 임금이 유생들의 논쟁에 개입하지 않는다는 단호함만을 보
였다. 그 원칙을 위배한 서지수는 영조의 노여움을 사 파직되었다. 특
정한 학파와 학설을 공개적으로 지지하지 않았던 영조의 방침은 시종
일관 굳건했던 것이다.

정조는 의리를 전면에 내세웠던 만큼, 학문과 학계의 동향에 영조보
다 더 적극적으로 대응했다. 호론과 낙론의 동향과 정치 활동에 민감하
게 반응했음은 앞 장에서 이미 본 바다. 그렇다면 정조는 호락논쟁 자
체에 대해서는 어떻게 생각했을까.

> 요즘 호학과 낙학의 여러 유생들이 인성과 물성이 오상五常을 갖추
> 었는가하는 문제, 심체心體에 기질氣質이 있느냐 없느냐 하는 문제를
> 두고 논쟁하여 하나의 큰 사안을 만들었다. 이 문제는 정말로 이기심
> 성理氣心性의 총체적이고 중추적인 문제라고 말할 수 있다. 그러나 나
> 는 여기에 대해 한 번도 언급한 적이 없었다. 이 주제들은 쉽게 말할

수 없을 뿐만 아니라, 어느 쪽을 편들고 어느 쪽을 배제한다면 다툼의 실마리가 생겨날까 두려워서이다.[147]

정조는 호락논쟁의 주제들이 성리학에서 가장 핵심적인 문제였다고 평가했다. 개인적으로는 충분히 자기 견해를 가졌을 법도 하다. 그러나 국왕이 한 쪽 손을 들어준다면 이를 빌미로 정쟁이 빚어질까 염려하지 않을 수 없었다. 정조 또한 중립을 지켰다.

그러나 학자들의 스승을 자처했던 정조일진대 성리학의 중요한 문제를 마냥 도외시하고만 있었을까. 정조가 규장각 신하들과《맹자》〈고자장告子章〉을 강할 때였다. 이 장은 맹자와 제자 고자가 인간의 본성을 논한 내용이 핵심이었다. 호락논쟁에서 가장 많이 인용된 전거 중의 하나였다. 여기서 규장각 각신 김근순은 자신의 집안은 낙론이었으므로 호론이 잘못되었다 하며 넌지시 정조의 의중을 물었다. 그에 대한 정조의 대답이다.

대저 의리는 공적인 물건이니 이치에 맞으면 의義가 된다. 그런데 후세 사람들은 사사로운 뜻에 사로잡혀 입 벌리고 눈을 깜빡할 새에 편을 갈라 날조하고는 마침내 두 개의 구역을 만들고, 그 다음에 이쪽 편이나 저쪽 편에 들어가서는 작게는 분쟁을 만들고 크게는 당론黨論을 만든다.…… 그러므로 근래의 이른바 인성과 물성이 같으냐 다르냐 하는 문제는 한 쪽을 편들고 한 쪽을 억눌러 억지로 해석할 필요가 없다.[148]

발끈했던 영조와 달리, 정조는 차분하게 학문 풍토를 비판했다. 학문 분야에 사사로운 이익을 개입시켜 사회적, 정치적 분쟁으로 비화시키는 메커니즘 자체를 비판했던 것이다. 정조는 해법까지 제시했다.

> 굳이 밝히고자 한다면 맹자, 정자, 주자의 설을 종류별로 모아 서로 다른 듯 보이지만 사실은 근본적으로 같은 의미임을 따져야 한다. 이렇게 하면 이理에 속하거나, 기氣에 속하거나, 이기를 겸해 속하는 문제들이 제각각 귀결을 얻을 것이다.

학설들의 맥락과 취지를 제대로 따진다면 제반 주장들의 의미를 정리할 수 있다는 말이다. 정조의 입장은 반성, 성찰을 강조했던 신중한 학자들과 통하고 있었다.

여기서 길게 언급할 수는 없지만, 사실 정조의 시선은 노론 내부의 논쟁을 넘어서 있었다. 잘 알려져 있다시피 그는 경학經學을 강조했고, 문체반정文體反正을 도모하며 새로운 문체인 소품小品을 억누르는 보수적 면모가 강했다. 그러나 이용후생과 실학을 강조하였고, 서학을 제한적으로 용인하는 진보적 면모도 없지 않았다. 둘을 합친다면 실용적 개혁을 통해 흐트러지는 유학적 질서를 보완한다고나 할까. 그의 목표는 유학 국가의 전반적인 운명을 근심하고 있었다.

남인과 소론, '학문으로 후세를 죽이지 말라'

노론과 정치적으로 대립하고 있었던 남인이나 소론의 학자들은 이 논쟁을 어떻게 보고 있었을까. 그들은 애초 논쟁에서 한발 물러서 있었다. 그러나 18세기 후반 호락논쟁이 학계의 공통 관심사가 되자 자연스레 정보를 접하게 되었다.

이익의 제자로 남인 학자였던 윤기는 친구를 통해 호락논쟁을 다룬 글을 보게 되었다.

> 나는 일찍이 세상에 호락쟁변湖洛爭辨이 있다고 들었다. 그러나 집안에 틀어박혀 교제하지 않다 보니 그에 관한 글을 보지 못했다. 그러다가 우연히 벗의 집에서 한 책을 보았는데 바로 이 일을 기록한 것이었다. 대개 이재의 문인 최석이 한원진을 찾아가 강론하고 돌아와 이재에게 고하자, 이재는 시를 지어 한원진을 비난했다. 한원진이 이에 반박하자, 최석은 한원진을 조목조목 비판했다.…… 쌍방이 격렬해져서 서로 맹렬히 비난하며, 장문의 글로 근거를 인용하고 자세히 논증했다. 지금까지도 양측의 문인들은 자기 스승의 설을 지키며 서로 다투고 있다. 세상에서는 이들을 '호당湖黨', '낙당洛黨'이라고 부르는데, 한원진은 충청도[湖]에 살았고 이재는 서울[洛]에 살았기 때문이다. 내가 보니 눈이 어질어질하고 입이 딱 벌어졌다가 한참 뒤에야 생각이 들었다. '심心·성性에 대한 설은 두 마디면 판가름 나는데, 이처럼 많은 말을 할 게 뭔가. 그 내용이 경전에 나오는데 여러 학자들이 살피지 못했을 뿐이지.[149]

윤기는 많은 정보를 접하지는 못했다. 한산사에서 벌어진 강문팔학사 사이의 1차 논쟁은 잘 알지 못했고, 2차 논쟁에 해당하는 이재와 한원진 사이의 논쟁을 보았을 뿐이었다. 그것만 해도 처음에는 '눈은 어질어질, 입은 딱 벌어질' 정도였다. 나름 호기도 생겨났던 듯 '두 마디면 결판나겠다'며 자신도 정리를 해보았다. 이어지는 그의 글을 보면 여러 견해에 대한 정리 작업이 제법 길게 이어져 있다. 애초 생각처럼 쉽게 결론내릴 수 있는 문제는 아니었던 것이다. 그러나 뭔가 찜찜했다. 윤기는 또 한 편의 글을 지었다.

（위대한 장인의 훌륭한 건축에 대해） 훗날 세상에서 이름난 목수가 보고는 자신이 손댄 곳이 하나도 없음을 수치로 여긴다. 그는 팔뚝을 걷어붙이고 의심할 필요 없는 것을 의심하면서, "위대한 장인의 뜻은 본디 이러이러했는데 살고 있는 사람들이 잘 모른다"라고 한다. 또는 "위대한 장인의 뜻은 원래 이러지 않았는데 설계도를 잘못 보았다"라고도 하고, "위대한 장인의 솜씨도 완전하지는 않은데 후인들이 이를 깨닫지 못한다"라고도 하고, "위대한 장인이 다른 곳에서는 이렇게 하지 않았는데 여기서는 이렇게 했다"라고도 한다.
온갖 흠을 찾고 모순된 곳을 끌어내어 교묘하게 새 뜻을 내고 기이한 논설로 꾸민다. 그러고는 스스로 "이전 사람이 밝혀내지 못한 점을 밝혀냈다"라고 자부한다. 그러나 결국은 고생은 고생대로 하면서 자신도 모르는 중에 안목 있는 사람들의 비웃음만 사게 된다.[1500]

윤기의 정리는 날카롭고 냉소적이다. 의도, 과정, 맥락 따위를 들어

자의적으로 해석을 덧대는 작업을 비판했다. 호론의 한원진이 의도, 과정, 맥락을 모두 감안한 《주자언론동이고》를 저술하여 완벽한 주자의 성채를 구축했다면, 그는 정반대 지점으로 나아갔던 것이다.

오류와 번쇄함에 대한 비판이 정당할지라도, 윤기의 주장은 자칫 후대의 해석 자체가 무용하다는 식이 될 수도 있다. 윤기의 본의는 과연 그것이었을까. 비판은 이어진다.

> 이 같은 잘못이 빚어지는 원인은 오로지 자신이 손댄 곳이 하나도 없음을 수치로 여기는 데서 기인한다. 이는 참으로 이른바 마음을 쓸수록 날로 졸렬해진다[心勞日拙]는 격이니, 무슨 유익함이 있겠는가?

윤기의 초점은 해석하는 사람의 태도에 맞추어졌다. 명예, 자기 과시, 승부욕을 동력 삼아 스스로를 드러내려는 마음이 문제인 것이다. 유교에서는 이 같은 공부를 '위인지학爲人之學', 즉 다른 사람에게 자신을 드러내기 위한 학문이라고 정의했다. 예나 지금이나 항상 새겨야 할 경구이다.

정약용 또한 호락논쟁을 잘 알고 있었다. 그는 호론과 낙론의 학설을 간결하게 비평했다.

> 개와 소와 사람의 성性이 기질지성氣質之性을 함께 가지고 있다면 이는 사람을 폄하하는 것이다. 그렇다고 해서 그것들이 도의지성道義之性을 함께 가지고 있다고 한다면 그것은 금수를 높이는 것이다. 두 가지 설은 모두 병통이 있다.[151]

두 학설이 가진 취약점을 요령 있게 지적했다. 그의 비판은 학설에만 머무르지도 않았다.

> 지금 성리학을 하는 사람들은 이기理氣다, 성정性情이다, 체용體用이다 하는가 하면, 본연本然이다, 기질氣質이다, 이발理發이다, 기발氣發이다, 이발已發이다, 미발未發이다, 단지單指다, 겸지兼指다, 이동기이理同氣異이다, 기동이이氣同理異이다, 심선무악心善無惡이다, 심유선악心有善惡이다 하면서 줄기, 가지, 잎새가 수천 수만으로 갈라져 있다. 터럭 끝까지 세밀히 분석하면서 서로 자기의 주장이 옳다고 기세를 올리면서 남의 주장을 배척한다.…… 저마다 하나의 주장을 내세우고 보루를 구축하여, 한 세대가 끝나도록 시비是非를 판결할 수가 없다. 그뿐 아니라, 대대로 전해내려 서로의 원망을 풀 수가 없다. 자기의 주장에 찬동하는 사람은 존대하고 반대하는 사람은 천시하며, 의견을 같이하는 사람은 떠받들고 달리하는 사람은 공격한다.[152]

지나치게 번쇄하고, 독선에 빠지며, 승패에 집착해 정작 중요한 근본 의미를 놓친 학문 풍토에 대한 비판이 신랄하다.

냉소와 양비론은 소론 학자들도 비슷했다. 다만 그들은 영조 중후반 이후 정치 명분을 상실했으므로, 일부는 전문 영역을 파고들거나 일부는 양명학을 공부했다. 그 때문인지 호락논쟁에 대한 직접 발언은 찾기 어렵다. 대신 숙종 대에 사상논쟁에서 수세에 몰렸던 경험이 있었으므로 학술과 의리를 내세운 공세가 얼마나 두려운지 잘 알고 있었다. 정동유의 글이다.

옛 사람이 '재물로 자손을 죽이지 말고 학술로 천하 후세를 죽이지 말라'고 했다. 이야말로 정론이다. 재물을 축적한 집안에 패망하는 자손들이 많은 이치는 참으로 알기 쉽다. 반면 학술은 그 시대의 군주를 보좌해 백성을 통치하는 도리가 아니겠는가. 그런데도 나쁜 풍속이 천하 후세를 죽이는 지경에 이른 것은 어째서인가. 대체로 학술이 한번 어그러지면 마침내 명성을 좇는 길에 들어서게 마련이다. 명성을 좇는 일이 학파의 지침이 되면 사람을 죽여 명성을 얻는 일도 서슴지 않는다. 명성을 탐하는 것과 이익을 탐하는 것은 똑같은 악행이지만, 명성을 탐하는 폐해가 이익을 탐하는 폐해보다 정도가 심하다.…… 남들의 죄를 성토할 때마다 반드시 의리라는 명분을 내세워 삼엄한 죄안을 만들어내고 있다. 아아, 의리 두 글자가 후세에 사람을 죽이는 칼과 도끼가 될 줄 누가 알았으랴. 생각할수록 가슴이 아프다.[153]

반성, 비판, 중립, 냉소 모두가 논쟁의 승패를 판정하기보다는 논쟁에서 이익을 바라는 못된 의도에 초점을 맞추었다. 그리고 한결같이 애초의 진지한 취지를 상기하고 건강한 소통을 촉구하는 쪽으로 모아지고 있었다.

실實을 향하여

극단까지 가면 반환점이 나타나고, 폐단이 극심하면 새로운 바람을 갈망하기 마련이었다. 공담空談이 횡행하자 반성이 일어났고, 반성 후에는 대안을 찾아나섰다. 호락논쟁을 비판했던 송환기의 제자 송치규는 반성과 대안의 단초를 보여주었다.

> 심성心性과 이기理氣의 논의가 세상 학자들의 병이 되었다. 진리를 구하고 실천하지 않고 입으로만 외는 말단에 치중했기 때문이다. 급기야 호론과 낙론이 나뉘자 서로 싸움판이 벌어졌다. 심하면 눈썹을 치켜들고 눈을 부라리며 상대를 원수처럼 여긴다.…… 이것은 급한 일이 아니니 실심實心으로 공부하고 사물의 본체를 잘 알고 행동하면 스스로 깨닫는 바가 있을 것이다.[154]

실심實心, 곧 진실한 마음을 다시 갖추고 사물을 새롭게 보는 자세가 필요했다. 유혹과 유행에 빠지지 말고 근본을 되새기자는 말이다. 근본적인 태도란 무엇일까. 낙론 학자 홍석주의 말이다.

> 지금의 선비로서 학문에 종사하는 자는 반드시 자기의 수양을 위하고[爲己] 실천에 힘써야[務實] 한다.[155]

헛된 공담에 매달리는 풍조를 벗어나 자기 성찰과 실천에 힘쓰자고 했다. 많은 학자들이 진실眞實, 현실現實, 실천實踐, 무실務實 등을 외쳤는데 모두 '실實'이 들어가 있다. 호락논쟁이 성리학의 극단적인 폐해를 드러내고 쇠락하고 있었다면, 그 폐단을 거름 삼아 '실의 정신'이 싹트고 있었다.

왕성하게 일어난 실에 대한 강조는 지역과 정파를 가리지 않았다. 하백원은 흥미로운 보기이다. 그는 송환기의 제자였다. 송환기는 한원진-송능상으로 이어지는 학맥에 있었고 송시열의 후손으로 호론에서 명망이 높았으나 호락논쟁에는 거리를 두었다. 제자 하백원 또한 스승의 뜻을 계승했다. 그러나 대안을 더 명확히 밝혔다.

> 근래 학자들은…… 거의 모두 입으로만 외우고 뜻 캐기에만 몰두한다. 고상하게 성명性命을 말하고 경전의 뜻을 해석한들 옛 사람이 남긴 찌꺼기나 붙들고 연연하는 꼴이다.…… 인간의 본성이 어쩌고, 하늘의 이치가 어쩌고 하며 천만 가지로 설명하지만 세월이 다가도 실용을 얻지 못한다.…… 설령 경전의 깊은 뜻과 성리性理의 개념을 한두 개 찾고 새로운 경지를 밝혔다 하더라도, 자신을 성찰하고 실천하지 않는다면 스스로에게 무슨 도움이 되겠는가.[156]

실용과 실천의 강조가 선명하다. 무엇이 하백원을 이채롭게 했을까. 그는 전라도에 살았고, 당시에는 유명하지 않았다. 송환기의 제자였지만, 나경적이란 학자의 영향도 크게 받았다. 나경적은 전라도 화순에서 스스로 자명종, 자전마自轉磨(자동맷돌), 자전수차自轉水車, 혼천의 등을 만들었던 학자였다. 하백원 또한 기술, 지리, 역산曆算 등에 조예가 깊었다. 특히 농업기술 분야에서 성취가 뛰어나 물을 자동으로 끌어올리는 자승차自升車를 고안했다. 나경적과 그의 제자 안처인, 하백원 등은 홍대용과도 교류하며 실용적인 학문을 갈고 닦았다. 그들 모두 이용후생利用厚生을 강조하는 새 학문의 분위기를 만들어냈고 있었던 것이다.

실의 정신을 강조하는 흐름에서의 정점은 일종의 담론을 만들어낸 일이었다. 아래는 낙론이면서 북학파로도 평가받는 성대중의 글이다.

> 고대에 배웠던 것은 예악사어서수禮樂射御書數이니 모두 실용적인 것이었다. 그러나 지금 예禮는 통례원通禮院의 관리가, 악樂은 장악원掌樂院의 악공이, 활쏘기[射]는 훈련원訓鍊院의 한량이, 말몰이[御]는 사복시司僕寺의 말담당[理馬]이, 글쓰기[書]는 사자관寫字官이, 산수算數는 호조의 계사計士가 맡았고 유학자는 관여하지 않는다. 그러면서 학자들은 성性이니, 명命이니, 천도天道와 같은, 공자께서도 드물게 말씀하셨던 것들을 도학道學이라 말하고 세상에 떠든다. 어린아이까지 모두 도학에는 능하지만 실용이라면 마치 쓸모없는 물건처럼 보니 삼대三代의 풍속을 어떻게 다시 볼 수 있겠는가.[157]

요지는 '유학이란 본래 일상에서 배우고 세상에 도움이 되는 일용경세日用經世의 학문이었는데, 시대가 흘러 번쇄해지고 현학적이 되어 본뜻을 잃었다'는 의미이다. 당시에는 이 같은 비판이 적지 않았다. 그런데 이 주장에서 실實에 대한 강조가 '유학의 근본 정신을 회복하자', '고대의 이상사회로 돌아가자'라는 식으로 과거를 소환했음이 주목된다. 미로 같은 호락논쟁에서 빠져나왔는데 오래전 과거의 원형이 겹친다면 좀 당혹스러울 수도 있겠다.

이 점을 잠깐 짚어보자. 위대한 종교와 사상 창시자들의 언행은 소박했다. 일상, 자연을 소재 삼은 이야기, 비유와 우화, 노래, 금언과 경구 등으로 가득했다. 한마디로 생생했다. 이를 논리화하고 개념화하고 추

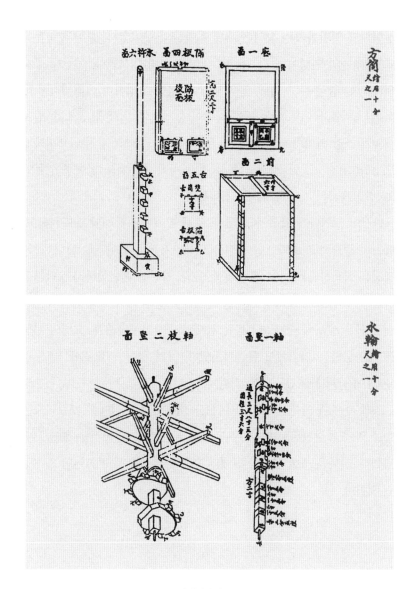

하백원의 자승차
하백원은 1801년 경 자승차自升車를 고안했다.
물을 끌어올리는 수차水車는 이용후생을 위한 대표적인 기구였다.

상화하고 일반화하는 작업은 후대 학자들의 몫이었다. 중세의 학문은 교조教祖들의 언행이 담긴 경전에 대한 해석의 역사였다. 예컨대 공자의 짤막한 말을 두고 의도, 글의 맥락, 상황을 고려하며 이러저러한 해석이 난무했다. 어떤 이는 글자 깊숙이 숨겨진 깊은 뜻을 캤으며, 심지어 비밀스런 의미가 따로 있거나, 문자 자체에 주술적 힘이 있으리라고도 보았다. 진리는 문자와 글을 독점한 지식 지배자의 언어를 맴돌았고, 현실에서는 지배의 권위를 강화했다.

반성이 생겨나지 않을 수 없었다. 중세 말기에는 동서양을 막론하고, 애초의 생생하고 소박했던 정신을 되새기자는 운동이 일어났다. 근본 정신을 회복하자는 기치 아래 일상, 물리, 자연을 재인식하자는 담론을 만들었다. 관념과 해석의 거대한 체계에서 현실 세계로의 귀환이었다. 이 흐름은 중세에 대한 거부라는 점에서 급진적이었지만, 고대의 이상을 재현한다는 의미에서 근본적이었다. 마치 영어 'radical'에 '급진'과 '근본'이 함께 들어있는 것과 같다.

조선 후기에 일어난 유학의 이상을 회복하고 현실에서 개혁하자는 학풍 역시 그런 맥락이었다. 우리는 지금 이를 '실학'이라는 용어로 명명했다. 실학은 조선 성리학 전체의 반성에 뿌리를 두고 피어난 열매였던 것이다.

2. 호락논쟁을 뛰어넘은 홍대용

많은 유학자들은 여전히 '입으로만 외우고 유학의 껍데기를 붙들고 있었다.' 우리가 실實의 추구에 주목하는 이유는 통렬한 반성이 변화의 씨앗이 되었음을 알기 때문이다. 반성의 흐름 중에 유교의 세계관 너머를 꿈꾼 이들은 없었을까. 어떤 이들은 서학西學을 믿기 시작했고, 어떤 이들은 민民에서 새로운 희망을 찾았다. 호락논쟁의 영역에 있던 학자들 중에서는 홍대용이 또 다른 영역으로 나아가고 있었다.

공관병수公觀並受, 공평하게 보고 두루 받아들이기

1766년 1월 4일 청나라 북경 정양문正陽門 앞. 지금 정양문은 천안문 광장의 남쪽, 마오쩌둥 기념관에 살짝 가려진 채, 성벽도 없이 덩그라니 있지만, 청나라 시절 그 앞은 오가는 행인과 상점들로 최고의 번화가임을 자랑했다.

1766년의 그날도 그랬다. 조선에서 온 36세의 홍대용은 그 화려함 앞에서 감탄과 한탄이 뒤섞인 묘한 기분에 젖었다.

> 수많은 수레와 말이 드나들고 바퀴 구르는 소리는 벽력같네. 옆사람 말소리도 들리지 않으니 참으로 천하의 장관이구나!…… 슬프다. 이렇게 번화한 곳을 오랑캐가 관장한 지 100년이 넘었는데도 회복할 계책이 없으니, 중국에 과연 사람이 있다고 할 수 있겠는가.[158]

감탄과 한탄이 교차하는 홍대용의 착잡함은 꽤나 연고가 깊었다. 조선의 지식인들은 '오랑캐 왕조'인 청이 100년을 넘기지 못하리라고 예상했다. 100년에 해당하는 18세기 중엽, 홍대용을 비롯한 조선 지식인들의 기대는 빗나갔고, 청의 융성이 도래했다. 그의 묘한 느낌은 기대와 현실의 불일치에서 비롯한 것이었다. 사실 홍대용 이전의 많은 연행 사신들도 그 같은 불일치를 경험했다. 그렇지만 홍대용처럼 해법을 집요하게 파고든 이는 없었다. 고민의 끝에서 그는 호락논쟁의 사유를 뛰어넘는 새로운 차원을 열었다.

지금부터 홍대용의 생애를 더듬으며 그의 사유가 도달한 지점을 확

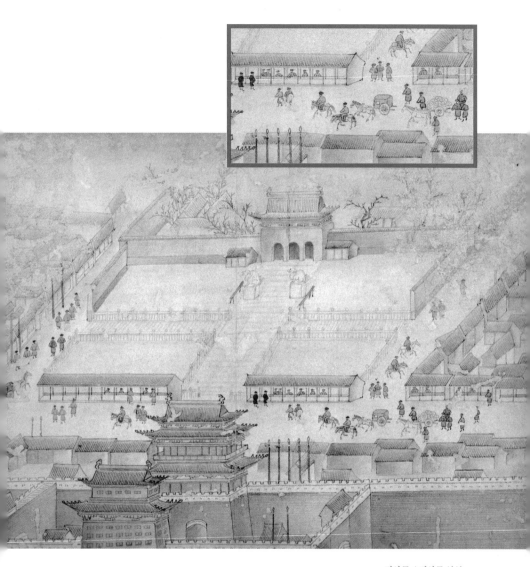

1790년 경의 북경 정양문正陽門과 정양문 인근 도로. 듬성듬성 표현한 조선의 그림에도 제법 인마가 넘쳤다. 홍대용이 보았던 모습이 이와 크게 다르지 않았을 것이다. 그림은 숭실대 한국기독교박물관이 소장한 〈연행도〉에 실려 있다. 1789~1790년에 연행한 김홍도의 작품으로 추정된다.

인해보자. 홍대용은 노론의 명문 출신이었다. 낙론을 크게 확장한 김원행에게 배워 수제자가 되었다. 김원행은 홍대용의 5촌 고모부이기도했다. 어느 모로나 그는 낙론을 크게 번성시킬 기대주였다. 그런데 홍대용의 사고는 좀 달랐다. 20대 초반의 홍대용은 소론이나 남인들의 주장도 접하며 노론에 대해서도 의문이 생겼다. 그리고 스승 김원행에게당돌한 질문을 던졌다. 질문의 요지는 소론을 이끌었던 윤증의 처신에도 긍정할 점이 있고, 경종 대에 노론이 화를 입었던 신임옥사에서는노론 또한 잘못이 있었다는 것이었다.

조목조목 따져 묻는 제자 앞에서 스승은 그만 머릿속이 하얘졌다. 오랫동안 아무 말도 없다가 마침내 마음을 추스르고 꺼낸 말.

너의 말이 지나치고 망령되니, 내가 대답한다고 해결될 것 같지 않다. 네 마음대로 생각해라.

김원행의 할아버지, 아버지, 형은 소론이 주도한 신임옥사에서 죽임을 당했다. 그러니 홍대용의 질문에 잠시 이성의 끈을 놓은 것도 이해는 간다. 홍대용 또한 그 사실을 모를 리 없다. 그런데 왜 질문한 것일까. 흠씬 야단맞은 홍대용은 속내를 털어놓았다.

큰 의심이 없으면 큰 깨달음이 없다고 했습니다. 의혹을 감추고 겉으로 맞장구치느니, 생각을 털어놓고 분명히 밝히는 게 나을 듯해서입니다.[159]

이성의 힘이 금기를 돌파하는 장면이다. 제자의 진심은 얼어붙은 스승의 마음을 움직였다. 김원행은 이내 "낡은 견해를 씻고 공평한 마음으로 생각하자"고 동감을 표했다. 낡은 견해, 즉 편견을 성찰하고 공정함을 추구하는 태도는 호락논쟁에 대한 평가에서도 여지없이 관철되었다.

> (홍대용의) 학문은 크고 넓어 공평하게 보고 두루 받아들였고, 한쪽에 얽매이는 편견이 없었다.…… (홍대용이 말하길) "호론과 낙론은 모두 주자의 학설에 의거했다. 그런데 주자의 견해는 젊을 때와 늙었을 때가 다르고, 저술에도 서로 어긋나는 곳이 종종 있다. 논쟁은 이 차이에서 발단했는데 큰 사단으로 번진 것은 한결같이 이기는 데만 힘썼기 때문이다."[160]

인용문 앞머리에 쓰인 '공평하게 보고 두루 받아들인다'는 말이 주목된다. 원문은 '공관병수公觀並受'이다. 홍대용의 공부 태도를 이 말만큼 잘 표현한 것은 없었다.

홍대용이 사망한 후, 절친한 친구 이송은 홍대용의 묘지명에 이 말을 다시 썼다.

> 세속의 선비들이 이론만 숭상하고 실행과 실용을 돌아보지 않는 것을 내내 한탄했다.…… 그가 지녔던 큰마음이야말로 '공평하게 보고 두루 받아들이는' 아량이었으니, 대도大道에 돌아가 뾰족하고 작고 좁고 사사로운 것을 버리는 것은 진실로 지금 세상에 있어서 행하기 어려운 일이다.[161]

'저들'에 대한 이해

낙론에 속한 학자들은 인성人性과 물성物性이 같다고 주장했다. 만물의 평등을 가능성으로 열어놓은 이 논리는 그러나 번번이 벽에 부딪혔다. 그 벽은 '그렇다면 저 야수와 같은 오랑캐를 용납하자는 말인가?' 하는 반박이었다. 낙론을 몰아붙인 호론의 무기 또한 이것이었다. '우리'를 위협하는 '적대자'를 들먹이는 논리는 예나 지금이나 다른 견해를 효과적으로 잠재우는 법이다.

이 벽을 어떻게 넘을 것인가. 일부에서는 논쟁이 불러온 폐단을 지적하며 실實의 정신을 촉구했다. 실에 대한 강조는 나름의 해법이었지만 논의의 초점을 우회로로 돌린 감이 없지 않았다. 정면승부는 적대자를 현실 그대로 인정할 수 있는지, 또 그들을 단죄하는 기준이 과연 공평한지를 검증하는 데 있었다. 이 문제를 고심했던 홍대용에게 돌파구를 마련해준 계기는 연행燕行이었다.

1765년 겨울 홍대용은 숙부 홍억을 따라 청에 다녀왔다. 그의 연행 성과는 화려했다. 북경의 천주당을 여러 차례 방문했다. 서양 선교사들과 서학, 과학 등을 장시간 논한 사건은 전무한 일이었다. 뿐인가. 음악에 정통했던 그는 천주당의 파이프 오르간 원리를 즉석에서 파악하고 조선 음악을 연주하기도 했다. 차원이 달랐던 그의 연행 경험은 당시 세손이었던 정조에게도 전해졌고, 그가 쓴 연행록은 조선 3대 연행록의 하나가 되었다. 특히 한문 연행록보다 더 많은 정보와 소감을 담은 장편의 한글 연행록, 즉《을병연행록》을 집필한 것은 지금도 독보적인 업적이었다.

홍대용

엄성

김선행   이훤   홍억

이기성   김재행

홍대용과 엄성 / 조선 사신단

홍대용과 엄성, 육비, 반정균과의 친교는 홍대용이 귀국한 이후와 후손 대까지 계속되었다. 홍대용의 후배 박지원, 박제가, 이덕무 등도 이들의 친교에 크게 고무되어 교유를 확대하였다. 이들의 경험은 훗날 조선의 개화와 개국에 직접적인 원인이 되었다. 왼쪽은 홍대용, 오른쪽은 엄성이다. 아래는 1765~1766년 홍대용과 함께 연행했던 조선 사신들. 정사 이훤, 부사 김선행, 서장관 홍억, 군관 김재행과 이기성. 모두 엄성이 그렸다. 그림은 모두 엄성의 문집인《철교전집》에 전한다.

그러나 이 모든 성과는 후대의 관심과 만나 촉발된 측면도 있다. 정작 홍대용이 연행에서 가장 관심을 기울였던 작업은 한인漢人 지식인을 만나 그들의 속내를 알아보는 일이었다. 홍대용은 항주의 선비 엄성嚴誠, 육비陸飛, 반정균潘庭均을 비롯한 많은 지식인들을 만났고 그들과 필담을 나누었다. 문학, 역사, 철학, 과학 등 다양한 주제가 도마에 올랐고 가끔은 위험한 주제도 올랐다. 아슬아슬한 주제는 대체로 '청나라의 지배는 한족漢族의 재앙이니, 명나라가 다시 일어설 기미는 없는가', '오랑캐를 상징하는 변발을 하고 의복을 입으면 마음이 편한가'라는 두 가지로 요약되었다. 홍대용은 청에 대한 울분을 확인하고, 한족 중심의 왕조가 설 수 있을지를 묻고 또 물었다. 그런데 한인 지식인들의 답변은 기대와 달랐다.

많은 이들의 반발을 샀던 '오랑캐 스타일'의 변발과 복식은 어떤가. 반정균의 대답이었다.

（큰 선비 달해達海와 고이전庫爾纏이) 한인漢人의 의복을 따르라고 황제에게 청했는데 태종(청 태종 홍타이시)께서 말씀하길, "짐이 어찌 간諫하는 말을 그르다 하겠는가. 다만 한인의 넓은 옷과 큰 소매를 본받는다면 장차 남이 고기를 베기를 기다린 후에 먹고자 하는 일이다. 만일 용맹한 군사를 만나면 어찌 대항할 것인가. 세상에서 만주 사람을 일컬어 '소매 움직이지 않고 진陣에서는 머리 두르지 않으니 천하에 대적할 사람이 없다' 했다. 만일 한인의 풍습을 본받으면 점점 게을러져 말 타고 활 쏘는 재주를 닦지 않고 순박한 풍속을 잃는다. 자손들은 마땅히 지켜 변치말라" 했습니다. 이러므로 본조에서는 한인

의 의복을 본받지 않습니다.…… 이것은 오로지 나라의 장구한 계책을 위함이니 어쩔 도리 없습니다.[162]

실용과 국가의 미래를 위해 변발을 따를 수밖에 없다는 대답은 예상밖이었다. 좀 더 아슬아슬한 질문도 했다. 청의 중국 지배는 과연 정당한가. 엄성의 대답이었다.

> 본조本朝(청나라)가 나라를 얻음은 가장 정대正大하다. 도적(이자성)을 멸하고 대의大義를 펴 명나라의 수치를 씻고, 중국에 주인이 없는 형편을 당하여 자연스럽게 천위天威를 얻음이지 천하를 이利로써 도모하지 않았다.[163]

사실 명나라는 청군이 아니라 이자성의 농민군에 의해 멸망했으니 자중지란이었다. 청나라는 이자성의 군대를 무찌르고 중국을 차지했다. 그리고 '명을 위해 복수하고 천명을 얻었'고 선전했다. 반박하기쉽지 않은 명분이었다. 또한 청에서 태어난 저들이 청에 충성을 바치는게 유교 도리의 실천이었다. 홍대용은 저들의 처지를 반쯤은 이해했다. 홍대용의 평가였다.

> 본조(청)가 중국을 다스려 명나라의 가혹한 정사를 덜고 백성을 편안케 하여 100여 년 태평을 이루었으니 공덕이 어찌 적다고 이르겠는가. 하지만 삼대의 의관이 하루아침에 변하여 중국이 무너진 모양이 도리어 원나라보다 더하니 중국을 위하여 슬퍼한다.[164]

문화마저 바뀐 것에 대한 아쉬움은 컸지만 청나라의 공덕은 순순히 인정했다. 대체적으로 저들의 처지를 이해했던 것이다. 처지에 대한 이해는 시간과 상황의 변화에 대한 긍정이기도 했다. '망하는 100년'이 아니라 '태평한 100년'이었음이 명확했다. 염원했던 기대, 민심과 천명, 심지어 의리조차도 다시 설정하지 않을 수 없었다. 그것은 과거의 기준에 사로잡힌 조선의 인식 변화를 의미했다.

차별이 사라진 범애汎愛의 세계

홍대용의 연행록 특히 중국 선비들과의 대화를 나눈 대목은 조선의 젊은 사대부 사이에 제법 퍼져나갔다. '저들의 처지를 이해하자'는 홍대용의 주장은 당시의 국시國是였던 '청에 대한 복수'를 흔들어버리는 불온한 측면이 있었다. 심상치 않은 분위기를 느낀 보수적인 학자들이 공격에 나섰다. 선봉에 선 것은 낙론 출신으로 호론을 지지했던 명망 높은 김종후였다. 그의 동생이 정조 대 우의정을 지냈고 벽파를 이끌었던 유명한 김종수였다.

김종후는 홍대용이 '비린내 나고 더러운 원수의 나라' 인사들과 만나 그들에 동조했다고 비판했다. 변발을 강요한 청에 대해서는 역대의 오랑캐 왕조 중에서 가장 심하다고 혹평하기도 했다. 홍대용은 선배 김종후와의 논쟁에서 완곡하게 저들의 처지를 옹호했다.

강희 이후에는 백성과 더불어 편히 쉬고 치도治道가 간략하고 검소하여 한 시대를 복종케 할 수 있었습니다. 그러므로 (한인漢人들이) 듣고 보는 데 익숙해져 이미 편하게 여긴 지가 백여 년이 흘렀습니다. 한인들이 의리를 지키지 못하고 높은 벼슬로 초빙하면 달려갔던 일을 깊이 꾸짖을 필요는 없습니다.…… 천하의 세대가 바뀜은 옛날부터 자연스러웠고 군자의 은택도 다섯 세대를 지나면 다해지는 것입니다. 100년이 흐른 후에도 흘러간 옛날을 여전히 생각한다면 인정상으로 그렇게 할 수 없고 천리天理에도 자연스럽지 않습니다.[165]

논쟁이란 상대적이다. 중국 선비들에게서 '명에 대한 기억'을 찾고 싶었던 홍대용이었지만, 조선에 돌아와서는 '청을 자연스럽게 여기는' 중국 선비들의 처지를 변호했다. 저들이 청의 문화를 즐기고 벼슬에 오르는 일을 꾸짖을 수는 없는 것이다. 더 중요한 것은 다음 대목이다. 변화는 불가피하다. 심지어 군자도 그 앞에서 예외는 아니다. 인정과 천리의 자연스러움은 의리를 고집하는 게 아니라 시간과 상황을 긍정하며 맞추는 일이었다.

논쟁을 거치며 벼려진 홍대용의 사상은 만년에 집필한 것으로 추정되는 〈의산문답毉山問答〉으로 꽃을 피웠다. 걸작이란 칭호가 조금도 손색없는 이 책은 성리학적 세계관을 대표하는 허자虛子와, 새로운 사유를 대표하는 실옹實翁의 문답이다. '허'와 '실'의 대비가 이처럼 선명히 드러난 작품은 없었다. 앞 부분부터가 퍽 선언적이다.

오륜五倫과 오사五事는 사람의 예의禮義이고, 떼를 지어 다니며 서로 먹이는 일은 금수의 예의이며, 떨기로 나서 무성한 것은 초목의 예의이다. 사람이 物물을 보면 사람이 귀하고 물이 천하지만, 물이 사람을 보면 물이 귀하고 사람이 천하다. 하늘이 보면 사람이나 물이 마찬가지다.…… '성인聖人은 만물을 스승으로 삼는다'고 하지 않았느냐. 그런데 너는 어찌해서 하늘의 입장에서 물을 보지 않고 오히려 사람의 입장에서 물을 보느냐?[166]

학자들은 진작부터 이 관점을 인물성동론보다 한발 진전한 '인물균人物均'의 사고라고 중시했다.

이어 홍대용은 실옹의 입을 빌어 지구설, 자전·공전설, 대기설, 우주 무한설, 심지어 외계인의 존재까지를 전반에 걸쳐 설파했다. 20세기 이래 지금까지 많은 이들은 이 책에 펼쳐진 휘황한 우주론, 과학 논설에 매료되었다. 서양 과학에 대응하는 조선 과학의 성취를 발견하고픈 욕구가 암암리에 반영된 현상이었다. 그러다보니 지구설 등에 깔려 있는 가장 중요한 취지가 간과되었다. 인물균에 뒤이어 나온 이 논설들은 인물균을 실증하는 중요한 장치였다. 다시 말해 지구설, 우주 무한설, 외계인설 따위는 지구는 중심이 없고, 우주에도 중심이 없으며, 인간 또한 특별한 존재가 아님을 말하기 위해서였다. 세계는 결국 절대적인 중심이나 기준이 없는 상대적인 것이다. 따라서 자기중심을 벗어날 수 있고 상대성을 긍정할 수 있다.

자기중심성의 부정은 〈의산문답〉의 결론에서 절정을 이룬다. 실옹은 성인의 법이 시세가 변한 후에 질곡으로 작용하는 것도 필연이고, 중국이 떨치지 못하고 오랑캐의 운수가 자라는 것도 필연이라고 했다. 그리고 성인은 절대적인 도덕의 체현자가 아니라 시세를 따르고 풍속에 순응하는 도리를 펼치는 존재라고 했다. 마지막으로 실옹은 '하늘에서 본다면 안과 밖의 구별이 없다'라고 재차 강조하고, '자기 나라 사람을 친히 여기고, 자기 나라 임금을 높이는 일은 오랑캐나 중국이 매한가지다'라고 했다. 그 관점은 시간이 흘러 외물과 주체가 나뉘고, 안과 밖이 구분되어도 지속되어야 했다. 분열된 시대일지라도 '오랑캐가 중국을 침범하고 중국이 오랑캐를 침범하는 것은 똑같은 짓이다'. 그렇다면 성인은 분열된 시대에 어떤 역할을 수행하는가. 공자는 중국에서 태어났으므로 《춘추》를 지어 질서를 엄격히 바로잡고자 했다. 그러나 만약 공자가 오랑캐 지역에 있다면 '오랑캐의 춘추' 이른바 역외춘추域外春秋를 지으셨을 것이다.

결국 〈의산문답〉은 인물균 선언, 지구·우주 차원의 중심성 해체를 거쳐, 사회의 규범과 가치에 상대적 관점을 투영하였다. 유학에서 절대시했던 성인의 불변성과 중화의 우월한 가치는 시세에 따르고 모두를 인정하는 것으로 역전되었다. 전체적으로 인간중심성, 유학의 절대성, 중화의 우월성 등을 해체한 것이다. 이만큼 철저하게 '중심(인간/유학/중화)—주변(자연/이단/오랑캐)'을 해체한 논리는 지금도 쉽게 찾아지지 않는다. 세계는 중심—주변이 아니라 '모두가 중심이고 모두가 주변임'에 다다른 홍대용의 인식은 인간을 둘러싼 외물에 대한 평등과 연대의 정신으로도 뻗어나갔다. 그의 사유의 귀결을 범애汎愛와 평등에 초점 맞춘 연구도 있다.[167]

여기서는 범애를 길게 설명하기보다 삶의 궤적 한 자락을 소개해본다. 홍대용은 말년에 '애오려愛吾廬'라는 집을 짓고 살았다. 말 그대로 하면 '내 집을 사랑한다'라는 뜻이다. 이름을 풀이해준 이는 뜻밖에도 홍대용을 비판했던 김종후였다.

도연명陶淵明의 시에 '나 또한 내 집을 사랑한다[吾亦愛吾廬]'라는 구절
은 자기 집을 사랑한다는 말이다. 홍군이 자기 거실을 '애오려'라 이
름했으니 '나를 사랑한다'는 말로 집 이름을 삼았다. 나는 '어진 이는
남을 사랑한다'는 말을 들었지, '나를 사랑한다'는 말은 듣지 못했다.
그러나 나를 사랑하면 남을 사랑함이 그 가운데 있으니 어째서인가?
대저 내가 태어날 때 육체를 갖추고 덕성을 얻는다. 내 귀를 사랑하면
귀가 트이고, 눈을 사랑하면 눈이 밝아지며, 온 몸을 사랑하면 길들
여지고, 덕성을 사랑하면 바르게 된다. 트이고, 밝아지고, 길들여지
고, 바르게 되어 남과 어울리면 그 사랑에 젖지 않는 이가 없다. 남을
사랑함은 나를 사랑함에 다름 아닌 것이다. 그러므로 군자는 오로지
나를 사랑하는 도리에 힘을 다한다. 이것이 그의 뜻이 아니겠는가?
그렇다곤 해도 나를 사랑함이 남을 사랑하는 것이라고만 알고, 남이
곧 '하나의 큰 나[一大吾]'라는 사실을 모른다면, 그것이 어찌 가하겠
는가.[168]

맹자가 묵자의 겸애설을 비판하고, 성리학자들이 불교·천주교를 무
부무군無父無君이라 비판하면서 유학은 흔히 사랑에 차등이 있다고 인
식되었다. 그러나 유학의 인仁, 측은지심惻隱之心은 타인에 대한 배려와
연대의 정신이 충만한 것이다. 분별을 강조한 이면에서 유학자들은 '백
성은 나의 동포이고, 만물은 나와 함께 한다[民吾同胞, 物吾與也]'[169]는 애
물제인愛物濟人을 또한 강조했다.

김종후는 짧은 글에서 두 번의 반전으로 '애오려'에 담긴 뜻을 설명했다. 애오려는 얼핏 보면 이기적인 듯하지만, 나에 대한 사랑은 곧 남에 대한 사랑의 근원이므로 둘이 아니라고 했다. 정점은 마지막 구절이다. 사랑의 완성은 나와 남 사이의 차별과 차이를 뛰어넘어 모두가 '큰 하나의 나'임을 깨닫는 일이다. 모름지기 귀결은 구별 자체가 무의미한 경지여야 한다. 김종후는 호론에 기울었고 차별적인 화이관을 지녔다. 하지만 이 글을 보면 그 또한 넉넉한 정신적 깊이를 지니고 있었음을 알 수 있다.

공관병수公觀並受의 자세로 화이관을 극복하고, 만물을 사랑하는 범애汎愛에 이른 홍대용. 호락논쟁의 세례를 받으며 출발한 홍대용은 논쟁에서 멀리 떨어진 영역에 도달했다. 그곳은 근대의 이성주의, 때론 탈근대의 상대주의까지 걸쳐 있다. 시대가 흐르면서 오히려 빛을 발하는 그의 사유는 가히 조선 철학의 정점이라 할 만했다.

3. 타자 담론 파고들기

동양의 고귀한 야만인

홍대용의 논의는 오랑캐라는 '타자他者 인정'의 문제를 철학의 전면에 내세운 작업이었다. 그의 도달점을 조선에 국한하지 않기 위해서, 우리는 타자 인정이란 주제를 보편 문법으로 통용시킬 필요가 있다.

동양에서 오랑캐는 '유학문명'의 타자로 오랫동안 거론되었다. 이들 타자들은 문명, 더 정확히는 '문명으로 자처하는 자들'이 주변을 '야만野蠻'으로 정의할 때 생겨났다. 스스로를 빛이자 우월적 존재로 인식한 자들에 의해 생겨난 필연적 어둠이다. 동서양을 막론하고 처음에는 복장, 언어와 같은 문화 기호가 구별의 표지였다. 동양에서 오랑캐를 수식하는 피발좌임被髮左衽은 '머리를 풀어헤치고 옷깃을 왼쪽으로 여민 다'는 뜻이었고, 서양의 바바리안은 그리스어 바르바로이barbaroi, 즉 '알 수 없는 말을 쓰는 사람들'에서 기원했다. 다른 지역의 다른 문화에 대한 정서적 거부감이 오랑캐 관념의 출발이었다.

오랑캐라는 존재를 이념적으로 정형화한 이는 주희였다. 이 책의 2장에서 보았듯 주희가 정리한 태극, 천리와 같은 보편 개념은 신분, 성별, 종족에 따른 차별을 강화하는 작용도 했다. 서양 중세의 스콜라 철학이 신의 보편성을 검증했지만 봉건적 신분질서를 지지했던 역할을 연상해도 좋다.

성리학의 자장磁場에 놓였던 동아시아 지식인들에게 중화와 오랑캐 개념을 역전시키는 반전은 17세기 이후에 일어났다. 오랑캐 만주족이 중국을 차지하고 제국을 구가했고, 조선은 중화인 명을 계승한다고 나섰고, 일본은 유학을 수용하고 신국神國 논리의 자양분을 삼았으며, 베트남은 남쪽의 중화中華로서 황제국을 실현했다. 전통적 중화 관념에서 보면 그들은 종족적으로나 지역적으로 선천적 오랑캐였다. 그러나 '화이변태華夷變態'가 동시다발로 일어나 모두가 중화로 탈바꿈했다.

중심에 선 그들은 이제 유학의 주변부가 아니었다. 본래부터 중화였음을 성인에게 보장받고 싶음은 불문가지不問可知. 그들은 공자의 말을 다시 주목했다.

공자께서 아홉 오랑캐 나라에서 살고자 하셨다. 혹자가 말했다. "그곳은 누추합니다. 어찌 그렇게 하려합니까?" 공자께서 대답하셨다. "군자가 거처하는데 무슨 누추함이 있겠는가?"

子欲居九夷자욕거구이. 或曰혹왈, "陋루, 如之何여지하?" 子曰자왈, "君子居之
군자거지, 何陋之有하루지유?"[170]

알쏭달쏭하다. 공자께서 유학의 본고장 중국을 버리고 오랑캐 지역
으로 가겠다니! 정말로 가시려는 걸까. 제자들의 반대가 쏟아졌다. "예
가 행해지지 않는 거칠고 야만스런 지역입니다. 어찌해서 그런 곳에 살
려 하십니까?"

주희의 제자 가운데에도 공자께서 '웃자고 농담[戱言]한' 거라고 보는
이가 있었다. 물론 농담일 리는 없었다. 주희는 "중국에 바른 도리가 행
해지지 않으므로 탄식하신 것이다"라고 풀이했다.[171] 이게 전통적인 해
석이다. 공자는 "차라리 오랑캐 지역으로 가겠다"라고 말함으로써, 문
명이라 자처했지만 실제로는 도리를 행하지 않는 중국을 비판했다는
설명이었다.

주희의 해석은 '고귀한 야만' 담론의 유교식 버전이라 할 수 있다. 같
은 이름의 책으로도 유명한 '고귀한 야만'이란 표현은 타락한 문명이
잃어버린 가치를 야만으로 천시했던 주변, 열등에서 발견한다는 역설
이다. 그 경우 야만은 더이상 문명의 반대인 어둠이 아니라, 문명을 비
추는 거울이자 중심에서 실종되어버린 이상의 소유자가 되었다.

그러나 "군자가 거처하는 곳에 누추함이 없다"는 문장을 두고서는
논의가 분분했다. "오랑캐 지역에 누추함이 없다"고 직설적으로 밝혔
기 때문이다. 어떤 이는 "오랑캐마저도 감화시킬 수 있는 군자의 위대
한 능력을 말했다"고 했다. 어떤 이는 "유교의 덕목이 어느 곳에서나
실현될 수 있다는 보편성을 말한 것"이라 했다. 어떤 이는 "조선처럼

유교문화에 젖은 지역이 있지만, 공자가 여전히 화가 풀리지 않아 하신 말씀"이라고 기상천외하게 풀이했다. 그나마 주희의 해석이 가장 무난했다. 그는 "오랑캐도 성인의 감화를 받아 변할 수 있다"고 했다.[172]

많은 풀이에도 불구하고 "오랑캐도 변할 수 있다", "조선이 그 실례이다"라는 점은 대체로 긍정되었다. 문명을 위해 불러온 '고귀한 오랑캐'가 아니라, 정말로 '문명화된 오랑캐'가 된 것이다.

지금까지 문명을 향한 오랑캐의 지난한 노력을 따라가 보았다. 유교문명을 향한 그들의 성공담 말고도 뭔가 찜찜함이 느껴지지 않는가? 가상한 노력의 대가로 그들은 주체성을 잃어버리지나 않았는가? 문명을 향한 노력을 배가할수록, 스스로에 대한 비판은 강화되었다. 문명의 왕좌에 오르는 순간, 비판은 주체에 대한 부정으로 내면화했다. 그리고 문명이 된 자기들은 자신들과 같은 처지에 있었던 나머지 오랑캐들과 경계를 짓고, 나아가 그들의 변화 가능성을 부인했다. 문명은 오로지 '내'가 특별하기 때문에 달성할 수 있었기 때문이다. 결과적으로 문명화는 주체에 대한 부정과, 같은 처지에 있던 이들에 대한 배타성을 길러낸 꼴이기도 했다.

유교문화를 철저히 실현했다고 자부했고, 두루 인정받았던 조선 또한 그 경로를 충실히 따랐다. 중화와 오랑캐의 정체성을 해명하고자 평생 노력했던 한원진의 설명을 보자.

나는 생각하고 추리해보았다. 하늘에는 네 계절이 있는데 봄과 여름은 양陽이 되고 가을과 겨울은 음陰이 된다. 땅에는 사방이 있는데 동남東南은 양이 되고 서북西北은 음이 된다. 중국 문명의 운세는 항상 서북에서 위축되었고 동남에서 왕성했다. 이 때문에 동남에 있는 민월閩越과 조선은 모두 잘 변화하여 예악과 문물의 고장이 되었다. 그러나 서북에 있는 오랑캐는 변할 수가 없는 정도가 아니라, 중국의 땅을 오랑캐에 물들이게까지 했다. 대개 동남은 사물이 생겨나는 곳이라 풍토가 좋으니 그곳 사람들은 도리를 깨칠 수 있다. 그러나 서북은 사물이 죽는 곳이라 풍토가 사나워 그곳 사람들은 도리를 깨칠 수 없다.[173]

민월은 중국 남쪽에 위치한 현 복건성 일대로 주희가 자라 활동한 곳. 성리학의 성지聖地라 할 만하다. 이 글은 남쪽 민월과 동쪽 조선은 애초 풍토가 좋아 오랑캐를 벗어날 수 있었으나, 서북의 몽고, 만주 등은 풍토가 좋지 않아 오랑캐를 벗어날 수 없다는 말이다. 우리의 특별함을 찾아내느라 애썼지만, 이 글은 물론 억지였다.

그렇다고 유교-선진에 목맨 조선 선비들을 쉽게 비난할 수 있을까. 우리 또한 지난 100년간 우리 안의 낙후성을 비판하며 자나 깨나 서양-선진을 따라잡으려 했다. 지금 선진국에 들어갈수록 우리는 '후진적'이라 여기는 지역에 대한 차별을 점점 길러내고 있다. 오랑캐에 대한 조선 선비들의 의식이나, 후진국에 대한 우리의 의식이 별반 다르지 않다. 이른바 '선진 문명'이란 곳에서 설치해놓은 그물은 예나 지금이나 여전히 강고한 것이다. 결국 벗어날 방법은 '문명과 야만'의 구도 자체를 없애버리는 길밖에 없다.

이 점을 고민하면 조선의 철학을 보는 우리의 시선까지 조정할 필요도 있다. 조선의 치열하고 정교했던 성리논쟁 속에 풍덩 빠져 함께 헤

엄치고 풍부하게 하는 일이야 언제든 필요하다. 그러나 그들의 논쟁은, 지금 우리 학문에서 유럽-미국에 대한 정향성定向性을 항상 의식하듯, 중화와 오랑캐 사이에 놓인 복잡한 코드를 의식하는 과정이었다. 홍대용이 차별의 구조 자체를 없애려 했던 시도는 그래서 소중하다. 중화와 오랑캐 사이의 분별 구도를 의심하고 해체하려 했기 때문이다. 오랑캐가 그 자체로 가능성을 지닌 주체적 존재임을 인정하는 순간, 문명-야만의 강고한 구조가 허물어지기 때문이다.

동서고금의 타자들

고귀한 야만을 거론하고, 문명-야만의 차별 자체를 깨는 노력은 동서고금을 가리지 않았다. 내가 인상적으로 봤던 몇 가지 사례를 소개해본다.

기독교에서 이방인·약자는 종종 유대인·강자의 타락을 강제하는 표징으로 등장했다. 《구약》〈탈출Exodus〉의 한 대목이다.

> 너희는 이방인을 억압하거나 학대해서는 안 된다. 너희도 이집트 땅에서 이방인이었다. 너희는 어떤 과부나 고아도 억눌러서는 안 된다. 너희가 그들을 억눌러 그들이 나에게 부르짖으면 나는 그 부르짖음을 들어줄 것이다. 그러면 나는 분노를 터뜨려 칼로 너희를 죽이겠다. 그러면 너희 아내들은 과부가 되고 너희 아들들은 고아가 될 것이다.…… 그들이 나에게 부르짖으면 나는 들어줄 것이다. 나는 자비하다.[174]

유일신 야훼는 이방인, 과부, 고아와 같은 타자·약자를 들어 선민選
民의식과 억압에 젖어드는 유대인에게 경고했다. 경고에 그치지 않고,
이방인에 대한 차별 자체를 없앤 자는 예수였다. 그의 유명한 '착한 사
마리아 사람' 이야기는, 이방인인 우리에게 활짝 열린 신의 사랑과 구
원을 약속했다.

기독교의《성경》이 알려주듯 우리는 타자를 통해 우리의 본성을 더
깊이 사유하고 스스로 낮출 계기를 갖게 되었다. 그러나 타자를 있는
그대로 인정하자거나, 주체의 겸손을 촉구하는 주장은 기성의 주류적
견해에 대해 강렬한 비판을 동반했고, 때론 박해를 부르기도 했다. 불
교에는 드라마틱한 설화가 전한다.

5세기 초반 중국에 축도생竺道生이란 스님이 있었다. 그는 '일천제一闡
提도 성불成佛할 수 있다'고 주장했다. 일천제는 산스크리트 말로 '이찬
티카icchantika'인데 '욕구에 사로잡힌 사람' 혹은 '불법을 훼방 놓았으므
로 구원될 수 없는 존재' 정도의 의미였다.

인간 말종인 일천제조차도 성불할 수 있다는 축도생의 주장은 당시
로서는 너무나 파격이었다. 다른 승려들은 거세게 비판했고, 축도생은
마침내 산으로 쫓겨나 홀로 수도했다. 오죽 답답했으랴. 어느날 그는
바위에게 물었다. '내 견해가 옳지 않은가?' 그러자 바위가 '옳다'고 고
개를 끄덕였다. 완고한 바위도 움직인다는 '완석점두頑石點頭'란 고사가
여기서 생겼다.

더 극적인 장면은 뒤에 벌어졌다. 나중에《대승열반경大乘涅槃經》이
완역되었는데, 그 경전의 핵심이 바로 축도생의 의견과 부합했다. 모두
가 축도생의 선견지명에 감탄한 것은 당연지사. 축도생을 기사회생케

한《열반경》의 내용이 유명한 '일체중생一切衆生 개유불성皆有佛性', 뭇 생물은 모두 불성을 지니고 있다는 불성 보편론이었다.

축도생의 설화는 인간 혹은 인간 외의 존재까지도 가능성을 가진 평등한 개체라는 사실을 감동적으로 일깨운다. 그런데 감동이 크다는 것은 그같은 사례가 너무 희소해서가 아닐까. 사실 인간의 역사는 주변적 인간, 인간보다 열등하다고 정의된 자연의 존재들을 분리하고, 핍박하고, 이용한 비극적 사례들로 가득 차 있다.

타자에 대한 문제를 전全 지구 차원으로 확장하고, 정교한 논리를 만들어 고정시킨 이들은 유럽인들이었다. 그들이 내부와 외부에서 발견한 타자들은 마녀가 되거나 악마의 대리인이 되었고, 그들에 대한 부정은 인류 역사에서 보기 드물었던 대학살을 정당화했다. 새로 발견한 인간들을 어떻게 정의할 것인가를 두고 서양의 역사에서 벌어진 흥미로운 장면을 찾으라면, 지금도 종종 소설이나 영화·연극의 소재로 등장하는 '바야돌리드 논쟁'을 들 수 있다.[175]

15세기 후반 이래 스페인은 신대륙에서 어마어마한 재부를 약탈했고, 원주민인 인디오들에 대한 광범위하고 참혹한 학살을 자행했다. 보다 못한 일부 신부들은 이를 본국에 고발했고 인디오 또한 같은 인간임을 주장했다. 그리고 마침내 스페인의 도시 바야돌리드에서 '인디오가 신의 자녀인지 아닌지'를 두고 논쟁이 벌어졌다.

유럽인의 잔학 행위가 신학적으로 틀리지 않았다고 옹호하는 이들은 법률가이자 철학자였던 세풀베다의 견해를 내세웠다. 그것은 인디오의 여러 이교도적 행위들, 예컨대 사람을 제물로 바치는 인신공희人身供犧 등을 증거로 내세워, 그들은 신이 정당하게 창조하지 않은 존재라는 주

축도생과 라스카사스

누구나 성불成佛할 수 있다는 축도생의 견해나, 아메리카 원주민 또한 신의 창조물이라는 라스카사스의 주장은 차별을 극복해 온 동서고금의 노력을 보여준다. 왼쪽은 현대 중국의 화가 팡샤오팅이 그린 〈축도생〉. 오른쪽은 19세기 멕시코의 화가 펠릭스 빠라의 〈라스카사스〉. 돌에게 호소하고, 학살된 인디오 앞에서 망연자실한 모습이 인상적이다.

조선, 철학의 왕국

장이었다. 따라서 유럽인의 행위는 하느님의 뜻이었고, 인디오들의 비참한 처지는 신에 의해 정해진 그들의 운명일 따름이었다.

세풀베다에 맞서 인디오를 옹호하고 나선 대표적인 인물은 라스카사스 신부였다. 그는 인간은 누구나 신에 의해 창조되었기에 인간의 본성은 같으며, 인디오들 또한 개종하여 하느님의 자녀가 될 수 있다고 했다. 그들의 잘못된 관습은 외부적 요인이기에 변화가 가능했다. 그의 반박에는 이성의 보편성에 대한 믿음이 있었다.

논쟁은 라스카사스의 승리로 귀결했다. 스페인의 국왕은 인디오들의 노예화를 금하는 등 보다 인간적인 법령을 내리게 되었다. 그렇지만 그 이면에서는 경제적 이익을 보장하기 위한 또 다른 책략과 비극이 시작되고 있었다. 인디오보다도 더 인간 같지 않은 아프리카인들을 데려와 노예로 썼기 때문이었다.

오랑캐, 동물, 이방인, 과부와 고아, 일천제, 인디오 등을 두고 이른바 문명을 자처한 이들이 벌인 철학적 논쟁을 보면 무엇이 더 고귀하고 무엇이 더 야만인지 종종 회의가 들기도 한다. 어찌 철학만을 탓할 수 있으랴. 종교, 신화, 인류학, 사회학, 과학 등 이성과 문명이 이룩한 학문들도 타자라는 대상을 마주하면 자신들의 정체성이나 욕망을 정당화하는 도구로 전락하기 십상이었다. 이들의 독선이 이익과 결합하면 결과는 가장 끔찍했다. 정말로 '진정한 야만스러움'이 있다면 그에 진짜 어울리는 이름은 우리 안의 배타성일 것이다.

沈煥之

金祖淳·金漢祿·黃胤錫

역사에는 시간의 흐름을 비틀어버리는 듯한 순간이 있다.
판 자체를 깨버리는 '파국破局'이란 말을 떠올리지 않을 수 없는데,
1800년 정조가 죽고 순조가 왕위에 오른 후 몇 년이 그랬다.
정치가 요동쳤고 종교와 사상에 대한 탄압 열풍이 불었으며 사회 분위기가 달라졌다.
파장이 얼마나 셌던지, 지금까지도 19세기는 정조 시대와의 급작스런 단절로 인식된다.
순조 초반을 흔들었던 벽파 정권은 오래가지 못했고, 그 뒤를 새 외척들이 대신했다.
외척이 정치를 주도하는 성격은 같았지만 달라진 점은 있었다.
안동 김씨로 대표되는 새 외척들은 대개 낙론─시파에 뿌리를 두었다.
그들은 통제보다는 완화를 선호했고 사회 분위기는 다소 풀렸다.
그러나 사회와 사상의 활력은 예전 같지 않았다.
혈연과 인맥, 경제력, 지역 등 타고난 배경을 중시하는 세태가 어느새 대세가 되었기 때문이었다.
이념을 중시하는 '세도世道'란 말이, 세력을 중시하는 '세도勢道'로 바뀐 것은
이 변화를 상징적으로 보여주었다. 지식인들은 처음의 격변과 이후의 고식적인 분위기에
예민하게 반응했다. 호락논쟁의 양상 또한 크게 달라졌다.
그 양상에 어울리는 말은 무엇일까. 탄압과 무기력 사이에서 바야흐로
철학의 황혼이 찾아온 것일까. 사상이 모든 분야를 통제하며
거인으로 군림했던 시대는 그렇게 저물고 있었다.
그리고 무너져가는 거인의 몸 안에서도
새 사상을 품은 싹들은 시나브로 자라나고 있었다.

07 | 철학왕국의 황혼

파국 … 세도에서 세도로 … 타자 담론 파고들기도

1. 파국

정순왕후의 수렴청정

시간을 거슬러 영조 중반대로 가보자. 1757년(영조 33)에 영조의 원비元
妃 정성왕후가 사망했다. 국상을 마친 1759년, 영조는 새 왕비(정순왕후)
를 책봉했다. 충청도에 세거한 경주 김씨 가문의 여식이었다. 나이는
15세에 불과했지만 그녀는 매우 총명했다. 66세의 노왕 영조는 왕비
간택을 주도해 그녀를 선택했고 이후 17년을 해로했다. 훗날 두 사람은
나란히 묻히게 되었다.

　왕실과 혼인한 가문은 명예와 오욕, 권력과 파멸의 갈림길에 종종 직
면했고, 정순왕후 집안도 예외가 아니었다. 이 책 5장 2절과 3절에서

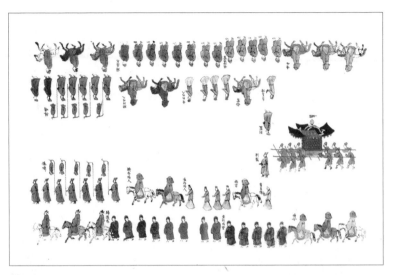

정순왕후 친영 반차도 / 원릉
1759년(영조 35) 66세의 영조는 15세의 신부를 맞이했다. 영조가 정순왕후를 맞이하는 친영親迎 행렬을 그린 반차도(부분,《영조정순후 가례도감의궤》, 서울대학교 규장각한국학연구원 소장). 12명의 가마꾼이 정순왕후의 가마를 맸다. 나인, 상궁, 내관, 별감 등이 인도하고 있다. 아래는 영조와 정순왕후가 나란히 묻힌 원릉. 동구릉에 있다.

조선, 철학의 왕국

보았듯, 그녀 집안은 노론의 명문이자 호론의 핵심이었다. 5촌 숙부 김한록은 송시열–권상하–한원진으로 이어진 학맥을 계승했다. 오빠 김구주는 김한록의 제자였고, 문장과 학문의 명성이 자자했다. 영조와의 국혼을 계기로 부친과 오빠를 중심으로 남당南黨이 형성되어 새로운 척신 세력으로 떠올랐다. 그러나 정조가 등극하고 척신들을 숙청할 때 김구주도 무사하지 못했다. 그는 혜경궁에 불손했다는 죄목으로 유배되었고, 유배지를 떠돌다 10년 후에 사망했다.

정조 재위 내내 정순왕후는 왕대비로서 궁중의 최고 어른이었다. 정조는 대비를 '자전慈殿'으로 존칭하며 공경했다. 하지만 열 살 연상인 며느리 혜경궁, 일곱 살 연하인 정조와, 대비 사이에는 살얼음 같은 긴장이 흘렀다. 대비가 받았던 상처와 소외감은 결정적 순간에 정조의 아킬레스 건을 건드렸다.

노론 의리를 대표한 집안 출신답게 정순왕후는 '의리와 원칙'을 최대의 무기로 내세웠다. '국왕은 의리의 주인이므로 사친私親을 사사롭게 대할 수 없다'는 주장이었다. 여기서 사친이란 정조의 고모 화완옹주와 이복동생 은언군을 말한다. 화완옹주는, 양아들 정후겸이 정조의 즉위를 방해한 죄로 죽었으므로 정조 초반부터 거의 유폐된 상태였다.

정순왕후는 정조 재위 내내 화완옹주에 대한 강경한 처분을 주장했다. 은언군은 아들 상계군이 역적으로 몰렸다가 급사했으므로, 역적의 뿌리로 지목받아 강화도에 유배된 처지였다. 그러나 정조는 14년 이후에 종종 친위 무사들을 대동하고 그를 몰래 만났다. 그때마다 정순왕후는 언문으로 백관에게 하교했고 신료들을 부추겨 회동을 방해했다. 그러나 정조는 자신의 왕권을 확인하려는 듯 그녀의 주장과 엇나갔다. 집권 20년 후에 정조는 은언군을 더 자유롭게 만났고, 1799년(정조 23)에는 화완옹주를 특별히 용서했다.

정순왕후는 결국 정조를 막지 못했다. 하지만 그녀의 논리는 사실 정조에게도 적잖은 내상을 남겼다. 정조 본인이 강조한 의리를 내세웠으니, 정순왕후는 '정조를 내세워 정조를 제약'한 셈이 되었다. 그 방식은 정조 사후에도 되풀이되었다.

1800년 정조가 죽은 후 정순왕후는 나이 어린 순조를 대신해 수렴청정을 실시했다. 수렴청정의 방식과 역할 등을 규정한 〈수렴청정절목垂簾聽政節目〉이 조선 왕조 처음으로 제정되었다. 그녀는 '여주女主', '여군女君'을 자처했고, 총 480여 차례에 걸쳐 하교하며 정국을 주도했다.

1800년 12월에 내린 장문의 언문 하교가 본격적인 시작이었다. 이 하교는 정조가 죽기 직전에 내린 이른바 오회연교五晦筵敎를 재해석한 것이었다. 논리는 복잡하지만 결론은 간단했다. 정조의 의도를 따른다 하면서, 구체적인 숙청 대상으로 자신의 정적을 지목한 것이었다. 정조의 정책을 지지했던 시파는 하루아침에 정조의 의리를 왜곡한 자들이 되었다. 김이익, 김이재, 서유린 형제 등 시파의 핵심들이 유배되었다. 김이익, 김이재는 안동 김씨 출신이었고, 서유린 형제는 김원행의 제자였다. 특히 서유린은 낙론 김원행의 수제자 중 하나였다. 그가 과거에 장원했을 때 스승이 그에게 만절晚節을 강조했던 일화는 이 책의 4장 2절에서도 소개한 바이다. 그는 함경도 경흥에 귀양 갔고 거기서 죽었다.

정적에 대한 숙청은 정권이 바뀔 때 흔히 볼 수 있는 장면이었기에 새삼스럽지는 않다. 진정한 공포는 해가 바뀐 1801년 정월에 생겨났다. 정순왕후가 하교하여 사학邪學을 엄금한 것이다.

서유린
서유린은 김원행의 문인으로
정조 때 시파의 영수로 활동했다(일본 천리대 소장).

선왕先王(정조)께서는 항상 "정학正學(유학)이 밝아지면 사학邪學은 저절로 없어진다"라고 말씀하셨다. 그러나 지금 이른바 사학이 옛날과 다름없고 서울에서 기호畿湖에 이르기까지 날로 성행하고 있다. 사람이 사람 구실을 하는 것은 인륜이 있기 때문이고, 나라가 나라꼴을 갖추는 것은 교화가 있기 때문이다. 그런데 사학이란 것은 '어버이도 없고 임금도 없다' 하며 인륜을 무너뜨리고, 교화에 배치되어 오랑캐와 금수로 만들고 있다. 저 어리석은 백성들이 점점 속고 미혹되어 마치 어린아이가 멋모르고 우물에 빠져 들어가는 것 같다. 이 어찌 측은하고 마음 아픈 일이 아닌가? 감사와 수령은 자세히 가르쳐, 사학에 빠진 자들은 크게 뉘우치게 하고, 아직 사학에 물들지 않은 자는 잘 경계토록 하라. 그리하여 우리 선왕께서 백성을 사랑하셨던 위대한 공업을 저버리지 않도록 하라. 이처럼 엄히 금지한 후에도 마음을 바꾸지 않는 이가 있다면 마땅히 역률로 다스릴 것이다. 수령들은 자기 지역에서 오가작통법五家作統法을 실시하라. 만약 사학을 하는 무리가 있다면 통수統首가 관청에 고하고 징계하여 다스려라. 마땅히 극형을 가하여 (사학 무리를) 모두 없애고 남겨지는 종자가 없도록 하라. 이 하교를 조정에서 거듭 밝혀 경외京外에 널리 알리도록 하라.[176]

천주교 엄금을 명시한 최초의 하교였다. 선왕 정조의 의도와 업적을 내세웠지만, 구체적 대응은 전혀 달랐다. 잘 알려진 대로 정조는 천주교에 대한 탄압보다 유학을 부흥하는 방식을 택했다. 이 점은 전교의 앞머리에도 언급된 바였다. 그러나 선왕의 업적을 저버리지 않기 위해 '역률을 적용하고, 오가작통을 가동시켜 씨를 말리라'는 방책이 내세워졌다.

전교는 짧은 내용이었지만 피바람을 불러왔다. 영의정 심환지 등이 적극 동조하며 나섰고 탄압이 시작되었다. 최초의 대대적인 천주교 박해, 이른바 '신유박해'였다. 대략 1년에 걸친 박해에서 수백 명에 달하는 천주교도가 순교했고, 주변 사람들이 처벌받았다.

반동의 여파

정순왕후의 하교에는 정正과 사邪의 대결 프레임이 선명하다. 색깔론의 폐해를 익히 경험한 우리로서는 이 논리의 부작용을 잘 알고 있다. 그런데 왜 반복될까. 단순한 이분법은 사람들을 한 줄에 정렬시키고 강렬한 힘을 발휘한다. 당시에도 그랬다. 정순왕후와 그녀를 지지한 노론 벽파는 천주교에 반대하는 소론과 남인 일부의 지지를 이끌어낼 수 있었다. 사회 일반도 정학正學인 주자학을 수호하고 사학邪學인 천주교를 배척하자는 분위기로 흉흉해졌다.

곧이어 희생자들이 생겨났다. 일차 표적은 대개 남인 쪽에 있었다. 신앙을 확실하게 표방했던 정약종, 이존창, 유항검 등이 순교했다. 한때 천주교를 믿었거나 서학을 접했던 이들도 다시 단죄 받았다. 남인을 대표하는 관료였던 이가환, 권철신은 사사되었다. 정조 앞에서 천주교 신앙을 반성했던 정약용과 그의 형 정약전은 기나긴 유배에 처해졌다. 천주교를 신봉했던 중인, 서얼, 여성 등도 다수가 죽었다. 심지어 노론 낙론이자 시파의 본거지였던 안동 김씨의 김건순이란 인물도 사사되었

포의풍류도

김홍도가 만년에 그린 〈포의풍류도布衣風流圖〉(개인 소장). 19세기 다양한 양상으로 존재했던 선비
들처럼 여러 각도에서 감상이 가능하다. 주변에 널린 파초·산호·도자기·보검 등에서는 골동 취미
를, 맨발로 비파를 타는 모습에서는 구속을 벗어난 자유를 느낄 수 있다. 왼편 상단의 글은 '紙窓土
壁지창토벽 終身布衣종신포의 嘯咏其中소영기중'으로 '종이창 낸 흙벽에서 여생을 벼슬하지 않고
시나 읊으며 살리라'는 뜻이다. 정조가 죽고 난 후 영락하고 1806년 경에 사망한 김홍도 말년의 쓸
쓸함도 느껴지는 듯하다.

조선, 철학의 왕국

다. 그는 천주교를 믿었던 사실이 정조 대에 발각되었지만, 정조가 처분을 덮어두어 무사할 수 있었다. 그러나 이때 다시 불거져 마침내 사사되었다.

박해의 정치성은 곧 드러났다. 정조의 이복동생 은언군의 처와 며느리가 서학을 믿은 사실이 드러나자 이들은 물론이고, 은언군까지 사사되었다. 완전히 잔멸해버린 이 집안에서 은언군의 손자 원범이 간신히 혈통을 잇고 철종으로 등극한 것은 나중 일이다. 혜경궁의 동생 홍낙임도 사사되었다. 죄목은 '강화도의 죄수(은언군)와 통하고 사학의 소굴이 되었다'는 것이었다. 하지만 이것은 누가 봐도 무리한 누명이었다. 세간에선 영조 후반부터 시작한 정순왕후 집안과 혜경궁 집안의 해묵은 대립 때문이라는 말이 돌았다.

최종 표적은 영조, 정조 연간에 그나마 일었던 자유스러운 분위기 자체였다. 천주교와 관련 있던 서양 학문은 물론이고, 잡문과 소설 등 직접적으로 관련 없는 영역에서 활약하던 이들도 된서리를 맞았다.

강이천, 이옥, 김려 등은 서울의 문화적 활력을 기반으로 개성과 감성에 충실한 문학을 전개하던 그룹이었다. 새로운 문체와 자유로움을 선도했던 그들은 정조 말년에 이미 고초를 겪은 바가 있었다. 그러나 이때 천주교도와의 연관이 다시 들추어져 더욱 혹독한 처벌을 받았다. 강이천은 효수되었고, 그의 친구였던 김려는 다시 유배를 갔다.

낙론의 한 줄기로 갈라져 나와 청과 세계에 대한 인식 전환을 촉구한 북학 그룹 역시 활기를 잃었다. 박제가는 1801년에 정순왕후와 심환지를 비방하는 벽보 사건에 연루되어 귀양갔다가 3년 후에 풀려났고 1805년에 사망했다. 유득공은 정조가 승하하자 관직에서 물러나 은거하다 1807년에 죽었다. 이들의 스승 격인 박지원도 활동을 삼갔는데, 말년에는 울화가 쌓이고 교유도 별로 없다가 1805년에 생을 마감했다. 심지어 김홍도조차 이 파장을 피해가지 못했다. 정조 사후 김홍도는 영락했고 1806년 경에 사망한 것으로 추정된다.

이들 부류에는 속하지 않았지만 윤행임 같은 특이한 사례도 있었다. 그의 집안은 대대로 호론을 지지했고, 자신 또한 호론의 이론을 주장했다. 그러나 그는 정치적으로는 정조의 총애를 받았고 시파로 활동했다. 순조 초반의 공노비 해방을 앞장서 실현했던 이도 그였다. 그러나 그도 끝내 홍낙임 사건 등에 연루되어 사사되었다.

모난 돌은 모두 정을 맞았고, 권력에 거슬리는 이들은 이리저리 연루되어 고초를 받았다. 공포는 은밀한 영역까지 침투했다. 자기검열이 진행되었던 것이다. 검열의 강도를 소상하게 밝히기는 퍽 어렵다. 그저 단편적인 사실에서 가끔 확인할 수 있을 따름이다. 예를 들어 홍대용의 일부 글에서 '서양 설을 참고했다'는 대목이 빠졌다. 박지원의 《열하일기》는 출간 당시에도 비판을 많이 받았고 필사본마다 내용이 조금씩 다르지만, 신유박해 이후에는 서학, 서양 선교사와 관련한 내용이 다시 삭제되었다. 박제가의 저술에서도 '서양'이 들어간 단어나, '서양인을 초빙하자'는 민감한 주장이 삭제되었다.[177]

정조 대에 기발한 글을 썼던 이옥은, 강이천·김려 등 친구들의 불행 앞에서 무기력만을 체험할 뿐이었다. 그는 정조의 문체반정 정책으로 처벌을 받았었는데, 용케 신유박해는 피할 수 있었다. 그러나 발랄했던 그의 문장은 1801년을 계기로 전환을 맞았다. 그가 1801년 이후에 쓴 것으로 추정되는 〈백운필白雲筆〉이란 글은 새, 물고기, 벌레, 꽃, 과일과

채소 등 일상의 소소한 것들이다. 천지, 사람, 성리학, 문장, 벼슬 등 전통적 주제에 대해서 이옥은 "쓰고 싶지 않고", "말할 수 없고", "입이나 다물자"고 반복해서 다짐한다. 사회에 대한 책임이 줄어들고, 관찰과 달관으로 내달린 것이 단순히 연륜이 깊어져 생긴 변화일까. 감시와 불관용으로 뒤덮인 사회가 작가 스스로 도피하도록 내몬 것은 아니었을까.

호론과 낙론의 악수惡手

정조 때에 숨죽이던 정순왕후의 경주 김씨 가문은 대폭 기용되었다. 김한록의 맏아들 김관주는 우의정이 되었고, 둘째 아들 김일주는 경연관으로 초빙되었다. 김구주의 아들 김노충, 사촌 김용주, 친척 김면주도 중용되었다. 그들은 호론의 지도자들을 추숭하는 데 앞장섰다. 먼저 김구주의 관작이 회복되었고, 김일주의 요청으로 한원진과 윤봉구에게 시호가 내려졌고, 한원진의 자손도 등용되었다. 모두 호론 측에서 줄기차게 요청했던 사안이었다.

호론-벽파의 등장으로 탕평이 상징하는 정파 사이의 공존은 끝나고, 순수한 의리를 강조한 그룹의 단독 집권이 실현되는 듯했다. 하지만 그것은 자신들의 최대 장점을 내주고 얻어낸 불안한 거래였다. 그들의 자산은 노론의 강경한 노선을 선명하게 내세운 데 있었다.

영조 후반부터 청류淸流를 지원했던 그들은 서울의 청류에게도 호응받을 수 있었다. 영조 후반 홍봉한에 반대하여 결성된 청명당淸名黨의 젊은 선비들이 대표적이었다. 청명당을 결성했던 선비들은 영조의 노여움을 사게 되어 견책받았지만, 정조는 그들을 중용했다. 김종수, 윤시동, 유언호 등 정조 대의 명신들이 그들이었다. 그들은 벽파였지만 정조와 호흡을 맞추었고, 말년의 정조는 '벽파 무리[僻輩]에 가까운 사람은 마치 우리 편 사람처럼 보호하고 아껴야 한다'[178]고 은근히 동조하곤 했다.

그러면 무엇이 문제였는가. 자신들이 비판했던 척신에 대항해 스스로 척신이 되어버린 사실이었다. 적과 싸우다 적을 닮아버린 꼴이었다. 어쩌면 그들은, 그들을 척신으로 전환시켜 그들과 가까웠던 청류의 지지를 얻고자 했던 영조의 각본에 말렸는지도 몰랐다. 그 폐해는 정조 초에 이미 나타났고, 순조 초에 크게 드러났다. 벽파의 영수 심환지는 정조에게 '의리 주인'이라고 불리며 탕평의 일각을 차지했지만, 순조 초반에는 정순왕후의 심복에 지나지 않았다.

결국 선택이 문제였다. 척신과의 결탁은 그들이 강조한 의리의 속내가 이해타산이었음을 드러냈다. 특히 순조 초반의 무리한 탄압은 사학을 빙자해 반대파를 숙청하는 일로 비추어졌고 마침내 인심이 떠났다. 권력으로 권위를 올렸던 학문의 영광 또한 오욕으로 끝을 맺었다. 무리한 반동을 조성한 이들은 집권 3년 후 정순왕후의 수렴청정이 끝나자 무기력하게 무너졌다. 의리라는 이름만 빌렸지 공정함을 방기한 결과였다.

그렇지만 호론만이 그 비난을 감당해야 할까. 그들의 변화만큼 극적이지는 않았지만 권력과 호응하기는 낙론도 마찬가지였다. 정조 대에 그들은 척신보다는 국왕을 선택했으므로 비난의 강도가 덜했을 수 있었다. 그렇지만 그들에게도 비슷한 선택의 순간이 다가오고 있었다. 정조는 김조순의 딸을 세자빈으로 재간택하고는 세상을 떴다. 김조순 집

안은 낙론의 최고 명문인 안동 김씨였다. 묘하게도 영조의 후반 선택은 호론-벽파였고, 정조의 최후 선택은 낙론-시파였다.

정조가 간택한 김조순의 딸이 순조비 순원왕후였다. 훗날 그녀는 헌종 초 7년, 철종 초 2년 두 차례나 수렴청정했다. 두 번의 수렴청정은 조선 왕조에서 유일했고, 기간도 가장 길었다. 얼마나 막중한 책임이던가. 그러나 책임이 막중해질수록 그녀 가문 인사들의 개입도 노골화되었다. 철종 초반의 수렴청정 때에 그녀가 4촌 김흥근에게 보낸 편지이다.

> 저 만고풍상을 겪어 거의 촌아이[村童]나 다름없는 상감(철종)을 지금은 아직 책망할 길이 없으니 나라의 안위가 나를 책망할 일이 아닌가?…… 이렇게 용렬하고 어리석은 내게 (나라의 일이) 맡겨지니 하늘의 뜻을 알 수 없으나 어떻게 할 수 없어 담당했으니…… 누구와 더불어 할 것인가? 자네(김흥근)가…… 나보다는 낫고, 판서(김좌근)의 혼자 소견보다는 나을 것이니…… 종형제(김흥근과 김좌근)가 마음을 합하여 대소사를 의논하여 매사를 공평하게 하고 일이 없도록 하게.[179]

헌종이 후사 없이 죽자 순원왕후는 은언군의 손자 철종을 순조의 아들로 삼아 즉위시켰다. 촌티를 벗지 못한 철종을 대신해 만기萬機를 총람總攬한 것은 순원왕후였으나, 그녀는 정작 국가의 대소사를 친동생 김좌근과 4촌 김흥근에게 위임하다시피 했다. 자신과 자신의 가문이 공적 시스템을 무력화하고 있다는 자각은 별로 보이지 않는다.

순원왕후는 가파른 대결 정국을 조성하지는 않았다. 하지만 우리는 헌종 대와 철종 대 정치가 부른 결과를 잘 알고 있다. 이른바 '안동 김씨의 세도정치'는 그때가 전성기였고, 국정이 이때처럼 속부터 곪았던 적은 없었다. 학문을 방기하고 권력과 손잡은 타락을 묻자면 우리는 낙론의 핵심 가문에게 더 엄중한 과오를 물어야 한다. 그들만큼 철저하게 척신 독점을 이루었던 전례가 없기 때문이다.

2. 세도世道에서 세도勢道로

또 바뀐 정국

순조는 1802년에 김조순의 딸과 혼인했다. 새 왕비 순원왕후는 서울의 명문 안동 김씨 출신이었다. 막강한 가문을 처가로 두게 된 순조는 1804년에 친정을 했다. 수렴청정에서 물러난 정순왕후는 1805년에 세상을 떴다.

수세에 몰린 벽파는 1806년에 일련의 사건으로 몰락했다. 그중 벽파를 역적으로 못박아버린 사건은 이른바 '김한록의 8자 흉언凶言'이었다. 《순조실록》을 통해 사건의 전말을 정리하면 대략 이렇다.

사도세자가 죽을 무렵 김한록이 친구들과 토론하다 당나라 중종의 고사를 인용했는데 세자의 아들(정조)의 왕위 계승을 문제 삼는 듯한 발언(이른바 8자 흉언)이 있었다. 이에 자리에 있던 친구 김의행 등이 이를 저지했다. 정조는 즉위 초부터 이 사실을 알고 있었고 "(역적이 나온 것은) 8자 흉언 때문이다"라고까지 말했다. 이후 김이성(김의행의 아들)이 1788년(정조 12)과 이듬해에 흉언을 다시 아뢰었지만 정조는 꾹 참고 끝내 처분을 내리지 않았다.[180]

당시 김한록이 했다는 말은 8자 혹은 16자라고 한다. 《한중록》에 의하면 '죄인의 아들은 왕위에 오를 수 없다. 태조의 자손이라면 누구라도 가능하지 않은가?[罪人之子, 不可承統. 太祖子孫, 何爲不可?]'라고 한다. 정조가 죄인의 아들이라서 안 되고, 정순왕후가 왕족 가운데 한 사람을 양자로 삼아 영조를 계승할 수도 있다는 의미였다.

김한록의 8자 흉언이 알려지자 조야에 큰 물의를 빚었다. 삼정승 이병모, 이시수, 서용보 등을 비롯한 대부분의 고관들은 "정조에게 단편적으로 듣긴 했지만, 전후 맥락을 몰랐는데 이제야 분명해졌다"며 김한록과 주변인, 자손들을 일제히 성토했다. 발언 당사자 김한록은 졸지에, 정조 초반에 역적으로 죽은 홍양해 등의 배후가 되었고, 관작이 추탈되었다. 김구주의 관작도 추탈되었다. 현직에 있거나 이미 쫓겨난 경주 김씨 일가들도 일제히 공격받았다. 김한록의 아들 김관주, 김일주, 조카 김면주, 김용주 등이 유배 등에 처해졌다.

다음은 벽파의 정치인이었다. 정조 대 벽파를 이끌었던 김종수는 정조의 묘정에서 출향되었고, 심환지의 관작이 삭탈되었다. 호론과 관련 있는 학자 일부도 무사하지 못했다. 낙론 출신이지만 호론을 지지했던 김종후는 김구주–김종수 라인의 배후자로 지목되어 유적(儒籍)에서 지워졌고, 한원진의 제자 송능상도 삭적되었다.

정국 변화에 주도적인 역할은 단연 안동 김씨였다. 순조의 장인 김조순은 국구로서 안동 김씨 60년 세도의 초석을 놓았다. 김한록의 8자 흉언을 폭로했던 장본인들도 모두 김조순이 속한 안동 김씨였다. 영조 때에 김한록을 저지했고 정조에게 김한록 발언을 아뢴 김의행·김이성 부자, 순조 초에 김한록 사건을 터뜨린 도승지 김이영(훗날 '김이양'으로 개명) 모두 안동 김씨들이었다. 바야흐로 영조의 처가 경주 김씨와 순조

김조순
김조순은 김창집의 현손으로 순조의 장인이다. 이른바 '안동 김씨 세도'를 열었다(개인 소장).

의 처가 안동 김씨의 대결이었고 안동 김씨는 완전한 승리를 거두었다. 안동 김씨의 승리에는 순조의 외가 반남 박씨의 조력도 있었다.

새로운 실력자로 떠오른 이들은 다소 개방적인 낙론의 세례를 받았다. 김조순은 젊은 시절 새로운 문체를 즐겼던 신유행의 선도자였다. 친구 김려와 함께 소설을 탐독했고 스스로 써보기도 했다. 그의 정치적 동지인 남공철, 이상황, 심상규 등도 모두 소설과 새로운 문체를 즐겼다. 정조가 문체반정을 단행한 원인 중의 하나가 바로 이들의 행위였다.

> 정미년(1787, 정조 11)에 이상황과 김조순이 예문관에서 함께 숙직하면서 당송唐宋 시대의 각종 소설과 《평산냉연平山冷燕》(청의 통속소설) 등의 서적을 한가하게 보고 있었다. 마침 임금이 우연히 주서를 시켜 이상황이 하고 있는 일이 무엇인가를 보게 했다. 이상황이 그러한 책들을 읽고 있었으므로 (정조가) 책들을 불태워버리도록 명하고, 두 사람에게 경전에 전력하고 잡서들을 보지 말라고 경계했다. 이상황과 김조순은 그때부터 패관소설을 다시 보지 않았다. 지금(1792, 정조 16) 남공철이 대책문에 소품小品의 말투를 인용하자, (정조가) 드디어 공문을 보내 응답하라고 명했다. 나이 젊고 재주가 있는 자들로 하여금 실학에 힘쓰게 하여 그들의 뜻과 취향을 보려 함이었다.[181]

김조순, 이상황, 남공철 등은 반성문 정도에 그쳤고 처벌은 면했다. 이렇게 쟁쟁한 이력을 지닌 이들의 등장으로 학문과 사상이 숨 쉴 공간이 조금 열렸다. 유배된 이들은 다시 풀려났고 통제는 완화되었다. 소설 등은 더욱 유행했고 청과의 교류도 다시 활발해졌다. 심지어 천주교

역시 다소 교세를 회복했다. 그러나 긍정적인 모습은 딱 거기까지였다. 모든 것은 위험하거나 불온한 경계를 넘지 않는 선에서였다.

정치 쪽은 형편이 더 좋지 않았다. 공포와 대립은 사라졌지만, 정권이 교체되는 와중에 최소한의 정치 원칙도 함께 사라졌기 때문이었다. 벽파가 축출된 이유는 그들의 허망한 마지막보다 더 허망했다. 김한록의 흉언은 거의 반세기 전에, 그것도 사석에서 한 말에 불과했다. 숙청 명분이 "옛날에 ~라고 했다더라"는 수준이라면 저급한 정치공작 이상도 이하도 아니었다. 이것은 사건 이후의 정리를 보아도 알 수 있다. 《순조실록》에서는 이 사건을 "김구주와 김한록이 앞뒤 50년 동안 대단히 흉악한 짓을 했는데, 이때에 이르러 죄인을 알게 되어 천토天討를 비로소 크게 행하게 되었다"[182]라고 결론 내렸다. 50년에 걸친 일들은 영조 후반 북당·남당의 대립에서 김한록 흉언, 김구주 숙청, 순조 초 벽파의 득세와 국혼(순조-순원왕후)에 대한 반대, 김달순의 옥사에 이르렀다.

이 정도의 기간과 규모라면 대대적인 정리가 행해질 만도 했다. 예를 들어 정조 때의 《명의록》 같은 책으로도 편찬될 만했다. 그러나 사건은 핵심 몇 명의 처벌, 추방, 삭제 정도에 그쳤다. 하긴 모든 일의 근원으로 지목된 '김한록 흉언'의 당사자들이 수십 년 전에 죽었으니, 무엇을 더 증명할 수 있었을까 싶다. 억울했던 경주 김씨 쪽에서는 어린이를 시켜 호소했을 정도였다.[183] 물론 이 호소도 유야무야 묻혔고, 더이상 문제 제기도 처벌도 없었다.

정치에는 암묵적 묵계만이 지배하는 듯했다. 그것은 '공론公論'을 표방한 격렬한 시비논쟁이 사라졌음을 보여주었다. 그 분위기를 무엇이라 표현할 수 있을까. '좋은 게 좋은 것이니 잠자코 힘과 권력을 따르라'

라는 고식적인 풍조가 아니었을까.

민심은 어눌한 듯하지만 예리하게 세태를 반영하고 있었다. '따지지 말고 대강대강 가자'는 분위기는 일상의 말에도 깊은 흔적을 남겼다. 지금 우리는 순조·헌종·철종으로 이어진 1800~1863년을 보통 '세도勢道 정치 시대'로 부른다. 그런데 '세도勢道'라는 말은 당시에는 사용되지 않았다. 대신 '세도世道'가 주로 사용되었다. '세도世道'는 세상을 움직이는 바른 도리이자 원칙이다. 그러나 이 시기에 외척들이 마치 국왕에게 세도를 위임받은 존재처럼 굴었고 사람들은 이들의 행태를 달가워하지 않았다. 어느 샌가 '세도가', '세도 부린다', '세도를 잃었다'와 같은 말이 생겨나기 시작했다. 이 말들에 '도리道理'를 집어넣으면 좀 어색하다. 무엇이 어울리는가? '권력', '권세'가 어울린다. 바야흐로 세도는 도리와 상관없는 권력이 되었다. 그리고 20세기 초반부터 '세도世道'라는 표현 대신 '세도勢道'가 생겨나 지금은 19세기 전반기를 가리키는 용어가 되었다. '세도勢道'의 탄생은 이념의 시대가 가고 힘과 세력이 좌우하는 시대가 열렸음을 상징적으로 보여준다.

이야기 만들기

낙론을 이끌었던 김원행의 제자 황윤석은 1778년(정조 2)에 〈기호락이학시말記湖洛二學始末〉이란 글을 썼다. 제목을 풀면 '호학과 낙학, 두 학파 논쟁의 전말에 대한 기록' 정도라 할 수 있겠다. 호락논쟁 연구에서 일찍부터 인용된 중요 기록인데 내용을 간추리면 이렇다.

① 권상하와 그의 제자 이간, 한원진, 윤봉구 등 소개

② 김창협, 이재, 민우수로 이어지는 학통 소개

③ 호락논쟁의 4가지 주제와 이에 대한 각각의 견해

④ 한원진-윤봉구 학설과 이재-김원행 학설의 정리

⑤ 정조 초반 이후 호론과 낙론의 일부 말류未流들

⑥ 남당·북당과 호론·낙론의 관계[184]

분량은 얼마 되지 않지만 논쟁의 연원, 중요 이론, 학통의 수립, 정치 세력과의 연계 등 중요한 면면을 요령 있게 소개했다.

내용 말고도 주목해볼 점이 있다. 이제까지 학자들은 철학의 주제에 대한 편지를 주고받거나 자기 주장을 담은 논설을 작성했다. 그러나 '시말始末'이란 제목에서 알 수 있듯이, 이 글은 발생하고 전개되고 매듭지어지는 일종의 '이야기'를 선보였다. 철학 주제라면 누구라도 언제나 참여할 수 있는 현재진행의 장場이겠지만, 이야기는 서사와 구조를 갖춘 과거의 사건이었다. 이야기의 등장과 함께 호락논쟁은 사회적 사건이 되었다고 할 수 있다. 여담이지만 그 영향력은 막대하다. 이 책을 읽은 독자들이 위에 인용한 요약을 낯설지 않게 느꼈다면, 이 책 또한 황윤석의 이야기로부터 내려온 유전자를 받았기 때문이겠다.

이야기는 사건을 만들어내지만, 철학자의 생생한 생각은 '이야기 속의 맥락'에 제한될 수도 있었다. 저자는 전후좌우를 재며 정보를 재배치했다. 이제 독자들은 철학자가 생산한 원재료 외에, 이를 가공하는 저자까지 의식해야 한다. 저자가 비교적 객관적으로 정리했다면 독자는 여유롭게 읽겠지만, 그렇지 않다면 독자의 감각은 훨씬 예민해져야

한다. 정리한 이들의 맥락까지 파고들어야 하기 때문이다. 황윤석의 저술은 비교적 중립적이었지만, 대부분의 저술들은 의도를 뚜렷이 드러내고 있었다.

황윤석이 〈기호락이학시말〉을 지을 무렵 호락논쟁과 관련한 이야기는 이미 등장하고 있었다. 필자가 확인한 첫 저술은 이재의 제자 최석이 지은 《천문사백록泉門俟百錄》이다. 언제 썼는지는 정확치 않은데, 1770년(영조 46)에 황윤석과 동문들이 돌려본 기록이 있으므로[185] 영조 중후반쯤으로 추정된다. '천문泉門'은 '한천寒泉 이재의 문하門下'이고, '사백俟百'은 '후대 군자의 판단을 기다린다'이다. 풀이하면 '한천 이재 학파의 주장에 대해 후대 군자의 올바른 판단을 기다린다' 정도이다. 저자 최석은 '한천시 논쟁'의 당사자였다. 스승 이재에게 말썽을 일으킨다고 꾸중까지 받았던 사실은 이 책 3장 3절에서 소개했다. 분란의 제공자답게 그는 한천시 논쟁의 전말, 한원진의 《주자언론동이고》 비판, 윤봉구와의 논쟁 등을 실었다. 제목과 내용을 보면 이재 학파의 주장과 행적을 강력하게 옹호했다.

필자 미상의 책들도 제법 있다. 《호락문답湖洛問答》이란 책은 동인과 서인의 분당分黨, 이황·이이 등이 주도한 사단칠정논쟁, 예송논쟁, 호락논쟁 등 굵직한 정치, 사상적 사건을 하나로 꿰어 서술했다. 《십이변十二辨》이란 책은 한원진의 이론에 대해 12가지 조목을 설정하여 반박했다.

이야기가 정치와 연결되면 더욱 흥미로웠다. 또 정치는 옆에서 훈수하듯 봐야 더 재미있다. 호락논쟁을 옆에서 지켜본 박제가의 시이다.

우리나라 성리학은 너무 치열해,

吾東盛理學오동성이학

터럭 끝 차이로 학파 다투네.

門路爭毫末문로쟁호말

동인 서인은 사칠을 따졌고,

東西辨四七동서변사칠

호론 낙론은 인물성을 논하네.

兩湖論人物양호논인물

문자로 날마다 서로 싸우니,

文字日相尋문자일상심

현혹됨 말로는 다할 수 없다.

眩惑不可述현혹불가술[186]

  사단칠정논쟁과 동인과 서인의 투쟁, 인성물성논쟁이 노론 내의 투쟁과 화학반응을 일으켰다. 정약용도 비슷한 관전평을 내렸다.

  붕당은 망국의 술수이다. 하나의 사림에서 동인과 서인이 나왔고 다시 남인, 북인, 노론, 소론으로 나뉘어 중도를 잃었다. 급기야 호론, 낙론, 시파, 벽파라는 명목이 더해지니 세상이 더없이 각박해지고 마음이 더없이 어그러졌다.[187]

  정약용은 학술 면에서는 양비적 입장에 서 있었지만, 정치 세력과 결탁하고 타락한 양상에 대한 비판은 날카로웠다.

1799년(정조 23) 한원진에 대한 호론 측의 대대적 증시贈諡 요청과 그 과정에서 빚어진 무리한 일들, 순조 초의 정국 경색과 사상 통제에 대한 아픈 경험은 호론에 대한 거부감을 키웠다. 거부감은 김한록의 8자 흉언에서 정점에 도달했다. 낙론 계열에서는 학술과 정치를 연결하는 기술을 통해 호론의 잘못을 근원적으로 재단했다.

정조 대에 시파로 활동했던 심낙수와 그의 아들 심노숭의 저술이 대표적이다. 심낙수는 《정변록定辨錄》,〈순충전純忠傳〉,〈당역전黨逆傳〉등을 썼다. 호론과 낙론, 시파와 벽파의 대립을 충忠과 역逆으로 선명하게 가른 게 특징이다. 심낙수가 역신逆臣으로 선정한 이들은 9인인데 김구주, 김한록, 김종후 등 호론의 강경파와 남당 쪽 인사들이 대부분이었다.[188] 아들 심노숭은 그들의 뿌리까지 파고들었다.

생각 하나의 차이가 천리千里의 유혈流血을 부르니, 화란禍亂의 맹렬함도 애초에 기미가 있는 법이다. 퇴계와 남명은 덕행으로 한 세대를 풍미했지만 남명의 학문에는 주기主氣에 빠진 흠이 있었다. 정인홍이 남명의 문하에서 나와 천하에 극악한 인물이 되었다. 한원진의 학술은 겨우 이理를 바라보는 차이에 불과했다. 다르게 보고 발길을 못 돌리니 그의 제자들은 국가의 화란이 되었다. 그 화가 정인홍보다 심해 홍수, 맹수도 비할 바가 아니었다. 한원진이 이처럼 되리라 알았겠는가. 때문에 '학술은 조심하지 않을 수 없다'고 말한다. 김한록이 흉론을 말하고 김구주가 계책을 꾸미고 김노충 부자가 영화를 누리며 30년 동안 나라의 근본을 위태롭게 만들고 국가의 명맥을 절단하고 있다.[189]

한원진의 학문이 잘못되어 제자, 문하에서 흉역이 나오게 되었다고 했다. "마음과 학술의 잘못이 정치에서 역적을 빚어냈다"는 논리는 정치 투쟁을 정리하는 책에서 자주 써먹는 방식이었다. 자기 붕당의 입장에서 정치사를 정리하는 조선 후기의 많은 저술들을 이른바 '당론서黨論書'라 부른다. 호락논쟁과 당론서의 결합은 논쟁의 종착지를 보여주었다. 이론의 생생함은 차단되었고 학자는 정치적 견해로 재단되었다. 상대에 대한 인정은 사라지고 이분법이 선명하게 자리 잡았다.

19세기의 분위기는 비교적 무명의 책들에도 반영되었다. 이 시기에도 작자 미상의 《호락사실湖洛事實》, 《불이언不易言》, 신재철의 《호락원위湖洛源委》, 박성양의 《호락원류湖洛源流》 등 많은 정리서들이 쓰였다. 대부분 19세기 초의 마찰까지 다루었는데, 자료는 더 풍부해졌으나, 한원진의 학술을 이단으로 비판하고, 호론 측의 조작과 기만 등을 폭로하는 민감한 내용들이 추가되었다.

잃은 것과 지킨 것

호론은 역적이 되고 낙론은 그들을 확실히 단죄했다. 승리를 거머쥔 낙론에서 자부심이 높아지지 않을 수 없었다. 19세기 중반 낙론을 대표했던 임헌회의 평이다.

> 호론과 낙론에 대해서는 깊이 판별할 필요가 없으니 선생들의 업적만 보아도 간단히 알 수 있기 때문이다. 호론에는 한원진, 윤봉구, 송

환기 등 몇 분이 계시지만 낙론에는 김창협, 이재, 김원행, 송명흠 선생이 있고, 내 스승 홍직필 선생에 이르러서는 유학에 미친 공적이 탁월하여 모두가 우러러본다. 학설의 시비를 길게 늘어놓을 필요가 굳이 있겠는가.[190]

이론이 아니라 인물과 영향력으로 승부를 내렸다. 정치·사회적으로 압도적인 우위에 섰기에 나올 수 있는 판단이었다. 그런데 과연 그것이 끝이었을까.

정조 후반 이후 낙론을 대표하는 산림은 이성보(훗날 '이직보'로 개명), 홍직필, 임헌회 등이었다. 이성보는 정조의 뜻에 지나치게 순종해서 빈축을 샀고, 홍직필과 임헌회는 각각 세도가 김병기, 민규호와 친밀한 사이라 해서 세간에서 비웃었다.[191] 호론이 벽파에 종속된 것 이상으로 낙론은 척신가에 종속되었다.

낙론이 길을 잃어버린 데에는 더 깊은 이유, 즉 '변화하는 시대'가 있었다. 서울의 낙론가의 후세대는 척신이 되거나 다른 학풍을 접하고 있었다. 이 부분은 새 지식과 학문과의 조우라는 다른 주제로 다루어야 할 듯하다. 다만 여기서는 달라진 환경을 소개하여 변화를 간접적으로 전하고자 한다.

당시 서울 세도가들의 호화로움은 이전에 경험하지 못한 수준이었다. 가옥이 잘 보여준다. 김조순의 옥호정玉壺亭, 심상규의 가성각嘉聲閣, 남공철의 옥경산장玉磬山莊 등이 대표적이다. 지금은 흔적을 찾을 수 없지만 옥호정은 다행히 그림이 남아 있고, 가성각에 대해서는 자세한 묘사가 전한다.

문숙공 심상규는 서울 송항松巷¹⁹²의 북쪽에 저택을 지었다. 바깥채에서 굽이굽이 이어져 두실斗室이 된다. 여기를 지나면 난간과 서까래가 얽히고설켜 정당正堂이 되는데 편액을 가성각이라 했다. 담계覃溪 옹방강翁方綱이 80세에 쓴 것이다. 가성각 동쪽에는 기둥이 높다랗게 꺾어져 북쪽으로 서 있는데 안이 빈 허루虛樓와 이중 구조의 복합複閣이다. 또 그 서북쪽은 붉은 담장이 뻗어 있는데 벽돌을 쌓아 둥근 문을 만들고 사이사이 구들을 놓은 방을 두었는데 높은 방과 낮은 방이 있다. 또 그 뒤에는 일당一堂, 이당二堂, 삼당三堂을 나란히 두었다. 또 그 뒤에는 속당續堂이 있다. 책 4만 권을 쌓아두었는데 경사자집經史子集으로 나누어 소장했다. 가운데는 영당影堂이다. 선조 함재공涵齋公 심념조의 영정을 봉안했다. 붉은 휘장으로 막고 바깥에 향안香案을 두었다. 가성각 앞에는 작은 집 몇 칸을 만들어 기화이초奇

옥호정 / 옥호정 부분
김조순의 별장 옥호정玉壺亭. 서울 세도가의 생활 풍경을 보여준다. 1815년 경에 완성되었다. 현 서울시 종로구 삼청동 일대. 하인들이 사는 바깥마당, 사랑채인 옥호산방과 안채, 옥호동천玉壺洞天으로 불렸던 후원, 소나무 숲이 우거진 뒷산으로 구성되었다. 김조순은 후원 바위에 '山光如邃古산광여수고, 石氣可長年석기가장년(산빛은 아득해 옛날과 같고, 돌기운은 가히 오래가리라)'이라고 이 풍경이 오래길 바랐지만, 지금은 주택가와 청와대에 속해 옛 모습을 전혀 찾아볼 수 없다. 그림은 1960년에 공개되어 일반에게 알려졌다. 개인이 소장했다가 최근 국립중앙박물관에 기증되었다

花異草를 빙 둘러 심었다. 뜰에는 종려나무를 심었는데 그 크기가 문설주에 나란하다. 또 상아로 만든 상과 통유리로 된 벽이 있는데 모두 우리나라에는 없는 것들이다. 그 나머지 기물이나 완상품은 위치가 가지런하여 법도가 있다. 방에는 문양이 들어가 있는 창과 아름답게 새긴 난간이 있는데 모두 정묘하고도 신기하다. 발과 휘장, 궤안, 깔개는 정갈하고도 고즈넉하며 호젓하여 밖에서 보면 마치 신선의 집 같았다. 담벽이나 측간이라도 더럽거나 갈라진 데가 있으면 몸이 지저분한 듯이 여겼다.…… 평상시에는 안으로는 서양의 자명종을 휘장 안에 비치해두고, 밖으로는 계단 위에 해시계를 비치하고는 아침밥과 점심밥을 모두 정해진 시각에 먹었는데 지팡이를 짚고 출입하면서 규정을 어기는 일이 없었다. 비록 중국 고관대작의 호사와 같지는 못하겠지만, 우리나라에서는 비교할 만한 것이 거의 없다.[193]

오밀조밀 화려한 건물로 가득 찬 저택, 4만여 권의 장서, 청에서 명성을 날린 옹방강의 편액, 상아와 통유리, 각종 기물과 완상품, 서양의 자명종 등등. 서울 사대부 문화는 난만爛漫함의 끝자락을 달리고 있었다.

낙론에서 '서울'이란 핵심적 성격은 변했지만, 학문은 그나마 지방의 성실한 학자들이 명맥을 이었다. 임헌회의 학문을 가장 충실히 계승한 전우는 전라도 출신이었다.

낙론의 영향으로 지방에서 새 학파가 형성되기도 했다. 19세기 중반 이후 경기 동북부와 강원 영서 일대에서 화서華西 이항로의 문하가 크게 일어났다. 이항로는 김원행-남기제, 김양행-이우신으로 이어지는 낙론 학자들에게 배운 바가 있었다. 하지만 제자라는 인식은 갖지 않았다. 성리설에서도 사단칠정, 미발과 인물오상 등의 주제에서 회통會通을 중시하고 한 학파의 학설에 얽매이지 않았다.[194]

전통적인 학파와 별다른 인연을 강조하지 않았던 '화서학파'의 출현은 유학 전체의 새 판도를 의미했다. 사회 변화와 외부 충격 앞에서 그들은 조선 성리학의 자산을 종합했고, 의리와 유학 수호의 기치 아래 실천을 앞세웠다. 비록 학맥은 낙론과 가까웠지만, 그들의 출신과 지향은 호론과 상통했다.

호론은 중앙 정계에서 축출되었다. 그러나 학맥과 정신마저 단절되지는 않았다. 호론의 두 지도자였던 한원진과 윤봉구에 대해 정부 차원에서 공식적으로 잘못을 추궁하지는 않았다. 황인검과 같은 일부 제자

홍주의사총

한원진의 학문은 19세기 말~20세기 초 김복한, 이설, 김상덕, 임한주 등에 계승되어 충청도 홍주(현 홍성)를 중심으로 전개된 항일운동의 정신적 바탕이 되었다. 홍주에서는 1895년과 1906년에 대대적인 의병투쟁이 있었다. 사진은 1906년의 홍주성 전투에서 순절한 의병들의 유해를 모신 홍주의사총.

들은 한원진의 문집을 이미 간행했다. 호론 지도자들을 모신 서원도 건재했다. 큰 타격을 입었던 김한록 가문에서조차 김일주 등을 통해 호론은 가학으로 계승되고 있었다.

한원진의 정교한 성리논설은 여전히 논쟁거리였지만, 그가 지향했던 유학 수호의 정신은 19세기의 상황에서 오히려 단단해졌다. 서양과 일본 등 '새로운 오랑캐'가 등장하자 호론의 후예들은 위정척사衛正斥邪에 돌입했다.

송시열의 후손 중에서는 송치규-송근수-송병선으로 이어지는 학맥이 눈에 띈다. 이들은 호론에 속했지만 호락논쟁에서는 대체로 중립을 지켰다. 그러나 의리를 고수한다는 자부심은 누구보다 강했다. 송근수는 1884년에 개화파가 주도한 의복 개혁에 반발하는 상소를 올리고 낙향해 '산림 재상'이라고 불렸다. 훗날 충청도의 의병을 지원하기도 했다. 그의 조카 송병선은 이른바 '연재淵齋학파'를 형성할 정도로 뛰어난 학식과 명망을 자랑했다. 그는 을사조약이 체결되자 강하게 반발했고 그해 말에 음독飮毒 순국했다.

한원진의 후예들 또한 위정척사운동을 전개했다. 19세기 말 호론 문인들은 '남당南塘 한원진의 문하'라는 의미의 '당문塘門'을 형성했고 충청도 보령, 홍주 등지에서 의병을 일으켰다.[195] 그들은 때로는 경기·강원의 화서학파, 영남의 퇴계학파와도 연대하여 실천했다. 위정척사의 대의 아래 노론, 남인이라는 오래된 정파적 정체성조차 크게 문제되지 않았다. 20세기 초에도 그들은 의병투쟁, 을사조약 반대, 3·1운동 참여 등으로 항일에 앞장섰다. 그들의 행동에는 한원진의 정신을 계승해 자기 지역에서라도 의리를 세우겠다는 책임감이 있었다.

낙론은 유연함을 지녔지만 세파를 따르고 명분을 이용하다 스스로 소멸했다. 호론은 차별주의에 사로잡혔지만, 적어도 이중적으로 처신하지는 않았다. 명분을 체화한 호론의 생존은 보수의 생명력이 어디에서 나오는지를 보여준다. 비록 시의에 뒤떨어질지라도 언행이 일치했던 그들은 보수의 진면목을 보여주었다.

3. 세 가지 유산

학자들의 주장에서 학파 사이의 논쟁으로, 정파와 결합하고 역적으로
단죄되기까지. 한산사의 논쟁이라는 첫 장면에서 거의 100여 년이 지
나자 '사건'으로서의 호락논쟁은 거의 끝났다. 한 세기를 지속했던 여
파 또한 없을 리 없다. 남은 장면들은 무엇이 있을까.

집마다 학설, 사람마다 의견

호락논쟁을 대표했던 주제인 미발未發, 인물성人物性, 성범심聖凡心 등에
대한 다양한 저술은 19세기에 가장 많았다.[196] 이 현상은 무엇을 의미할

까. 학파의 영향력이 감소했을지라도, 호락논쟁의 의제들은 더 빈번하게 학자들의 일상에서 논의되고 있었다. 그것이 호락논쟁이 남긴 첫 번째 유산이었다.

사실 호락논쟁의 의제들만 많아진 것도 아니었다. 서당의 확산으로 유학 교육은 더 대중화되었다. 고증학과 양명학도 성행했고, 변화는 동아시아 전반에 걸쳐 있었다. 청나라의 고증학 열기를 김정희가 전해준다.

> 근일 이래 유명한 유학자들이 무리를 지어 나왔다. 고학古學이 성행하니 오래전에 끊어졌던 실마리를 다시 정리할 수 있게 되었다. 하지만 집마다 자기 학설을 펴고 사람마다 자기 의견을 낸다. 제각기 문호門戶를 내고 시시비비를 따지는 일이 요즘처럼 심한 적이 없었다.[197]

무명의 학자들의 생겨나와 너도 나도 주장을 펼쳤다. 군소 학파들은 명멸했고, 유학의 주제들은 담론으로 성행했다. 주제 또한 주자학에 국한되지 않았다. 조희룡은 양명학에 종사했던 김완이란 학자를 소개했다.

> 김완이란 자가 있는데 성명性命의 학문에 정통하고 애써 다시 부흥시키고자 했다. 그의 학문은 양명학이었는데 자기의 견해를 더해 크게 일가를 이루었다. 수천에 이르는 논설을 지었지만 지금은 전하지 않는다.[198]

일가를 이루었고 지은 글도 많았지만 전하지 않으니 애석할 따름이다. 그나마 조희룡이 증언을 빌려 이름이나마 남은 것이 다행이랄까. 이름도 전하지 못한 이들은 또 얼마나 많을 것인가.

호락논쟁의 주제에 대해 뛰어난 성취를 이룬 유학자가 없을 리 없었다. 가장 주목할 만한 논설은 기정진과 이철영이 제출했다. 기정진은 문제적 저술 〈납량사의納涼私議〉, 〈외필猥筆〉을 통해 호론과 낙론을 이理를 중심으로 비판적으로 지양하고자 했다. 하지만 〈납량사의〉는 낙론의 전우에게, 〈외필〉은 호론의 송병선에게 비판받는 등 논쟁이 있었다. 이철영은 개념들의 위상과 시간을 고려했다. 본연과 기질이 '위상은 같으나 시간은 다른' 관계였는데 이에 대해 호론과 낙론이 일면만을 보았다는 것이다.[199]

이들의 빼어난 성취에 대해서는 소개만 해두고자 한다. 다만 지적할 것은 두 사람의 출현이 새로운 국면을 잘 보여준다는 점이다. 이론에서는 이제 부정과 긍정을 통해 종합을 지향하는 경향이 두드러졌다. 학파의 구속력에서 자유로운 점도 이 같은 종합을 촉진했을 것이다. 기정진은 사승관계가 없이 독학으로 일가를 이루었다. 이철영도 낙론과 인연이 없진 않았지만 특정한 학통 의식은 없었다.[200]

관전자들의 저변이 확대된 것도 변화였다. 이전에는 정약용, 홍석주 등 대가들의 품평이 많았고 이들의 평가는 이 책에서도 적잖이 인용했다. 19세기에는 신분, 지역, 성별을 넘어서는 확산이 있었다. 중인 지식인을 대표하는 최한기도 호락논쟁을 평했다.

> 비록 서로 다른 논설이 있다 하여도 반드시 깊이 배척할 것이 아니라 그저 그 우열만 밝힐 뿐이다.…… 호락湖洛의 '이理가 같네, 기氣가 다

르네' 등은 마땅히 함께 통합해야지 분당分黨해서는 안 된다. 그러나 말류未流의 폐단으로 인해 서로 문호를 지킨다 하며 다른 이들을 공격하고 자기 당을 엄호하여, 스스로 의탁할 근거와 학문 한다는 명분을 만들었다. 어느 겨를에 전체대용全體大用과 중정자수中正自修를 논할 수 있겠는가.[201]

영남학파는 퇴계학파를 고수했으므로 19세기 이전 학자들에서는 주목할 언급을 찾을 수 없다. 그러나 19세기에 호락논쟁의 주제가 일반화되자 이들도 호락논쟁을 평가하기 시작했다. 가장 주목할 만한 학자는 이진상이었다. 그는 20대 초부터 주기론을 비판했고 서경덕, 이이, 호론으로 이어지는 주기적 흐름을 통째로 이단으로 여겼다.[202] 물론 다른 견해를 가진 이들도 있었다. 이진상의 제자로서 20세기 초 유림 전체를 대표했던 곽종석은 낙론을 긍정적으로 보았다.[203]

18세기 후반부터는 여성 성리학자도 등장했다. 낙론의 대학자 임성주의 동생 임윤지당任允摯堂은 조선 최고의 여성 성리학자로 평가받는다. 그녀는 임성주의 영향을 받았지만 이理의 본원성을 강조하는 편이었다. 한 세대 뒤에는 강정일당姜靜一堂이 있었다. 그녀 역시 노론 출신이었다. 그녀의 남편 윤광연은 호론 학자 송치규의 문인이었으니 부부가 성리학에 전념한 보기 드문 사례였다. 임윤지당과 강정일당은 성인과 범인의 동일성을 강조하고 누구나 성인이 될 수 있음을 강조했다.[204] 낙론과 친연한데, 여성의 입장에서는 자연스런 귀결이기도 했다.

저변화를 가장 잘 보여주는 보기는 호락이 그냥 말로 쓰인 사례였다. 이진상의 제자 허유는 퇴계학파에 속했는데, 기호학계의 동향을 말할 때는 호락과 기호를 혼용했다. 예를 들면 이렇다.

> 형장께서는 항상 화서華西(이항로)의 학문이 호락과 다르다고 말씀하
> 십니다. 그러나 그의 학문도 끝내는 호락의 저의와 부합하게 될 것이
> 외다.[205]

그는 그외에도 '호락 사람들, 호락 제현, 호락 군자, 호락설' 등을 말
했다.[206] 이제 호락은 서울, 충청의 학풍을 말하는 마치 일상어처럼 쓰
였다.

위군자僞君子의 가짜 도학

호락논쟁의 사회적인 생명은 거의 다했다. 생명이 소진된 곳에서 명예
는 껍데기가 되었다. 그러나 그 명예에 매달리는 풍경도 있었다. 그것
이 두 번째 유산이다.

학자들의 개인적인 왕성한 참여나 저술의 증가에도 불구하고 이전과
는 크게 달라진 무엇인가가 있었다. 김정희의 편지에는 그 달라진 무엇
인가가 있었다.

> 심心, 성性에 대한 대목은 일찍이 호론과 낙론에서 서로 시비를 따졌
> 던 글에서 보았습니다. 그런데 누가 썼던 글인지 기억나지도 않고,
> 또 당시에는 나도 모르게 밥알이 튀어나올 정도로 웃었지요. 그대는

어찌 그 뱉어낸 찌꺼기를 다시 담으려 하는지요. 이 대목은 아예 손대지 않는 게 어떨는지요. 막히고 걸리는 데가 많으니 함부로 움직여서는 안 될 거외다.[207]

김정희는 서양 사정 등에 비교적 밝았고 세상 변해가는 이치를 꿴 후에 실사구시實事求是를 제창했다. 그런 그에게 호락논쟁은 이미 시의성을 잃어버린 죽은 담론이었다. 그러므로 "밥알이 튀어나올 정도로 웃었다"는 그의 풍자와 경고가 과연 과장만도 아니었다. 논쟁의 찌꺼기라도 우려먹는 행태가 나왔기 때문이다. 지금부터 소개하는 한 장면은 호락논쟁 역사에서 가장 흥미롭고, 우습고, 씁쓸한 장면이다.

19세기 서울의 문인으로 《지수염필》이란 섬세한 수필을 남긴 홍한주는 이런 일화를 소개했다.

근자에 남대문 밖에 윤광현이란 사람이 있다. 집안은 한미한데 스스로 유학에 통달했다며 호학을 주장하니 따르는 사람이 자못 많았다. 아내 또한 학식이 있어 글을 잘하고 예禮를 잘 말했다. 사족士族 집안에서 간혹 의심나는 예를 가지고 와서 물어보면 반드시 여러 학자의 논의를 인용하여 답해주니 그녀의 학문이 광현보다 실로 뛰어났다. 그러나 인물성을 논할 때 아내는 오로지 낙학을 주장했기 때문에 부부가 의견이 달라 대단한 기세로 논쟁하고 그쳤다. 규합閨閤에서 예학과 성리에 능했다는 것을 예전에는 듣지 못했다.[208]

당시에 여자가 예학과 성리학에 조예를 가지는 경우는 드물었을 터이니, 학사 부부의 탄생은 정말로 이채롭다. 홍한주도 그 점을 탄복하고 있었다. 부부가 각기 호론과 낙론을 지지하고, 대단한 기세로 논쟁을 벌이기까지 했다니. 글로 미루어보면 논쟁에서는 학문이 더 뛰어난 부인이 우위를 차지했을 법하다. 한국 철학사에서 이보다 더 전복적인 장면이 있을까 싶다. 여성 학자까지 등장한 것을 보면 호락논쟁에 참여한 선비들의 열정은 이만저만이 아닌 듯하다. 그러나 이어지는 목격담은 우습다.

> 참판 유진오가 젊은 시절에 용산의 읍청루에서 참외를 먹으며 놀고 있었다. 홀연 해진 삿갓에 긴 도포를 입은 사람이 정자에 올랐는데 대여섯 제자가 뒤를 따랐다. 그 사람이 강을 바라보다 "강이 넓고도 넓도다" 하니, 제자들이 손을 모아 "과연 그렇습니다" 하고는 바랑에서 필묵을 꺼내 '선생님께서 우리들에게 "강이 넓고도 넓다"라고 말씀하시다'라고 썼다. 제자들이 스승 말을 그대로 따라 적는 게 매양 이러했다.
> 유진오가 희롱 삼아 참외를 건네며 "강이 넓은들 뭐 대수겠소. 이 참외 맛있게 먹는 것만도 못하지요" 했다. 그 사람은 이마를 찌푸리고 "있을 곳이 못 되는구먼" 하고 자리를 뜨니, 제자들도 황급히 줄줄이 따랐다. 뒤에 들으니 그 스승이란 자가 바로 윤광현이었다.

윤광현과 제자들의 행태는, 영화 〈넘버 3〉에서 보스(송강호)의 엉터리 말을 똘마니들이 금과옥조처럼 받아 적던 포복절도할 장면을 떠올리게 한다. 홍한주는 이들을 두고 가짜 군자인 '위군자僞君子'요, 학문을 팔아

먹는 '가짜 도학假道學'이라 혹평했다. 홍한주는 성리와 도학으로 명예를 탐하는 세태를 풍자하기 위해 웃음거리로 치부할 수도 있는 일화를 전했다.

그런데 이 희담戲談에는 반전이 있을 수 있다. 이야기를 제공한 '윤광현尹光鉉'은 앞서 본 강정일당의 남편 '윤광연'일 가능성이 크다.[209] 윤광연과 강정일당 부부는 성실하게 공부했고 제자를 길렀다. 윤광연은 훗날 먼저 세상을 뜬 강정일당의 유고遺稿를 간행하는 뭉클한 행적도 남겼다. 인용에서 보았듯 홍한주 또한 여성 성리학자의 존재에 탄복하고 있었다. 그러나 한물간 호락논쟁에 매달리는 성실한 학자들은 홍한주, 유진오 등 세련된 감각의 선비에게는 조롱의 대상이었던 모양이다. 그래서 위 일화를 보면 씁쓸함도 생겨난다. 첨단을 달리는 서울 명문가 지식인의 오만과 멸시적 시선이 엿보이기 때문이다. 그렇다고 과거 영광의 뒷자락이라도 잡으려는 지방 지식인을 무조건 동정할 수도 없다. 이래저래 황혼에 접어든 논쟁에서나 볼 수 있는 풍경이었다.

새로 움트는 싹들

19세기의 중반 이후 서양의 동점東漸은 '문명 대 문명'이라는 새로운 전선을 그렸다. 파천황破天荒의 충격 속에서 유학의 틀 자체를 넘나드는 사유들이 자라나고 있었다. 그리고 그들 사유의 싹에는 호락논쟁, 좀 넓게는 유학이 뿌려놓은 유전자가 새겨져 있었다. 그것이 호락논쟁의 마지막 유산이었다.

19세기 중반 이후 유교문명권은 생존과 붕괴의 기로에 섰다. 유학 내에서 반성의 목소리가 커졌고, 변화와 절충을 꾀하는 이들에 힘이 실렸다. 일부는 내부의 세세한 차이에 구애되지 말고 '범凡 유교문화' 아래 뭉쳐, 세계관 차원의 변동에 대응하려 했다. 이 흐름은 여러 곳에서 감지할 수 있다. 예를 들어 그토록 적대시했던 청나라에 대해서 '같은 문화권'이라는 동문同文 의식이 자라났다. 청나라가 유교문명 안으로 들어오는 한편, 새로운 오랑캐로서 서양과 일본이 고착되었다. 19세기식 화이관華夷觀의 형성이었다.

유학의 뼈대를 유지하지만 서학 등의 성과를 접목하는 흐름도 넓게 포진해 있었다. 18세기 후반 낙론의 영향 아래 북학北學을 제창한 이들이 선구자였다. 19세기에도 많은 학자들이 청과의 문물 교류를 지속했고, 새로운 글쓰기를 전개했으며, 서학을 수용해 다양한 분야에서 성취를 이루었다.

낙론은 19세기에도 계속 분화하고 있었다. 신기선은 김원행–홍직필–임헌회로 이어지는 학통을 계승했다. 그러나 그는 낙론을 고수하지 않고, 동도서기東道西器에 입각한 개화를 주장했다. 호락논쟁에 대해서도 실견實見이 아니고 실학에 도움이 되지 않는다고 비판했다.[210] 김원행–오희상을 계승한 유신환은 경세와 개혁을 강조했고, 김윤식 등 온건개화파를 길러냈다.

서학까지 포섭하려는 좀 더 적극적인 이들도 있었다. 동서양을 아우르는 방대한 스케일을 구상했던 이는 최한기였다. 그는 성리학에 필적하는 규모의 기학氣學, 서양의 과학과 경험론의 과감한 수용, 세계 차원의 새 문명을 구상했다. 이 같은 구상의 바탕에는 사물에 기인해 추측推

測하는 새로운 인식론과 서양을 인정하고 배울 수 있다는 유연한 사고가 있었다. 북학 그룹과 그리 멀지 않은 위치였다.

이상은 유학과 직접적인 관계에서 나온 성과였다. 유학에서 멀리 떨어진 경우는 서학을 받아들여 내면화한 천주교가 있었고, 유학·서학·민중종교 등을 뿌리삼아 태어난 동학도 있었다. 이 같은 사상·종교 역시 어느 정도는 유학의 유산이 있었다.

천주교 전래는 애초 남인 계열의 유학자들이 주도했다. 이벽, 정약용 등 초기 지도자들은 유학과 서학의 통합을 구상했다. 조선의 천주교도들 다수 역시, 비록 선교의 자유를 보장받으려는 현실적 이유도 있었지만, 천주교의 교리는 유교 윤리에 위배되지 않고 오히려 완성시킨다는 믿음을 가졌다. 천주교와 유교의 상호 보합, 동서양 문화의 상호 인정은 천주교를 동양에 정착시킨 마테오 리치 이래의 오랜 전통이었다.

동학은 어떠했을까. 동학 혁명군이 일어날 당시에 내건 '행동 원칙 4가지' 가운데 첫째 조항은 '사람과 사물을 죽이거나 상하게 하지 않는다[不殺人, 不殺物]'였다. 이 조항은 동학의 지도자였던 최시형이 '만물이 하늘, 일마다 하늘[物物天, 事事天]'이라고 말한 데서 비롯했을 터이다. 사람, 사물, 하늘을 동등하게 여기는 동학의 인식은, 낙론의 인물성동人物性同에서 출발해 인물균人物均으로 나아간 홍대용의 사유와 그다지 멀지 않아 보인다. 물론 둘 사이를 직접적으로 연결하는 데에 무리는 있다. 그러나 사람과 사물을 중시하는 사고를 내면화해온 조선 철학의 토양이 없었다면 이처럼 자연스럽게 터져나오지는 않았을 것이다.

'지금, 여기'에서의 호락논쟁

한산사의 논쟁에서 학파의 해체와 유산遺産에 이르기까지, 요령 없는 설명이었기에 필자는 머쓱할 따름이다. 그런데 지금부터는 더더욱 체면을 돌아볼 여유가 없다. 역사가 현재에서 곱씹어져야 풍요로워지듯, 이 책의 마지막 퍼즐은 호락논쟁을 '지금, 여기'와 연결하는 작업이다. 과연 가능성이 있는 일일까.

  호락논쟁의 주제들은 지금은 낯설게 느껴지지만, 당시에 사회적 파장이 심대했음은 본문에서 보았다. 예컨대 사람과 동물의 본성에 대해 어떤 결론을 내리는가에 따라, 청나라에 대한 태도가 갈렸다. 그 휘발성은 지금도 마찬가지일까? 지금 우리는 내부와 외부의 타자他者를 둘러싸고 끊임없이 논쟁한다. 또 당연히 그 논쟁은 우리의 것만도 아니었다. 동서고금을 막론하고 인간이 스스로를 정의하면 할수록, 정의 밖에서 타자들이 생겨났다. 앞으로 인류는 로봇, 인공지능, 심지어 외계 존재와 같은 새로운 타자도 경험할 것이다. 타자를 이해하고 스스로를 성찰하고 함께 공존하는 노력은 지속될 것이다.

호락논쟁의 한 가지 주제만 들추어도 함께 고민할 생각거리가 풍성하게 터져나온다. 한국의 철학사가 인간이 함께 세워온 지혜의 탑을 받치는 또 하나의 기둥일 수밖에 없는 이유이다.

철학과 이념

책 제목에 '철학'을 내세우긴 했지만, 사실 현재의 우리에게 익숙한 단어를 내세운 것이다. 덕분에 의도하지 않았던 부작용도 생겼다. 철학에서 처음 받는 인상은 필로소피philosophy의 번역어 '철학'에서 연상되는 어떤 것일 터이다. 이 자연스런 연상이 본문에 등장하는 주요 인물, 주장, 논쟁과 겹치지 않는 것은 물론 아니다. 하지만 겹치지 않는 영역도 상당하다. 이런 것들이다.

조선에서 유학은 유교와 거의 동일했다. 학문과 종교의 차이가 그만큼 작았다는 뜻이다. 세속과 종교의 분리가 자연스러운 우리와 달리, 유학자의 일상은 경건한 삶으로 안내하는 예禮의 세계였다. 우리가 종교를, 유일신을 전제한 개념이 아니라 정신의 충만함을 기준 삼아 정의한다면, 예로 규율된 그들의 삶은 종교인과 다를 바 없었다. 따라서 그들에게 철학이란 엄밀히 말해 철학, 종교, 실천을 넘나드는 넓은 개념이었다. 조선의 철학을 볼 때 철학자의 '머리와 입'에 주목하면서도, 사회 속에서 움직이는 모습을 함께 포착해야 하는 이유이다.

범주를 학문으로 좁혀도 지금과 차이가 많았다. 분절적인 현대 학문에 비해, 유학은 이론과 실천이 분리되지 않았다. 유학에서의 철학적 사유는 현실에서의 행동을 결정했으며, 정치적 의제가 되어 사회에 영향을 미쳤다. 철학하는 사람들의 실존도 달랐다. 유학자인 선비[士]들은 관료, 즉 대부大夫와 동일시되었다. '사대부士大夫'는 하나의 단어로 쓰여도 전혀 어색하지 않았던 것이다. 조선에서 철학자의 붓대는 사색의 매개이자, 정책 집행의 도구였다. 국왕마저도 '도덕과 예법의 책임자'로서 사대부 공동체에 개입하곤 했다.

조선은 국왕부터 사대부까지 모두가 종교인이자 철학자로서 공감하며 움직인 나라였다. 종교, 사상, 철학, 정치, 학문, 교육은 유학의 이상 아래 유기적으로 연결되었다. 적어도 15세기 이후의 세계사에서 찾아보기 힘든 500년을 지속한 생명력은 그렇게 마련되었다. 그러나 학學, 정政, 교敎에 걸친 견고한 시스템도 생성, 성장, 소멸을 피할 수는 없었다. 15세기에 시스템이 건설되었고 16세기에 양질 면에서 심화되었고 17세기에 견고해졌다면, 18세기는 시스템을 균열시키는 원심력이 생겨났다.

호락논쟁은 18세기에 일어났다. 균열을 봉합하려는 흐름과 변화에 적응하려는 흐름 사이의 충돌이 반영되지 않을 수 없다. 충돌이 격해지자, 시스템의 이면까지 들추어졌다. 복수의 시선들을 인정할수록, 하나의 시선을 강요했던 억압성이 드러났다. 각 부문의 자율성이 강화될수록, 통합성은 권위를 앞세운 전체성으로 변했다. 조선은 전체주의의 왕국이기도 했다.

조선이 겪었던 통합의 긍정성과 전체성의 부정성을 살피다 보면, 한국 현대의 국가 건설과 이념 문제가 겹쳐진다. 해방 이후 한국인은 두 개의 국가를 건설했다. 자본주의, 사회주의, 기독교, 불교, 유교, 천도교 등도 모두 경험했다. 이슬람만 제외한다면, 인간 세계의 가장 고등한 주의ism, 종교가 각축했고 제각각 자리 잡았다. 그리고 남북한은 주의와 종교에서 공히 자유롭지 못했다. 주의와 종교는 모든 가치를 재단했다. 남한은 반공 앞에서 다른 생각이 허용되지 않았고, 북한의 수령은 무오류無誤謬의 절대자가 되었다. 그것을 보면 주자의 권위에 대한 질문을 허용하지 않았던 조선 후기의 경험이 새삼 떠오른다.

적어도 1980년 이후 남한은 달라졌다. 민중, 시민은 여러 차례 스스로 각성하고 일어섰다. 그리고 2016~2017년에는 세계 민주주의의 역사를 새로 썼다. 종교 간, 종교와 사회 사이의 평화로운 공존 역시 놀랍다. 물론 아찔한 순간도 있었다. 한국사 영역만 국한하더라도, 바로 2~3년 전(2015~2106)에 '국정 한국사 교과서'가 버젓이 되살아나 학생들을 하나의 잣대로 줄 세우려 했다. 아직도 특정 종교에서는 자신들의 교리를 맹신하고, 일부 사람들은 특정 정치인을 반신半神으로 여기고 있다. 물론 흐름을 돌이킬 수는 없을 것이나, 이 경험들에 대한 기억을 소홀히 지워버려선 안된다.

북한은 수령 무오류의 사회에서, '나홀로 사회주의'(우리식 사회주의)를 지나, 극단적 민족주의와 왕조 식의 '혈통주의'까지 결합하는 세계로 진입했다. 비판적 성찰이 허락되지 않는 사회가 얼마나 희한해질 수 있는지를 보여준다. 2018년을 계기로 극적으로 전환한 모습은 무척 긍정적이다. 이 방향을 확고한 주류로 만들기 위해서라도 전체주의의 부정성을 성찰하는 작업이 필수일 듯하다.

역사 이야기와 소통

'철학사'에 관한 책은 철학자와 그의 철학에 대한 해설이 대부분이다. 조금 더 자세하게는 사회적 배경까지 살핀다. 그런데 이 책에서는 부제에 굳이 '이야기'를 넣었고, 또 능력이 닿는 한 그렇게 하려 했다. 호락 논쟁이 실제로 드라마틱하게 얽혔고, 유학이 본질적으로 정치, 사회적 실천을 지향하므로 당연한 수순이기도 했다. 그렇지만 내심 또 다른 이유도 있었다.

이야기라고는 했지만 내가 가진 재주로는 발생 과정이나 이면을 보여주는 것 정도에 불과했다. 논쟁 초기의 생생한 문제 의식, 학파로 커가는 모습, 정치와의 복잡한 관계, 계보를 만들고 일상의 담론이 된 모습 등이 발생의 뼈대였다. 이념으로 현실을 구속하고, 욕망으로 승부를 가르고, 권위와 정통성에 집착하고, 권력과 밀착하거나 거리를 두는 모습은 철학 논쟁의 이면이었다.

우리는 그들을 지켜보며 이야기의 전개와 결말을 알게 된다. 돌이킬 수 없는 그들의 행보에 중간 중간 훈수까지 두었을 법하다. 그들은 과거에 속박되어 있지만 우리는 자유롭게 판단할 수 있다. 그러나 과거 이야기에 대한 우리의 자유가, 우리가 주역이 되어 전개하는 현재 이야기에서는 얼마나 가능할까. 물론 우리는 미래의 결론을 알 수 없고, 스스로를 완전히 객관화시켜 볼 수도 없다. 그렇다고 가능성마저 포기할 수는 없다. 과거 이야기를 보며 현재 이야기에 대입하는 노력을 중단할 수 없는 이유이다. 질문은 가능성이 있는가가 아니라, 어떻게 현재에 대한 자유를 확장할 수 있을까로 바뀌어야 한다. 다행히 과거의 메커니즘을 이해하고 익숙해질수록 '지금 우리 이야기'의 긍정적 전망은 커질 것이다.

과거는 완결형이 아니었고 현재에 연결된다. 과거로의 이입을 쉽게 만드는 이야기는 그 기능에서는 조금 친절한 매개자가 될 수 있을까. 철학에 이야기가 낯설듯 역사에서도 이야기는 어렵다. 역사가는 역사적 사실을 최대한 복원하려는 본능 때문에 실증에 골몰하기 마련이다. 따라서 그의 글쓰기는 계몽성으로 기울어지게 마련이다. 그게 문제는 물론 아니지만, 역사가가 구축한 역사상이 독자에게 일방의 길만을 제시한다는 점은 짚고 넘어가야 한다. 그 일방성을 나는 종종 '마술사의 상자 마술'로 비유한다. 마술사가 상자 마술을 시연한다. 트릭이 숨겨진 상태에서 관람자는 수동적인 존재일 따름이다. 그런데 만약 상자가 투명해서, 마술의 결과만이 아니라 마술이 연출되는 과정까지 공개된다면 어떨까. 관객은 마술의 소비자가 아니라 마술의 지배자가 된다. 정보와 소통이 가져오는 힘이다.

정보, 정황, 맥락에 대한 이해가 깊어질수록 소비자의 자유는 넓어진다. 지금은 수많은 데이터가 양산되고 무한복제가 범람하는 시대이다. 정보의 진위를 판별하고 바르게 선택하는 일은 여전히 인간의 몫이고, 이해와 소통 능력은 점점 중요해질 전망이다. 더 깊은 소통을 위해서라면 우리는, 상대와 주장을 조정하기 이전에 그가 결론을 내리기까지의 과정까지 살필 수 있어야 한다. 최종 소비재에 대한 생산, 유통 정보가 공개될수록 우리 삶은 건강해지는 법이다. 과거를 보며 지금에 대입하는 과정은 또 하나의 훈련이다. 호락논쟁에 참여한 학자들은 긍정과 부정의 이분법에 기대기도 했지만, 차이가 생겨난 상황을 따지고 상대를 이해하며 공존하는 해법을 찾았다. 그들과의 대화는 이해와 공감을 넓히는 시간여행이다.

마음의 참 모습

호락논쟁의 참여자들은 동양 철학의 오랜 주제였던 '마음[心]'의 정체를 캐물었다. 해부학이 소개되자 마음이 깃들어 있다고 여겼던 심心은 피를 돌리는 기관에 불과해졌고, 정신의 중추는 뇌腦로 확인되었다. 우리는 인간의 정체를 두뇌와 신경의 작용에 연관해 설명하고 있다. 심학心學이 사라진 자리를 사이콜로지psychology 곧 심리학心理學이 채웠다고나 할까. 마음에 대한 과거의 언술들은 연구자의 논문에서나 의미를 찾는다.

　뇌의 지배, 지력智力과 기술의 가속화는 우리의 생각과 감각을 미증유의 세계로 이끌고 있다. 라디오는 청각을, 영화·TV는 시각을 혁신시켰고, 컴퓨터·스마트폰·VR·증강현실은 아예 가상의 현실계를 만들어냈다.

　'도고일척道高一尺, 마고일장魔高一丈'이라 했다. 빛[道]에 다가갈수록 어두움[魔] 또한 깊어진다는 역설이다. 인간을 넘는 인공지능이 나타나고, 현실을 혼동시키는 가상계가 펼쳐질수록 이 말의 효력은 강해질 것이다. 장밋빛 미래와 우울한 디스토피아가 혼재하는 현실의 딜레마는 마음을 부단히 질문했던 과거의 언명들을 문득 떠올리게 한다. 마음이나 윤리에 감성과 욕망을 종속시켰던 중세의 사유는 사실 무서운 권위로 기울었고 마침내 물질문명의 바람에 휩쓸려 사라졌다. 그런데 과도해진 기술문명에서 마음을 다스리는 심학은 다시 소환할 기회를 얻을지도 모른다. 이 또한 역설인 듯하다.

유학을 비롯한 동양 사상은 인간의 능력과 지배력을 키우는 대신, 마음의 주재성과 외물에 대한 조정력을 갖추는 방법에 매진했다. 예를 들어 유학자들은 개인이 즐기는 물건에 대해 완물상지玩物喪志를 경계했다. 즐거움의 대가로 반드시 지불하는 심신의 쇠약을 지적한 것이다. 스마트폰에 푹 빠진 우리에게 적절하고 과학의 질주에 성찰을 촉구하는 금언金言이다.

뭐 그렇게까지 복잡하게 생각하지 않아도, 우리가 가끔 고요하고 맑은 정신을 유지한다면 더할 나위 없이 좋다. 일상의 마음공부를 안내하는 책 중에 《채근담菜根譚》이 퍽 좋다. 그 한 구절이다.

차운 등불이 반딧불처럼 흐릿하매 만상萬象이 소리가 없다. 우리가 비로소 편히 쉬일 때로다.
새벽꿈을 갓 깨어남에 뭇 움직임이 아직 일어나지 않았다. 우리가 비로소 혼돈混沌에서 벗어날 때로다.
이때를 틈타서 '한 생각으로 빛을 돌려 스스로를 비춰보면' 비로소 알리라. 이목구비耳目口鼻는 다 질곡이요 정욕 기호가 모두 이 마음 병들게 하는 기계機械인 줄을.[211]

한밤의 정적이나 고요한 새벽에 불현듯 찾아온 시원하고 툭 트인 마음. 우리가 이 책에서 여러 차례 보았던 마음의 미발未發이 바로 그것이다. 《채근담》의 저자 홍자성洪自誠은 유불도를 넘나든 명나라의 선비. 모자라거나 넘치지 않은 그의 성찰은 시인 조지훈의 수려한 번역을 통해 잘 전달되었다. 《채근담》이 스테디셀러인 까닭이다.

마음으로 철학했던 옛날의 선비들은 우리에게 경건한 구도자의 여러 모습을 보여준다. 잘 짜이고 계산되는 일정이 실종시켜버린 사색과 통찰의 세계이다. 그들의 끝자락을 지금 볼라치면 예배하는 사제, 묵상하는 수도자, 간절히 기도하는 범부凡夫들이 아닐까. 우연히 프란치스코 교황의 강론 준비 기사를 접한 적이 있었다.

교황은 전날 낮부터 강론을 준비한다. 우선 복음과 독서를 읽고 둘 중 하나를 선택한다. 그리고 선택한 복음과 독서를 소리 내어 읽는다. 성경이 자신에게 하고자 하는 말씀을 듣는 과정이다. 이어 수첩에 가장 가슴에 와 닿는 구절을 적고, 중요한 단어에 동그라미를 친다. 그리고 그날그날의 일정을 소화하면서 계속 그 단어에 대해 생각한다. 그리고 떠오르는 생각들을 묵상하고, 생각하며, 음미한다.[212]

비우고 채우고 읽고 묵상한다. 현재에서 정성스러움과 경건함이란 금옥金玉을 발견하는 일은 우리의 몫이다. 가장 쉽게는 일상에서의 작은 실천이다. 독서와 사색의 영역을 조금이라도 확보하거나, 가끔 절제의 미덕을 발휘하는 일 등일 것이다.

타자에 대한 성찰

호락논쟁의 주제 가운데 인간과 사물의 동일성에 관한 '인물성동이人物性同異'와 성인과 보통사람의 동일성에 관한 '성범심동이聖凡心同異'는 격렬한 논쟁으로 비화되었다. 보편주의에 입각해 동일성을 강조하는 입장과, 분별주의에 입각해 차별성을 강조하는 입장이 서로 맞섰기 때문이었다.

왜 이때에 보편주의와 분별주의가 떠올랐을까? 바야흐로 새로운 타자들이 부각되고 있었기 때문이었다. 밖에서는 오랑캐로 멸시했던 청나라의 융성이 확연했고, 안에서는 양반·남성에 비해 열등하다고 보았던 중인·서민·여성 등의 역량이 신장되었다. 오랑캐가 문명에 다가설수록 화이華夷 질서는 흔들렸고, 서민·여성이 성인이 될 가능성이 커질수록 명분 질서는 요동쳤다. 기성 질서를 위협하는 그들을 인정할 것인가 말 것인가는 조선의 향방을 둘러싼 싸움이었다.

차이를 인정할 것인가, 차별을 강조할 것인가의 문제는 시간이 갈수록 더 불타오른다. 계급·문명·인종·남녀·지역 등을 매개로 복잡해졌다. 인간과 동물·자연의 문제가 최근 몇 십 년간 부상한 이슈였고, 조만간 인간과 로봇, 인공지능 등의 문제가 줄줄이 터질 예정이다. 공수가 역전되는 경우도 흔하다. 한국 사회만 하더라도 다양성을 존중하는 진전이 있었지만, 최근 몇 년은 조야한 이분법이 횡행하는 쓴맛을 보기도 했다.

타자의 문제는 우리가 지난 100년간 목맸던 근대의 이면을 또한 보여준다. 19세기 이래 서양에 의한 근대화는 서양식 기준의 보편화에 다름 아니었다. 서양을 제외한 사회들에서 그것은 집단적으로 타자가 되는 과정이었다. 수많은 사례가 알려주듯 그 실상은 무제한의 강압과 유무형의 폭력이었다. 물론 직접적이고 적나라한 폭력은 상당 부분 사라졌다. 그러나 복잡하고 해결하기 어려운 점이 남아 있다. 학문, 지식, 진리의 이름으로 건설된 보편이란 신화이다. 유럽에서 발흥한 근대 학문은 대개 새로 개척한 지역·문화에 대해 차별성을 검증했고 열등한 그들에게 자신들의 보편을 이식했다. 만약 그 과정에 도전하거나 의문을 제기한다면 본국에서도 박해를 감수해야 했다. 신화를 통해 '인간들 사이에 차이가 없음'을 밝힌 고전《황금가지》조차도 한때는 금서였다. 유럽인의 신화와 기독교의 독존獨尊을 흔들었기 때문이었다. 그런데 아이러니가 생겼다. 지금 우리는 동일함을 자연스럽게 여기고 있지만 그 동일함으로 인해 다양성과 차이가 빠르게 사라지고 있다. 지금은 차이를 내세워 보편에 맞서야 할 형국이다. 이 역전은《황금가지》서문에 간결하게 소개되었다.

> 20세기 말에 이르러 우리는 우리의 동일성을 당연시하고 은밀하게 차별성을 탐구하지만, 이와 대조적으로 후기 빅토리아 인들은 자신들의 차별성을 당연시하고 금지된 동일성의 영역을 탐구했다. 그래서 프레이저는 차별성보다 동일성에 더 관심을 기울인 것이다. 이러한 선입관은 프레이저를 곤란에 빠뜨렸다. 빅토리안 인들이 대부분 자신들만의 차별성을 확신했을 뿐 아니라 심지어 자랑스럽게까지 여겼기 때문이다. 프레이저 자신이 정식화한, 모든 인간이 '본질적 유사성'을 지닌다는 개념은 일면 빅토리아 시대의 정신을 크게 위협하

는 것이었다.[213]

결국 차이와 차별에 대한 성찰은 다방면으로 이루어져야 한다. 때로는 보편과 동일성에 대한 강조가 진보를 이끌고, 때로는 차이와 분별에 대한 강조가 진보를 이끈다. 어려움을 무릅쓰고 타자에게서 보편성을 찾아낸 학자들, 그리고 밖에서 들어온 기준과 전통 사이의 황금비를 고심한 사회의 노력으로 이 같은 이중의 기준은 어지간히 자연스러워졌다. 그렇다 해서 애초 그것이 유럽의 역사·상식·경험에서 탄생했고, 수많은 타자들의 합의가 있었음을 잊을 수는 없다.

우리가 타자로서 받았던 피해, 우리가 타자에게 가행한 차별, 과거의 잔재와 현재의 문제 나아가 미래까지 고려하면 정해진 해결점은 없다. 오직 상황을 고려하고 신중하게 숙고하는 일만이 희망이다. 공자는 군자의 중용中庸이란 때에 맞추어 바른 길을 찾는 것, 시중時中이라 하지 않았던가.

	1559 명종 14 ~1566	이황·기대승의 사단칠정논쟁
	1572 선조 5	이이·성혼의 사단칠정논쟁
임진왜란	1592 선조 25 ~1598	
후금 건국	1616 광해 8	
인조반정	1623 인조 1	
청 건국, 병자호란	1636 인조 14	
명 멸망, 청 북경 진입	1644 인조 22	
기해예송, 서인 정계 주도	1659 효종 10	
갑인예송, 남인 정계 주도	1674 현종 15	
	1675 숙종 1	권상하, 황강 이주, 제자 양성
경신환국, 서인 정계 주도	1680 숙종 6	
기사환국, 남인 정계 주도, 송시열·김수항 사사	1689 숙종 15	
갑술환국, 서인 정계 주도	1694 숙종 20	
	1695 숙종 21	김창협·김창흡 형제, 석실서원에서 제자 양성
	1696 숙종 22	권상하 등 화양서원 설립
희빈 장씨 사사	1701 숙종 27	
	1703 숙종 29	숙종《사변록》처분, 권상하 등 만동묘 설립
대보단 설립	1704 숙종 30	
	1709 숙종 35	한원진·이간 등 한산사 모임, 호론논쟁 시작
숙종,《예기유편》처분	1710 숙종 36	이재, 한천정사에서 제자 양성
	1712 숙종 38 ~1713	김창업 연행
	1714 숙종 40 ~1716	이현익·박필주·어유봉 편지 등으로 논쟁, 낙론 논쟁 시작
숙종, 병신처분, 이듬해 노론 삼정승 임명	1716 숙종 42 ~1717	
숙종 승하, 경종 즉위	1720 숙종 46	
신축환국, 소론 정계 주도	1721 경종 1	

임인옥사, 노론사대신 등 사사	1722 경종 2	
경종 승하, 영조 즉위	1724 경종 4	
을사환국, 노론 정계 주도	1725 영조 1	
정미환국, 소론 온건파 정계 주도	1727 영조 3	
이인좌의 난, 이듬해 영조 탕평 선포	1728 영조 4 ~1729	
	1736 영조 12	임성주·송명흠 등 비래암 강학회
영조 경신대처분, 노론사대신 최종 신원	1740 영조 16	
	1741 영조 17	한원진 《주자언론동이고》 완성
	1745 영조 21	김원행 석실서원에서 제자 양성
	1746 영조 22	이재의 제자 최석, 한원진을 만남, 한천시 논쟁 시작
	1765 영조 41 ~1766	홍대용 연행
	1769 영조 45	화양서원 묘정비문 사건, 송시열 영정 봉안 사건
영조 승하, 정조 즉위, 김구주 유배	1776 영조 52	
한후익 등 《명의록》 기롱 사건, 호옥湖獄으로 확대	1778 정조 2	
	1799 정조 23	호론 유생 635명 한원진 시호를 청함
정조 승하, 순조 즉위, 정순왕후 수렴청정 시작, 벽파의 숙청 시작, 이듬해 신유박해	1800 정조 24 ~1801	
	1802 순조 2	한원진·윤봉구에게 시호 내림
순조 친정	1804 순조 4	
김한록의 8자 흉언 사건, 낙론·시파의 호론·벽파 숙청	1806 순조 6	

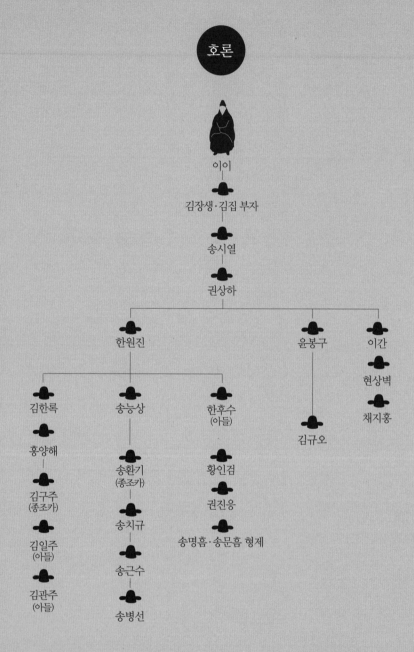

호론

이이

김장생·김집 부자

송시열

권상하

한원진

김한록

홍양해

김구주
(종조카)

김일주
(아들)

김관주
(아들)

송능상

송환기
(종조카)

송치규

송근수

송병선

한후수
(아들)

황인검

권진응

송명흠·송문흠 형제

윤봉구

김규오

이간

현상벽

채지홍

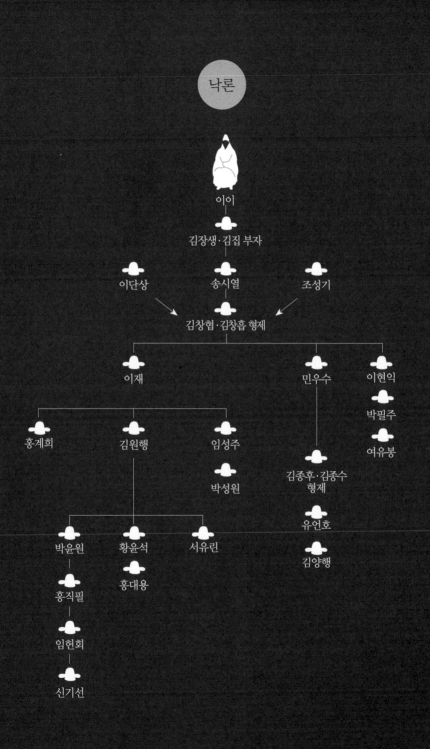

낙론

이이

김장생·김집 부자

이단상　　송시열　　조성기

김창협·김창흡 형제

이재　　　　　　　민우수　　이현익

홍계희　　김원행　　임성주　　　　　　박필주

박성원　　　　　김종후·김종수　여유봉
　　　　　　　　　　형제

박윤원　　황윤석　　서유린　　유언호

홍직필　　홍대용　　　　　　　김양행

임헌회

신기선

참고논저

* 20세기 이전의 저술은 미주를 참조할 것

고연희, 〈'어약용문魚躍龍門'에서 '어변성룡魚變成龍'으로-'급제及第'에서 '충忠'으로〉,
　　《한국문화연구》 31, 2016, .

권오영, 《조선 후기 유림의 사상과 활동》, 돌베개, 2016.

＿＿＿, 〈18세기 洛論의 學風과 思想의 계승양상〉, 《진단학보》 108, 2009.

김문식, 〈조선 후기 지식인의 자아인식과 타자인식〉, 《대동문화연구》 39, 2001.

김상기, 〈南塘學派의 형성과 衛正斥邪運動〉, 《한국근현대사연구》 10, 1999.

김준석, 《朝鮮後期 政治思想史 硏究》, 지식산업사, 2003.

김태년, 〈南塘 韓元震의 '正學' 形成에 대한 硏究〉, 고려대박사논문, 2006.

다카하시 도루, 이형성 편역, 《다카하시 도루의 조선유학사》, 예문서원, 2001.

문석윤, 《湖洛論爭 형성과 전개》, 동과서, 2006.

박광용, 〈朝鮮後期 蕩平 硏究〉, 서울대박사논문, 1994.

박학래, 〈奇正鎭의 《納凉私議》를 둘러싼 畿湖學界의 論爭〉, 《유교사상연구》 39, 2010.

박희병, 《한국의 생태사상》, 돌베개, 1999.

＿＿＿, 《저항과 아만─《호동거실》 평설》, 돌베개, 2009.

_____, 《범애와 평등》, 돌베개, 2013.

배우성, 《조선과 중화》, 돌베개, 2014.

배종호, 《韓國儒學史》, 연세대출판부, 1974.

송호근, 《인민의 탄생》, 민음사, 2011.

안동교, 〈圭南 河百源의 학문관과 실학정신〉, 《동양철학연구》 41, 2005.

와타나베 히로시, 〈화이華夷와 무위武威〉, 《개념과소통》 16, 2016.

_____, 박홍규 옮김, 《주자학과 근세 일본사회》, 예문서원, 2007.

우경섭, 〈宋時烈의 世道政治思想 硏究〉, 서울대박사논문, 2005.

_____, 《조선중화주의의 성립과 동아시아》, 유니스토리, 2013.

유봉학, 《燕巖一派 北學思想 硏究》, 일지사, 1995.

_____, 〈楓皐 金祖淳 연구〉, 《한국문화》 19, 1997.

윤사순, 〈人性·物性의 同異論辨에 대한 硏究〉, 《한국유학사상사론》, 열음사, 1986.

이경구, 〈영조~순조 연간 湖洛論爭의 전개〉, 《한국학보》 93, 1998.

_____, 〈湖洛論爭을 통해 본 철학논쟁의 사회정치적 의미〉, 《한국사상사학》 26, 2006.

_____, 《조선후기 安東金門 연구》, 일지사, 2007.

_____, 《조선 후기 사상사의 미래를 위하여》, 푸른역사, 2013.

_____, 〈18세기 말~19세기 초 지식인과 지식계의 동향〉, 《한국사상사학》 46, 2014.

이병도, 《韓國儒學史》, 아세아문화사, 1987.

이승수, 《三淵 金昌翕 硏究》, 이화문화출판사, 1998.

이영춘, 《임윤지당》, 혜안, 1998.

_____, 《강정일당》, 가람기획, 2002.

이천승, 《농암 김창협의 철학사상연구》, 한국학술정보, 2006.

장 클로드 카리에르, 이세욱 역, 《바야돌리드 논쟁》, 샘터, 2007.

장지연, 《朝鮮儒敎淵源》, 회동서관, 1922.

전인식, 〈호락논쟁의 연원을 찾아〉, 《오늘의 동양사상》 2, 1999.

정만조, 〈영조대 중반의 정국과 탕평책의 재정립〉, 《역사학보》 11, 1986.

정성희, 〈조선 말기 호락논쟁의 통합론 연구─醒菴 李喆榮을 중심으로〉, 《양명학》 30, 2011.

정옥자, 《朝鮮後期 文化運動史》, 일조각, 1988.

_____, 《조선후기 조선중화사상연구》, 일지사, 1998.

정은주, 〈乾隆年間 〈萬國來朝圖〉研究〉, 《중국사연구》 72, 2011.

제임스 조지 프레이저, 이용대 옮김, 《황금가지》, 한겨레출판, 2003.

조성산, 〈18세기 湖洛論爭과 老論 思想界의 分化〉, 《한국사상사학》 8, 1997.

_____, 《조선후기 낙론계 학풍의 형성과 전개》, 지식산업사, 2007.

최성환, 〈朝鮮後期 李縡의 學問과 寒泉精舍의 門人教育〉, 《역사교육》 77, 2001.

_____, 〈正祖代 蕩平政局의 君臣義理 연구〉, 서울대박사논문, 2009.

한계전, 〈湖學의 형성과 江門八學士〉, 《진단학보》 83, 1997.

한국사상연구회, 《인성물성론》, 한길사, 1994.

한국사상사연구회, 《조선유학의 개념들》, 예문서원, 2002.

현상윤, 《朝鮮儒學史》, 민중서관, 1949.

주석

1 인용문은 송시열의 연보(《宋子大全》부록, 권11)와 권상하의 연보(《寒水齋集》)를 참고
하여 작성했다.

2 팔학사에 대체로 들어가는 인물은 한원진, 이간, 윤봉구, 현상벽, 채지홍, 최징후 6인
이다. 성만징과 이이근은 권상하의 제자 가운데 연장자로서 강문팔학사에 꼽히지만
호락논쟁과 직접 관련은 없었다. 호락논쟁에 참여했던 이들을 위주로 한다면 성만징
과 이이근 대신 한홍조와 윤혼을 꼽는다(한계전,〈湖學의 형성과 江門八學士〉,《진단
학보》83, 1997).

3 권상하,〈贈韓德昭元震〉一首,《寒水齋集》권1;〈與金仲和癸未六月別紙〉권5.

4 권상하,〈贈韓德昭元震〉二首,《寒水齋集》권1.

5 권상하,〈與李同甫己丑四月〉,《寒水齋集》권5.

6 권상하,〈贈李公擧柬〉,《寒水齋集》권1.

7 이하 한원진의 행적은 그의 문집(《南塘集》)에 있는 연보와 김태년의〈南塘 韓元震의
'正學' 形成에 대한 研究〉(고려대박사학위논문, 2006)를 참조했다.

8 이간,〈與崔成仲己丑〉,《巍巖遺稿》권7.

9 한원진,〈答崔成仲己丑三月〉,《南塘集》권9.

¹⁰ 한산사가 위치한 학성리는 당시 충청도 홍주에 속해 있었다. 현재는 충청남도 보령 시에 속한다. 지금 한산사는 사라지고 터만 추정할 뿐이다.

¹¹ 이간은 한산사 논쟁의 전말을 〈한산기행寒山紀行〉(《巍巖遺稿》 권1)이란 장시로 남겼 다. 필자는 이 시를 보고 한산사 논쟁을 철학사의 한 장면으로 재구성하고 싶었다. 필자처럼 생각한 사람이 또 있었다(전인식, 〈호락논쟁의 연원을 찾아〉, 《오늘의 동양 사상》 2, 1999). 본 절은 이간의 시와 전인식의 논문을 참조해 썼다.

¹² 이간, 〈寒山途中一首〉, 《巍巖遺稿》 권1.

¹³ 〈公冶長〉, 《論語》.

¹⁴ 朱熹, 〈水調歌頭〉, 《晦菴集》 권10.

¹⁵ 한원진, 《南塘集》 권9, 〈答崔成仲己丑三月附李公擧寒山紀行詩跋〉.

¹⁶ 안동 김씨는 두 개의 본관이 있다. 하나는 김숙승을 시조로 하는 구舊 안동 김씨이 고, 하나는 김선평을 시조로 하는 신新 안동 김씨이다. 김창협 가문은 신 안동 김씨 이다. 신 안동 김씨 가운데 김상용과 김상헌의 자손들이 주로 서울 장동에 세거했으 므로 그들을 일명 '장동 김씨'라고 한다. 19세기 세도가문을 열었던 안동 김씨는 정확 히 말하면 신 안동 김씨의 서울 지파, 즉 서울의 명문가였던 장동 김씨를 말한다.

¹⁷ 이하 김창협과 김창흡의 행적 등은 그들의 문집에 수록된 연보(《農巖集》 권35·36, 《三淵年譜》 상·하) 등에 기초했다.

¹⁸ 김택영이 원래 선정한 문장가는 고려의 김부식·이제현, 조선의 장유·이식·김창협· 박지원·홍석주·김매순·이건창 총 9인이었다. 훗날 제자 왕성순이 김택영의 문장까 지 수록해 《여한십가문초麗韓十家文抄》로 간행했다.

¹⁹ 김신겸, 〈百六哀吟幷序〉, 居士, 《橧巢集》 권2.

²⁰ 조영석, 〈漫錄〉, 《觀我齋稿》.

²¹ 조성기, 〈行狀〉, 《拙修齋集》 권12.

²² 박지원, 〈玉匣夜話〉, 《熱河日記》.

²³ 《숙종실록》 숙종 9년 6월 14일.

²⁴ 〈語錄〉, 《農巖集》 別集 권3.

²⁵ 김창협, 〈雜識外篇〉, 《農巖集》 권34.

²⁶ 《영조실록》 영조 45년 11월 16일; 51년 5월 25일.

27 이현익, 〈擬與朴尙甫弼周〉, 《正菴集》 권4.

28 박필주, 〈答李仲謙〉, 《黎湖集》 권11.

29 이현익, 〈答朴尙甫別紙〉, 《正菴集》 권4.

30 어유봉, 〈答李仲謙〉, 《杞園集》 권14.

31 이현익, 〈答魚舜瑞〉, 《正菴集》 권5.

32 어유봉, 〈年譜〉, 丙申, 二月, 《杞園集》.

33 홍대용, 〈杭傳尺牘乾淨衕筆談〉, 《湛軒書》, 外集 권2.

34 朱熹, 〈性理一〉, 《朱子語類》 권4.

35 김규오, 〈問華陽書院通文庚寅〉, 《最窩集》 권4.

36 박윤원, 〈貞智錄〉, 《近齋集》 권24.

37 박지원, 〈虎叱〉, 《熱河日記》.

38 한원진, 〈答李公擧〉, 《南塘集》 권10.

39 〈告子上〉, 《孟子》.

40 이재, 〈答尹瑞膺〉, 《陶菴集》 권10.

41 朱熹, 〈答劉叔文〉, 《朱子大全》 권46.

42 朱熹, 〈理氣 上〉, 《朱子語類》 권1.

43 朱熹, 《中庸章句》.

44 朱熹, 〈告子章句 上〉, 《孟子集註》.

45 朱熹, 〈答胡廣中〉, 《朱子大全》 권42.

46 朱熹, 윗글.

47 《경종수정실록》 경종 3년 12월 8일.

48 《영조실록》 영조 4년 3월 25일.

49 《영조실록》 영조 1년 1월 11일.

50 《영조실록》 영조 9년 9월 20일.

51 《영조실록》 영조 11년 11월 5일.

52 《영조실록》 영조 3년 2월 7일.

53 명 태조 주원장은 《맹자》를 읽다 "군주가 신하를 흙덩이나 지푸라기처럼 여기면, 신
   하는 군주를 원수처럼 본다"는 대목에서 크게 노해 맹자의 신주를 문묘에서 출향하

고,《맹자》를 금서로 지정했다. 그러나 신하의 간언을 받아들여 곧 명령을 철회했다. 대신 불온한 부분을 뺀《맹자절문》을 따로 반포했다.

54 《영조실록》 영조 7년 6월 27일.

55 노론사대신은 원래 영조 원년(1725)에 일괄 복권되었다. 그러나 영조 3년에 다시 번 복되었다가 영조 5년에 조태채와 이건명이, 영조 16년에 김창집과 이이명이 각각 회 복되었다.

56 《영조실록》 영조 17년 12월 10일.

57 《영조실록》 영조 18년 1월 4일.

58 《영조실록》 영조 18년 3월 28일.

59 《영조실록》 영조 19년 3월 27일.

60 《영조실록》 영조 52년 2월 25일.

61 이 절의 내용과 인용은 최성환, 〈朝鮮後期 李縡의 學問과 寒泉精舍의 門人敎育〉,《역 사교육》 77, 2001; 권오영, 〈18세기 洛論의 學風과 思想의 계승양상〉,《진단학보》 108, 2009. 참고하고, 재인용한 게 많다. 편의를 위해 주석은 원전으로 표시한다.

62 《영조실록》 영조 19년 4월 3일.

63 〈行錄附〉,《陶菴語錄》 貞.

64 〈心〉,《陶庵三官記》.

65 최성환, 〈朝鮮後期 李縡의 學問과 寒泉精舍의 門人敎育〉,《역사교육》 77, 2001, 80~81쪽.

66 현상윤이《조선유학사》(1949)에서 꼽은 성리 철학의 대가들이다. 현상윤은 대표적인 이원론자로 이황, 이이, 이진상을, 대표적인 일원론자로 서경덕, 임성주, 기정진을 꼽았다. 일원론 가운데 서경덕과 임성주는 유기론唯氣論이고 기정진은 유리론唯理 論으로 보았다. 선정과 분류에 대해서는 많은 비판이 있다.

67 임성주, 〈玉溜講錄〉,《鹿門集》 권17. 같은 내용이 송명흠의《櫟泉集》 권12에도 전한 다.

68 송명흠, 〈玉溜講錄〉, 附識,《櫟泉集》 권12.

69 김원행, 〈答任仲思〉,《渼湖集》 권4.

70 이재, 〈崔生叔固歸自南塘盛道講說聽之有作〉,《陶菴集》 권4.

71 한원진, 〈題寒泉詩後〉, 《南塘集》 권32.

72 한원진은 이 글에서 '이재가 글을 성기게 읽고 이치를 엉성하게 이해했다'는 다소 원
색적인 비판을 가했다고도 한다(권오영, 《조선후기 유림의 사상과 활동》, 돌베개,
2003, 47쪽). 그런데 필자는 《한국문집총간》 영인본에서 이 부분을 찾을 수 없었다.
다만 정조~순조 대 남인 학자인 윤기가 요약해 인용한 대목에는 나와 있다(윤기, 〈書
湖洛心性辨後〉, 《無名子集》 5책). 후대의 판본에서 빠진 듯하다.

73 한원진, 〈題寒泉詩後又書〉, 《南塘集》 권32.

74 한원진, 〈辭召命兼附所懷疏辛亥六月〉, 《南塘集》 권4; 이하 한원진의 사상에 대해서
는 김태년의 〈南塘 韓元震의 '正學' 形成에 대한 研究〉, 고려대박사학위논문(2006)을
많이 참조했다.

75 《영조실록》 영조 1년 11월 12일.

76 한원진, 〈與尹瑞膺癸丑十一月〉, 《南塘集》 권13.

77 송시열, 〈語錄〉, 《宋子大全》 부록 권14(우경섭의 《조선중화주의의 성립과 동아시아》,
유니스토리, 2013, 58쪽 재인용).

78 한원진, 〈擬上時務封事〉, 《南塘集拾遺》 권2; 이하 단락은 김태년의 앞 논문을 정리
했다.

79 강희제 때 태자 윤잉胤礽이 폐위되자 황자皇子들 사이에 다툼이 일어났고 결국 4남
윤진胤禛이 옹정제로 즉위했다. 그러나 옹정제는 강희제의 전위傳位 조서를 위조했
다는 의심을 받았다.

80 한원진, 곽신환 역주, 《주자언론동이고》, 소명출판, 2002. 〈주자언론동이고 분석〉 참
조.

81 한원진, 〈序〉, 《朱子言論同異考》.

82 김원행, 〈陶谷隨記〉, 《渼湖集》 권14.

83 송명흠, 〈與渼湖金兄乙丑〉, 《櫟泉集》 권6.

84 김원행, 〈贈洪樂莘〉, 《渼湖集》 권14.

85 김원행, 〈諭石室書院講生〉, 《渼湖集》 권14.

86 황윤석, 《頤齋亂藁》 권2, 병자 9월 29일.

87 성대중, 〈質言〉, 《靑城雜記》 권2.

88 김원행, 《渼湖全集》, 여강출판사 영인본(이하 동일), 396쪽.

89 김원행, 《渼湖全集》, 410쪽.

90 김원행, 〈諭石室書院講生〉, 《渼湖集》, 권14.

91 김원행, 〈石室書院講規〉, 《渼湖集》, 권14; 〈講儀附〉.

92 임성주, 〈與李敬思己巳春〉, 《鹿門集》 권6.

93 황윤석, 《頤齋亂藁》 권7, 병술 10월 5일.

94 김원행, 《渼湖全集》, 414쪽.

95 김원행, 〈贈周生小學書後跋〉, 《渼湖集》 권13.

96 김매순, 〈任小學傳〉, 《臺山集》 권9.

97 김이안, 〈高君講堂禊帖序〉, 《三山齋集》 권8.

98 한국역사연구회 법전연구반 역주 번역, 《新補受敎輯錄》, 청년사, 2000, 416쪽.

99 《숙종실록》 숙종 35년 5월 11일.

100 《영조실록》 영조 14년 2월 19일.

101 이인상, 〈大報壇篇復用實在迎風寒露之玉壺九字余拈在字〉, 《凌壺集》 권2.

102 한원진, 〈答權亨叔丁卯八月〉, 《南塘集》 권20.

103 윤봉구, 〈南塘韓公元震行狀〉, 《屛溪集》 권59.

104 《同文彙考補編》 권4, 〈冬至正使尹淳副使趙翼命別單〉(김문식, 〈조선후기 지식인의 자아인식과 타자인식〉, 《대동문화연구》 39, 2001, 주석18. 재인용).

105 김창업, 《燕行日記》 권5, 계사년 2월.

106 김창업, 〈山川風俗總錄〉, 《燕行日記》 권1.

107 일본에서 화이관의 전개에 대해서는 와타나베 히로시, 박홍규 옮김, 《주자학과 근세 일본사회》, 예문서원, 2007, 69~80쪽 참조.

108 조명채, 〈聞見總錄〉, 江戶, 《奉使日本時聞見錄》.

109 와타나베 히로시新井白石, 〈화이華夷와 무위武威〉, 《朝鮮信使議》, 2016(《개념과 소통》 16, 20쪽 재인용).

110 와타나베 히로시新井白石, 《國書復號紀事》(위 논문, 20~21쪽 재인용).

111 이옥, 〈류광억전〉, 《완역 이옥전집》(실시학사 고전문학연구회 옮김, 휴머니스트, 2009), 2책, 350쪽.

112 이옥, 〈장봉사전〉, 《완역 이옥전집》, 2책, 340쪽.

113 《영조실록》 영조 33년 12월 21일.

114 홍길주, 정민 외 옮김, 《19세기 조선 지식인의 생각 창고; 홍길주의 수여방필 4부작》, 돌베개, 2006, 205~206쪽.

115 《영조실록》 영조 39년 11월 9일.

116 《정조실록》 정조 12년 8월 2일.

117 윤행임, 전송렬 옮김, 《역주 방시한집》, 보고사, 2006, 76~77쪽.

118 조수삼, 〈李亶佃傳并小序〉, 《秋齋集》 권8.

119 김이곤, 〈李媼詩稿序〉, 《鳳麓集》 권4.

120 채제공, 〈女四書序〉, 《樊巖先生集》 권33.

121 박희병, 《저항과 아만-〈호동거실〉 평설》, 돌베개, 2009, 220쪽.

122 이 항과 다음 항은 권오영의 《조선후기 유림의 사상과 활동》(돌베개, 2003)의 제1부 1장을 많이 참고했다.

123 윤봉구, 〈南塘韓公元震行狀〉, 《屛溪集》 권59.

124 윤봉구, 〈華陽書院廟庭碑銘并序〉, 《屛溪集》 권47.

125 김원행, 〈與子靜〉, 《渼湖集》 권5.

126 황윤석, 《頤齋亂藁》 권20, 갑오 8월 14일. 조성산, 《조선후기 낙론계 학풍의 형성과 전개》, 2007, 319~320쪽 재인용.

127 《정조실록》 정조 2년 7월 18일.

128 박장겸, 《玄皐記》.

129 송덕상, 〈年譜〉, 《果菴集》 권14, 12년 을묘.

130 심낙수 저, 김용흠 등 역주, 《정변록定辨錄 역주》, 서울대학교출판문화원, 2016, 118~119쪽.

131 김한록, 〈與韓明湖丈甲申元月〉, 《寒澗集》 권2.

132 황윤석, 《頤齋亂藁》 권9, 정해 12월 24일.

133 심조, 〈墓誌銘沈琦澤〉, 《靜坐窩集》.

134 오희상, 〈與閔元履〉, 《老洲集》 권8.

135 송환기, 〈答申士恊光集乙卯〉, 《性潭集》 권6.

136 홍직필, 〈上性潭宋公煥箕ㅇ丙辰〉,《梅山集》권5.

137 《정조실록》 정조 23년 10월 15일.

138 《순조실록》 순조 2년 7월 26일.

139 권오영,《조선 후기 유림의 사상과 활동》, 돌베개, 2003, 78~88쪽.

140 백승호, 장유승 탈초·번역,《정조어찰첩》, 성균관대출판부, 2009, 425~427쪽.

141 정동유, 안대회 등 역,《주영편》, 휴머니스트, 2016, 368쪽.

142 황윤석,《頤齋亂藁》권29, 기해 5월 5일.

143 황윤석, 〈記湖洛二學始末〉,《頤齋亂藁》권26, 무술 7월 27일.

144 송환기, 〈進士申公墓碣銘幷序〉,《性潭集》권21.

145 이채, 〈擬答或人別紙〉,《華泉集》권7.

146 《영조실록》 영조 34년 9월 5일.

147 정조,《弘齋全書》권165;《日得錄》, 권5.

148 정조, 〈鄒書春記閣臣金近淳告子篇生之謂性章〉,《弘齋全書》권120.

149 윤기, 〈書湖洛心性辨後〉,《無名子集》문고5책.

150 윤기, 〈又總論于後〉,《無名子集》문고5책.

151 정약용, 〈告子曰生之謂性犬牛人之性章〉,《與猶堂全書》2집,《孟子要義》권2.

152 정약용, 〈五學論〉,《茶山詩文集》권11.

153 정동유, 안대회 등 옮김,《주영편》, 휴머니스트, 2016, 377~378쪽.

154 송치규, 〈家狀宋欽成〉,《剛齋集》권14, 부록.

155 홍석주, 〈鶴岡散筆〉,《淵泉全書》권2.

156 하백원, 〈答安蓴湖壽麟〉,《圭南文集》권3(안동교, 〈圭南 河百源의 학문관과 실학정신〉,《동양철학연구》41, 2005, 130쪽 재인용).

157 성대중, 〈醒言〉,《靑城雜記》권4.

158 홍대용 저, 소재영 등 주해,《주해 을병연행록》, 태학사, 2004, 221쪽.

159 김원행과 홍대용의 대화는 〈湛軒年譜〉의 내용을 재구성했다.

160 홍대용, 〈從兄湛軒先生遺事從父弟大應〉,《湛軒書》부록.

161 홍대용, 〈湛軒洪德保墓表李淞〉,《湛軒書》부록.

162 홍대용, 소재영 등 주해,《주해 을병연행록》, 태학사, 2004, 690~691쪽.

163 홍대용, 앞의 책, 561쪽.

164 홍대용, 앞의 책, 562~563쪽.

165 홍대용, 〈與金直齋鍾厚書〉, 《湛軒書》 內集 권3.

166 홍대용, 〈毉山問答〉, 《湛軒書》 內集 권4.

167 박희병, 《범애와 평등》, 돌베개, 2013.

168 홍대용, 〈愛吾廬記金鍾厚〉, 《湛軒書》 부록.

169 중국 송나라의 성리학자 장재張載가 지은 〈西銘〉의 한 구절이다.

170 〈子罕〉, 《論語》.

171 〈子罕〉, 《論語集註》 권9, 21장.

172 《論語集註》 〈子罕〉편에 다양한 주석이 있다.

173 한원진, 〈拙修齋說辨〉, 《南塘集拾遺》 권6.

174 한국천주교주교회의 성서위원회, 〈탈출〉, 22장, 《성경》, 2005, 20~26쪽.

175 바야돌리드 논쟁은 장 클로드 카리에르의 《바야돌리드 논쟁》(이세욱 옮김, 샘터, 2007)을 참조했다.

176 《순조실록》 순조 1년 1월 10일.

177 홍대용과 박제가는 이경구의 〈18세기 말~19세기 초 지식인과 지식계의 동향〉(《한국사상사학》 46, 2014)을 참조했고, 박지원은 김혈조가 번역한 《열하일기》(돌베개, 2017)를 참조했다.

178 백승호, 장유승 탈초·번역, 《정조어찰첩》, 성균관대출판부, 2009, 511쪽.

179 순원왕후, 이승희 역주, 《순원왕후의 한글편지》, 푸른역사, 2010, 210~211쪽.

180 《순조실록》 순조 6년 5월 13일.

181 《정조실록》 정조 16년 10월 24일.

182 《순조실록》 순조 6년 6월 25일.

183 《순조실록》 순조 12년 10월 30일.

184 황윤석, 〈記湖洛二學始末〉, 《頤齋亂藁》 권26, 무술 7월 27일.

185 황윤석, 《頤齋亂藁》 권15, 경인 9월 18일.

186 박제가, 정민 외 옮김, 〈장선을 곡하며〉, 《정유각집貞㽅閣集》, 돌베개, 1책 164~165쪽.

187 이재의, 〈茶山問答〉, 《文山集》 권11, 부록.

[188] 김구주, 김한록, 정이환, 홍국영, 송덕상, 송환억, 김종후, 김치인, 유언호 등이다. 홍국영을 제외하면 모두 호론, 남당 인사들이다(심낙수, 〈叙黨逆傳〉,《恩坡散稿》권8).

[189] 심낙수, 〈先考退士府君行狀〉,《恩坡散稿》권9. 이 글은 심낙수의 아들 심노숭이 1803년(순조 3)에 썼다.

[190] 신기선, 〈明嗰問答〉,《陽園遺集》권15.

[191] 이경구,《조선후기 安東金門 연구》, 일지사, 2007, 170쪽; 유봉학,《燕巖一派 北學思想 研究》, 일지사, 1995, 34쪽.

[192] 현재 서울 종로구 송현동 일대이다.

[193] 홍한주, 김윤조 외 역,《19세기 견문지식의 축적과 지식의 탄생-지수염필智水拈筆》하, 소명출판, 2013, 326~327쪽.

[194] 이항로, 〈洪在龜錄〉,《華西集》부록 권7.

[195] 한원진 문하의 위정척사운동에 대해서는 김상기의 〈南塘學派의 형성과 衛正斥邪運動〉(《한국근현대사연구》10, 1999) 참조.

[196] 이경구, 〈영조~순조 연간 湖洛論爭의 전개〉,《한국학보》93, 1998.

[197] 김정희, 〈與李月汀璋煜〉,《阮堂全集》권5.

[198] 조희룡, 실시학사 고전문학연구회 역, 〈壺山外記〉,《趙熙龍全集》, 한길아트, 1999.

[199] 기정진과 이철영에 대해서는 박학래의 〈奇正鎭의 〈納涼私議〉를 둘러싼 畿湖學界의 論爭〉(《유교사상연구》39, 2010)와 정성희의 〈조선말기 호락논쟁의 통합론 연구—醒菴 李喆榮을 중심으로〉(《양명학》30, 2011) 참조.

[200] 이철영의 스승은 유대원이다. 유대원은 기정진, 임헌회, 전우 등과 교유했다.

[201] 최한기, 이종술 역,《氣測體義》, 1980; 한국고전번역원, 〈推物測事〉, 〈辨異同之害〉,《推測錄》권6.

[202] 이진상, 〈年譜〉,《寒洲集》附錄 권1.

[203] 곽종석, 〈答李善載癸丑〉,《俛宇集》권81.

[204] 임윤지당과 강정일당에 대해서는 이영춘의《임윤지당》(1998, 혜안)과《강정일당》(2002, 가람기획) 참조.

[205] 허유, 〈答尹忠汝丁亥〉,《后山集》권5.

[206] 허유, 〈與李大衡〉,《后山集》권6; 〈答鄭厚允戈寅〉, 〈別紙〉, 권4; 〈答河汝海〉, 권9; 〈答

李舜擧 圭南〉, 권8.

207 김정희, 〈與人〉,《阮堂全集》권5.

208 홍한주, 김윤조 외 역,《19세기 견문지식의 축적과 지식의 탄생-지수염필智水拈筆》
하, 소명출판, 2013, 352~354쪽.

209 홍한주가 기록한 '윤광현'이란 인물은 미상이다. 그런데 홍한주의 저술에 나타난 윤
광현에 대한 단편적 정보는 윤광연과 강정일당 부부의 행적과 부합하는 대목이 많
다. ① 부인의 학식이 남편보다 높았다. -강정일당은 윤광연에게 학문을 권하고 가
르쳤고, 남편을 대신해 글을 짓기도 했다. ② 부인이 낙론을 주장하고 남편이 호론
을 주장했다. -강정일당은 낙론에 기울었고, 윤광연은 호론 송치규의 제자였다. ③
용산에서의 일화는 유진오가 과거 급제(1829) 이전에 목격한 것이다. -당시 부부는
남대문 밖 약현(현 중림동)에 살았고, 윤광연은 서당 선생을 했다. 이상의 점들을 고
려하면 홍한주가 '윤광연'을 '윤광현'으로 오인했을 가능성이 크다.

210 신기선, 〈理氣〉,《儒學經緯》.

211 홍자성, 조지훈 역,《菜根譚》, 현암사, 86쪽.

212 《가톨릭신문》2017 1월 1일, 제3026호, 7면, 〈프란치스코 교황의 강론 비법〉.

213 제임스 조지 프레이저, 이용대 옮김, 2003,《황금가지》, 한겨레출판, 11쪽.

찾아보기

조선, 철학의 왕국

⊙ 2018년 11월 9일 초판 1쇄 발행
⊙ 2022년 5월 10일 초판 4쇄 발행
⊙ 글쓴이   이경구
⊙ 펴낸이   박혜숙
⊙ 디자인   이보용
⊙ 펴낸곳   도서출판 푸른역사
　　우) 03044 서울시 종로구 자하문로8길 13
　　전화: 02)720-8921(편집부) 02)720-8920(영업부)
　　팩스: 02)720-9887
　　전자우편: 2013history@naver.com
　　등록: 1997년 2월 14일 제13-483호

ISBN   979-11-5612-124-4   93900

· 잘못 만들어진 책은 교환해드립니다.